Utilize este código QR para se
cadastrar de forma mais rápida:

Ou, se preferir, entre em:
https://www.moderna.com.br/ac/livro
e siga as instruções para ter acesso
aos conteúdos exclusivos do

Livro Digital

CÓDIGO DE ACESSO:

A 00028 HIESDEM1E 8 87328

Faça apenas um cadastro. Ele será válido para:

12116538 HISTORIA ESCOLA E DEMOCRACIA 8

Da semente ao livro,
sustentabilidade por todo o caminho

Plantar florestas

A madeira que serve de matéria-prima para nosso papel vem de plantio renovável, ou seja, não é fruto de desmatamento. Essa prática gera milhares de empregos para agricultores e ajuda a recuperar áreas ambientais degradadas.

Fabricar papel e imprimir livros

Toda a cadeia produtiva do papel, desde a produção de celulose até a encadernação do livro, é certificada, cumprindo padrões internacionais de processamento sustentável e boas práticas ambientais.

Criar conteúdos

Os profissionais envolvidos na elaboração de nossas soluções educacionais buscam uma educação para a vida pautada por curadoria editorial, diversidade de olhares e responsabilidade socioambiental.

Construir projetos de vida

Oferecer uma solução educacional Moderna é um ato de comprometimento com o futuro das novas gerações, possibilitando uma relação de parceria entre escolas e famílias na missão de educar!

Tacito Comunicação, Alexandre Santana e Estúdio Pingado

MODERNA

Apoio:

TWO SIDES

www.twosides.org.br

Fotografe o Código QR e conheça melhor esse caminho.

Flavio de Campos

Bacharel e licenciado em História pela Pontifícia Universidade Católica de São Paulo (PUC-SP).
Mestre e doutor em História Social pela Universidade de São Paulo (USP).
Professor Doutor do Departamento de História da Universidade de São Paulo (USP).
Coordenador científico do Núcleo Interdisciplinar de Pesquisas sobre Futebol
e Modalidades Lúdicas (Ludens-USP). Autor de livros didáticos e paradidáticos.

Regina Claro

Bacharel em História pela Universidade de São Paulo (USP). Mestre em História Social
pela Universidade de São Paulo (USP). Desenvolve projetos de capacitação para
professores da rede pública na temática História e Cultura Africana e Afro-americana,
em atendimento à Lei nº 10.639/03. Autora de livros didáticos e paradidáticos.

Miriam Dolhnikoff

Bacharel e licenciada em História pela Pontifícia Universidade Católica de São Paulo (PUC-SP).
Mestre em História Social e Doutora em História Econômica pela Universidade de São Paulo (USP).
Professora Doutora do Departamento de História e do curso de Relações Internacionais
da Universidade de São Paulo (USP). Pesquisadora do Centro Brasileiro de Análise
e Planejamento (Cebrap). Autora de livros didáticos e paradidáticos.

HISTÓRIA
ESCOLA E DEMOCRACIA
8

1ª edição

Coordenação editorial: Leon Torres

Edição de texto: Angela Duarte

Gerência de *design* e produção gráfica: Cia. de Ética

Coordenação de produção: Patricia Costa

Suporte administrativo editorial: Maria de Lourdes Rodrigues

Coordenação de *design* e projetos visuais: Didier Moraes, Marcello Araújo

Projeto gráfico: Didier Moraes, Marcello Araújo

Capa: Didier Moraes, Marcello Araújo

    Foto: Africa Studio/Shutterstock; Rawpixel.com/Shutterstock

Coordenação de arte: Didier Moraes e Marcello Araújo

Edição de arte: Didier Moraes e Marcello Araújo

Editoração eletrônica: Cia. de Ética/Cláudia Carminati, Márcia Romero, Mônica Hamada, Ruddi Carneiro

Edição de infografia: A+com

Ilustrações de vinhetas: Didier Moraes, Marcello Araújo

Ilustrações: Lucas C. Martinez

Revisão: Cia. de Ética/Ana Paula Piccoli, Denise Pessoa Ribas, Fabio Giorgio, Luciana Baraldi, Sandra Garcia Cortés

Coordenação de pesquisa iconográfica: Cia. de Ética/Paulinha Dias

Pesquisa iconográfica: Cia. de Ética/Angelita Cardoso

Coordenação de *bureau*: Rubens M. Rodrigues

Tratamento de imagens: Pix Arte Imagens

Pré-impressão: Alexandre Petreca, Everton L. de Oliveira, Marcio H. Kamoto, Vitória Sousa

Coordenação de produção industrial: Wendell Monteiro

Impressão e acabamento: EGB Editora Gráfica Bernardi Ltda.

Lote: 284248

Dados Internacionais de Catalogação na Publicação (CIP)
(Câmara Brasileira do Livro, SP, Brasil)

Campos, Flavio de
    História : escola e democracia / Flavio de Campos,
Regina Claro, Miriam Dolhnikoff. – 1. ed. – São
Paulo : Moderna, 2018. – (História : escola e
democracia)

    Obra em 4 v. para alunos do 6º ao 9º ano.
    Bibliografia.

    1. História (Ensino fundamental) I. Claro, Regina.
II. Dolhnikoff, Miriam. III. Título. IV. Série.

18-20773   CDD-372.89

Índices para catálogo sistemático:

1. História : Ensino fundamental 372.89

Maria Paula C. Riyuzo - Bibliotecária - CRB-8/7639

ISBN 978-85-16-11653-8 (LA)
ISBN 978-85-16-11654-5 (LP)

EDITORA MODERNA LTDA.
Rua Padre Adelino, 758 – Belenzinho
São Paulo – SP – Brasil – CEP 03303-904
Vendas e Atendimento: Tel. (0_ _11) 2602-5510
Fax (0_ _11) 2790-1501
www.moderna.com.br
2020
Impresso no Brasil

1 3 5 7 9 10 8 6 4 2

Apresentação

Há muitas definições para a história. Uma das mais difundidas e aceitas a considera o estudo dos seres humanos no tempo. Assim, nossos olhares e interesses não devem se dirigir apenas para o passado, mas também para o presente, articulando tempos diversos, procurando significações, nexos e relações.

Se a história é uma ferramenta para o manuseio do tempo, a escola é uma instituição de fronteira entre o ambiente familiar e o conjunto da sociedade. Ambas são marcadas pela transição. A primeira pela multiplicidade de tempos. A segunda pela ampliação dos horizontes e pela compreensão científica e sistematizada das dinâmicas sociais.

É na interface dessas transições que situamos a proposta desta coleção. Além dos elementos econômicos, sociais, políticos, religiosos e culturais, procuramos considerar aspectos muito próximos do repertório dos estudantes, visando a uma aprendizagem significativa.

Por essa razão, resgatamos elementos lúdicos desenvolvidos nos períodos e nas sociedades analisados. Os jogos são dados culturais, desenvolvidos ao longo da história para divertir e tornar a existência humana mais agradável. São permanências que devemos entender e analisar como temas privilegiados para a compreensão das diversas formações sociais ao longo do tempo.

Os jogos podem nos oferecer parâmetros para o entendimento de regras, mecanismos e, sobretudo, valores de respeito, diversidade e tolerância, elementos fundamentais para o convívio coletivo em uma sociedade democrática.

Os autores

Partida de futebol entre as universidades de Oxford e Cambridge, anônimo. Litografia colorida, 1895.

Por dentro do livro

É importante que você compreenda como organizamos este livro. Cada capítulo oferece algumas ferramentas para facilitar seu estudo. Cada uma das seções do capítulo tem uma função que vai ajudá-lo(a) a desenvolver um tipo de conhecimento e habilidade.

PORTAS ABERTAS

Cada capítulo tem uma abertura com imagens e questões. Sua função é iniciar os trabalhos. Você vai perceber que é capaz de lembrar de alguns dados, informações e até mesmo de chegar a algumas conclusões iniciais, ou seja, muitas vezes você já tem conhecimentos sobre os assuntos que vão ser tratados. Imagens e atividades servirão de estímulo. As portas estão abertas para que você inicie suas reflexões.

TEXTO BÁSICO

Cada capítulo tem um texto geral que trata de um ou mais temas. Sua função é oferecer informações, explicações, análises e interpretações do estudo de História. É o momento de atenção e de leitura cuidadosa. Ao longo desta seção, há outros quadros, como se fossem janelas, com imagens e informações complementares.

TÁ LIGADO?

Como um roteiro de leitura, há questões e propostas de atividades para auxiliar a compreensão do texto básico.

EM DESTAQUE

São quadros com atividades, localizados ao longo do texto básico. É um jogo rápido, um treinamento com atividades inserido no decorrer do capítulo. Há sempre uma imagem ou um pequeno texto seguido de algumas questões. Sua função é aprofundar e complementar conteúdos, levantar algum tipo de polêmica ou estabelecer alguma relação com o presente.

TÁ NA REDE! 📶

TECNOLOGIA E JUVENTUDE

Digite o endereço abaixo na barra do navegador de internet: <https://bit.ly/2uSIEM7>. Você pode também tirar uma foto com um aplicativo de QrCode para saber mais sobre o assunto. Acesso em: 29 set. 2018. Em português.

O excesso do uso das tecnologias e celulares e a saúde dos jovens.

TÁ NA REDE!

Em alguns capítulos, dicas de *sites* para aprofundar seus conhecimentos. Também pode ser acessado por um aplicativo QrCode.

Este ícone indica os objetos educacionais digitais disponíveis na versão digital do livro.

No final do **livro digital** você encontra o *Caderno de Questões para Análise de Aprendizagem.*

ÍCONES DA COLEÇÃO DE HISTÓRIA

 ÁFRICA

 RELAÇÕES ÁFRICA-AMÉRICA ANGLO-SAXÃ

RELAÇÕES ÁFRICA-AMÉRICA LATINA

 JOGOS

 POVOS INDÍGENAS

DIREITOS HUMANOS

 RELAÇÃO DE GÊNERO

 RELAÇÃO DE GÊNERO E DIVERSIDADES

 CIDADANIA

 ORALIDADE

 OLHARES DIVERSOS

 PATRIMÔNIO

QUADROS COMPLEMENTARES

Janelas em que estão presentes textos variados, imagens, mapas ou gráficos complementares. Sua função é inserir novas informações e relações com os conteúdos do capítulo.

PONTO DE VISTA

Apresenta uma imagem ou conjunto de imagens. Sua função é ajudar você a desenvolver habilidades em interpretar e analisar documentos visuais. Algumas vezes, a partir de textos ou de questões apresentadas no capítulo, pediremos a você que elabore um desenho e dê asas à sua criatividade.

LEITURA COMPLEMENTAR

Textos de diversos tipos (artigos de jornais e revistas, depoimentos, literatura, trechos de livros etc.) de outros autores, seguidos de questões. A intenção aqui é desenvolver ainda mais sua capacidade de leitura e ampliar seus conhecimentos.

PERMANÊNCIAS E RUPTURAS

Atividades que procuram relacionar algum assunto desenvolvido no capítulo com questões da atualidade. O objetivo aqui é utilizar a História como uma ferramenta capaz de analisar também o presente.

QUEBRA-CABEÇA

Conjunto de atividades diversificadas relativas ao texto básico e aos quadros complementares. Tem como objetivo propor desafios, estimular pesquisas e organizar conceitos e informações.

TRÉPLICA

Indicações de filmes, livros e *sites* para aprofundar temas desenvolvidos nos capítulos e ampliar sua capacidade de pesquisa. Como na modalidade atlética, três impulsos complementares para auxiliar sua aprendizagem.

Passo a passo

Para a análise de imagens e textos, elaboramos alguns roteiros que vão ajudar nesse trabalho. É bom dizer que esses roteiros não são a única maneira de analisar esses materiais, eles servem apenas como dicas e guias de orientação para seu estudo.

ANÁLISE DE DOCUMENTOS VISUAIS

Para a análise de imagens, precisamos estar atentos a diversos detalhes. É como assistir a um espetáculo teatral ou a uma partida de futebol. Temos de identificar o palco em que se desenrola a ação e as personagens em cena, o campo de jogo, os uniformes dos atletas, o juiz, as jogadas, os esquemas táticos, a torcida.

1. Identifique o autor, a data e o tipo de imagem, ou seja, o seu suporte material: pintura, baixo-relevo, fotografia, escultura, gravura, cartaz etc.

2. Faça um passeio pelo interior da imagem antes de começar a analisá-la. Observe-a atentamente.

3. Uma pintura, por exemplo, cria espaços. Alguns estão mais perto, outros mais distantes. Alguns são mais fechados, outros abertos. Algumas cenas estão no centro da imagem, outras estão nas laterais. Identifique esses espaços.

4. Identifique os elementos da imagem: pessoas, animais, construções, a paisagem. Anote no seu caderno.

5. Observe qual é o lugar, a posição e o tamanho de cada um desses elementos. Veja o que está em destaque, no centro, nas laterais, no alto e embaixo. Anote no seu caderno.

6. Observe as ações retratadas. Identifique as principais e as secundárias.

7. Qual é o tema ou assunto da imagem?

8. Faça um novo passeio pela imagem.

9. Depois, responda às questões propostas.

LEITURA DE TEXTOS

Lembre-se: no momento da leitura, temos que estar concentrados. Conversas e brincadeiras atrapalham. Imagine um jogador de futebol ao cobrar um pênalti. Para não chutar de bico ou mandar a bola por cima do gol, ele fica atento a todos os detalhes.

1. Em uma primeira leitura, identifique o autor, a data, o título e o gênero de texto (artigo de jornal, poesia, literatura, trecho de livro, discurso etc.).

2. Faça uma lista com as palavras que você não entendeu.

3. Organize suas dúvidas. Faça no seu caderno três listas. A primeira com palavras cujo significado você poderia arriscar. A segunda com palavras que você entendeu pelo texto. E a terceira com aquelas que realmente você não tem ideia do que significam.

4. Consulte o dicionário. Escreva o significado das palavras que você não conhecia. Confira as outras palavras e corrija.

5. Faça uma nova leitura do texto e identifique as ideias mais importantes de cada parágrafo e o assunto central do texto. Para essas tarefas você pode fazer um levantamento das palavras-chaves.

6. Investigue alguns elementos do texto, como título, subtítulo e imagens. Esse tipo de estratégia ajuda na previsão daquilo que vai ser discutido no texto e a levantar hipóteses sobre ele.

7. Depois resolva as questões propostas nas seções.

MÁRIO YOSHIDA

<HTTP://CASADASAFRICAS.ORG.BR/WP/>

LEITURA DE MAPAS

O mapa é a representação de um determinado espaço geográfico. Deve ser lido como uma composição de texto e imagem. Com essa finalidade, vamos destacar alguns procedimentos necessários para a sua leitura.

1. Leia o título do mapa. Nele está contido o tema representado.

2. Identifique as partes do mundo retratadas (continentes, países, regiões, localidades etc.).

3. Identifique os oceanos, rios e mares.

4. Verifique se há representação de relevo ou vegetação.

5. Verifique se há representação de cidades, reinos, impérios ou outra divisão política no mapa.

6. Perceba quais são as partes destacadas.

7. Leia com atenção as legendas e identifique no mapa os símbolos e as cores correspondentes. São informações muito importantes.

8. Faça agora uma leitura global do mapa. Procure identificar as informações oferecidas.

9. Relacione o assunto e as informações trazidas pelo mapa ao tema desenvolvido no capítulo.

PESQUISANDO NA INTERNET

Navegar é preciso! As pesquisas na internet podem ser mais eficientes e seguras se tivermos palavras-chave estabelecidas com critérios e atenção. Com essas ferramentas, a navegação pela internet também será mais precisa e eficaz.

Na linguagem da internet, costuma-se utilizar *tag* como sinônimo para palavra-chave. Na verdade, *tag* em português significa etiqueta. É uma forma de classificar e orientar a pesquisa. Assim, ao utilizar um *tag* estamos aplicando uma espécie de bússola que nos orienta em nossas pesquisas pela internet. Você pode criar esses *tags* ou apenas utilizar as sugestões fornecidas na seção "Quebra-cabeça" presente em cada capítulo do seu livro. De posse desses *tags*:

1. Elabore uma definição resumida para cada *tag* a ser pesquisado.

2. Escolha um *site* de busca confiável para aplicar seus *tags*.

3. No menu do *site* de busca escolha o suporte desejado (*web*, imagens, vídeos).

4. Para textos, aplique seus *tags* em pesquisas para *web*.

5. Para fotos, desenhos, pinturas, gráficos e mapas, aplique seus *tags* em pesquisas para imagens.

6. Para vídeos e *trailers* de filmes, aplique seus *tags* em pesquisas de vídeos.

7. Para cada pesquisa realizada, selecione pelo menos cinco fontes que você considera mais interessantes. Adote como critério de seleção a definição resumida conforme o item 1.

8. Verifique se há contradição entre a definição inicial e as informações encontradas durante a pesquisa.

9. Selecione as informações de cada fonte que você considerou relevante para melhorar a sua definição inicial.

10. Reelabore a sua definição inicial com base nos dados selecionados.

Sumário

Sumário (cont.)

> **Quadros do capítulo**
> Independência: resistências e guerras, 143 • A participação de frei Caneca, 144 • Formação do Estado brasileiro, 146 • Mulheres guerreiras: Luísa Mahin e Maria Felipa de Oliveira, 152 • África e Brasil no tempo das *jihad*, 153 • Mulheres guerreiras: Anita Garibaldi, 157 • O futebol, a tecnologia da bola e a esportização da sociedade, 166

9 Nações, nacionalismo e socialismo

> **Quadros do capítulo**
> História e nacionalismo, 172 • As mulheres e a Revolução de 1848, 175 • A Primavera dos Povos, 176 • A reconstrução de Paris, 177 • A África Ocidental Francesa e o Rali Paris-Dakar, 178 • Música e nacionalismo, 185

4º Bimestre
10 A construção dos Estados Unidos da América

11 A Segunda Revolução Industrial e o imperialismo

12 O Segundo Reinado e a proclamação da República

Índice remissivo, 267

Referências bibliográficas, 270

CAPÍTULO

1

As revoluções inglesas

OBSERVE AS IMAGENS

1. Identifique as características dos lugares retratados nas imagens **1**, **2** e **3**.

2. No seu caderno, registre a sequência das fotos com base no roteiro do trajeto do casamento.

3. As imagens ajudam a entender as características da estrutura política do Reino Unido. Que características são essas?

Membros da Guarda Real Montada se preparam para a cerimônia do casamento real no Palácio de Buckingham. Londres (Inglaterra), 29 abr. 2011.

O príncipe William e a duquesa de Cambridge, sua esposa Kate, passam em frente ao Parlamento Britânico após seu casamento. Londres (Inglaterra), 29 abr. 2011.

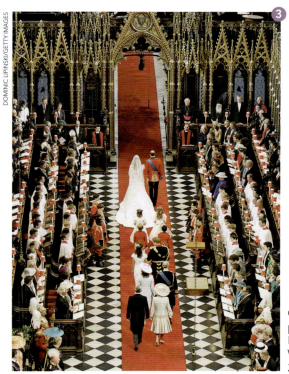

O casamento de Sua Alteza Real de Gales, o príncipe William Arthur Philip Louis, com a "plebeia" Kate Middleton chamou a atenção do mundo em 29 de abril de 2011.

As estimativas de audiência mundial para o casamento estavam entre centenas de milhões até 2,4 bilhões de pessoas, com a ajuda de extensa cobertura internacional na TV e transmissão ao vivo pela internet, além de cerca de um milhão de pessoas nas ruas do centro de Londres.

Cerimônia de casamento do príncipe William de Gales e Kate Middleton na abadia de Westminster. Londres (Inglaterra), 29 abr. 2011.

■ Palácio de Buckingham/abadia de Westminster

■ abadia de Westminster/Palácio de Buckingham

O TRAJETO DO CASAMENTO REAL

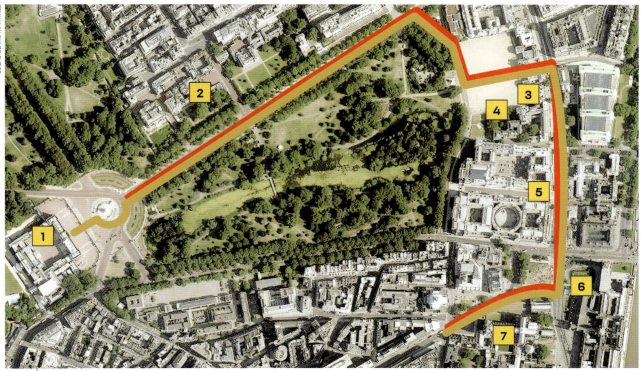

1 Palácio de Buckingham; **2** Residência oficial do Príncipe Charles; **3** Monumento às mulheres da Segunda Guerra Mundial; **4** Residência oficial do primeiro-ministro britânico; **5** Memorial a todos os ingleses mortos em guerras; **6** Parlamento; **7** Abadia de Westminster.

O NASCIMENTO DO PARLAMENTO INGLÊS

Filho mais novo do monarca inglês Henrique II, o príncipe João nasceu quando seu pai já havia realizado a partilha de sua herança. Sem domínios, ficou conhecido como **João Sem-Terra**. No entanto, o resultado da sucessão real acabou levando-o ao trono da Inglaterra, após a morte de seu irmão, Ricardo, Coração de Leão.

Durante o reinado de João (1199-1216), a nobreza aproveitou para reverter a situação política vigente que, àquela altura, era favorável ao poder monárquico. Em meio a uma série de conflitos com a França e com necessidade de recursos, o rei João estabeleceu novos tributos que recaíam sobre os nobres ingleses, para tentar custear a montagem de seus exércitos. No entanto, entre 1214 e 1215, condes e barões da Inglaterra se rebelaram contra o rei, limitando-lhe os poderes políticos.

Em 1215, o rei João foi obrigado a assinar um documento denominado **Magna Carta**, que é considerado a primeira Constituição Inglesa. Por ela, o rei reconhecia a liberdade de determinadas cidades, garantia a autonomia da Igreja e comprometia-se a respeitar os direitos dos nobres em seus senhorios.

O documento determinava ainda que nenhum homem livre fosse preso, a não ser pelo julgamento de seus **pares**. Para a nobreza, que impôs a Magna Carta, os pares eram os demais integrantes da aristocracia. Mas, pouco a pouco, essas palavras passaram a ser interpretadas como uma garantia de julgamento para todos por um **tribunal de júri**.

Em sua versão original, a Magna Carta estabelecia uma assembleia com 25 barões que fiscalizaria as ações do monarca. Em suas edições posteriores, as atribuições dessa assembleia foram omitidas. No entanto, ao longo do século XIII, tornaram-se frequentes as convocações de grandes nobres e clérigos pelos monarcas, a fim de discutir os assuntos do reino. Nascia o **Parlamento inglês**.

A partir do reinado de Eduardo I (1239-1307), nenhuma lei poderia ser decretada sem o consentimento do Parlamento. Ao final do século XIII, membros do baixo clero e representantes dos burgos passaram a ser convocados para participar das discussões.

Em torno de 1330, o Parlamento foi dividido em duas casas: a **Câmara Alta**, ou Câmara dos Lordes, que abrigava os representantes do alto clero e da alta nobreza e a **Câmara Baixa**, ou Câmara dos Comuns, que abrigava os representantes dos condados e das cidades. A partir do século XIV, o Parlamento também impôs uma nova restrição ao poder monárquico: nenhuma lei poderia ser decretada sem o seu consentimento.

Com a Magna Carta, o Parlamento tornou-se um eficiente meio de controlar os condados (áreas administradas pelos condes que dividiam a Inglaterra do ponto de vista territorial).

TÁ LIGADO

1. Explique o contexto que permitiu aos nobres ingleses limitar os poderes políticos do rei.

2. Liste as deliberações estabelecidas pela Magna Carta.

3. Como passou a ser dividido o Parlamento inglês a partir de 1330?

Henrique VIII e sua família, anônimo. Óleo sobre tela, c. 1545.

O PARLAMENTO E O ABSOLUTISMO

O fortalecimento do poder real durante os reinados de Henrique VIII (1509-1547) e Elizabeth I (1558-1603) manteve os compromissos assumidos com o Parlamento. As relações políticas entre os parlamentares e a Coroa continuaram estreitas.

Quando Henrique VIII utilizou a questão do seu divórcio como justificativa para o rompimento com o papa, contou com o apoio do Parlamento. A maior parte de seus representantes aceitou a argumentação do monarca de que o papa era o chefe de um Estado estrangeiro que procurava interferir nos assuntos internos do reino inglês. Em 1534, o Parlamento aprovava o **Ato de Supremacia**, que declarava o monarca o chefe da Igreja inglesa. Nascia assim a **Igreja Anglicana** (sobre o assunto, leia o quadro na página seguinte).

Além do Parlamento, eram características do absolutismo inglês a ausência de um Exército permanente e a existência de uma poderosa Marinha de guerra. Para constituir exércitos, a monarquia dependia da contratação de tropas mercenárias.

Retratado no centro da cena, Henrique VIII está acompanhado, à sua direita, por seu filho e herdeiro do trono Eduardo VI, e, à sua esquerda, por Jane Seymour, mãe de Eduardo. Em segundo plano, as filhas e futuras rainhas, Maria I (à direita do soberano) e Elizabeth I (esquerda). No fundo, foram retratados a babá de Eduardo VI e o bufão da corte. Note-se que Henrique VIII, quando se deixou retratar ao lado de Jane Seymour, estava casado com Catarina Parr, sexta e última esposa do rei.

OS CERCAMENTOS

A paisagem era desoladora. Carneiros ferozes devastavam os campos. As cabanas eram destruídas. Aldeias desapareciam. Igrejas viravam estábulos. Desesperados, bandos humanos arrastavam-se pelas estradas. Mendigavam. Roubavam. Disputavam violentamente um pedaço de pão. Só paravam quando as autoridades colocavam-nos nas superlotadas prisões. Sumiam um pouco das vistas.

Essa era a situação da Inglaterra no início do século XVI de acordo com a descrição de Thomas Morus, em uma das obras mais importantes da cultura Ocidental: *Utopia*.

TÁ LIGADO

4. Indique três características da Inglaterra no início do século XVI, de acordo com a descrição de Thomas Morus em sua obra *Utopia*.

Ao longo do século XVI, o anglicanismo apresentou-se como uma combinação de elementos católicos e protestantes, que variavam de acordo com os reis e as rainhas que ocupavam o trono inglês. Por fim, estabeleceu-se o celibato voluntário dos sacerdotes, a manutenção do batismo e da eucaristia como sacramentos, a supremacia das Escrituras Sagradas, a celebração das missas em inglês e a condenação da venda de indulgências e do culto das relíquias. Em função disso, a Igreja Anglicana foi atacada tanto pelos católicos quanto pelos grupos protestantes.

O culto calvinista manteve apenas dois dos sacramentos cristãos: o batismo das crianças e a eucaristia. O verdadeiro conhecimento de Deus só poderia ser adquirido através dos livros sagrados. A salvação humana seria realizada exclusivamente por vontade de Deus. Ou seja, haveria uma **predestinação**. Deus, previamente, conheceria o destino de cada pessoa. Umas seriam salvas e receberiam o Reino dos Céus. Outras seriam condenadas ao Inferno. O único sinal da escolha de Deus seria a aceitação sincera da verdadeira doutrina que era pregada a homens e mulheres. Unido a Cristo através dessa Igreja reformada, o fiel não teria motivo para duvidar da escolha divina.

Em um ambiente de forte presença de comerciantes e de mentalidade mercantil, as ideias calvinistas passaram a vincular-se aos interesses da burguesia. O sinal da graça oferecida por Deus passaria a ser identificado com a prosperidade obtida por meio do trabalho. Ou seja, sob o controle da Igreja Calvinista, a riqueza material, associada a um rígido comportamento moral, seria o sinal da salvação humana.

O calvinismo tornou-se uma doutrina favorável à burguesia. O esforço pessoal, o trabalho e o lucro tornavam-se ingredientes da religião calvinista, que se espalhou rapidamente pelas regiões europeias onde o comércio era mais desenvolvido, como Inglaterra, França, Escócia e Holanda.

Na Inglaterra, os calvinistas ficaram conhecidos como **puritanos**. Opunham-se ao cerimonial católico presente no anglicanismo, defendiam a purificação da Igreja Anglicana e criticavam os poderes absolutistas.

Os puritanos dividiam-se em dois grandes grupos. De um lado os **presbiterianos**, dirigidos por pastores e presbíteros (leigos idosos). De outro, os **puritanos independentes**, que propunham organizações religiosas mais abertas e com menor controle, em que os fiéis assumissem as funções de pastores e pregadores da palavra divina. Entre esses puritanos surgiram propostas sociais mais contundentes, que questionavam não apenas o catolicismo e o anglicanismo, como também a concentração de riquezas e até mesmo a propriedade das terras.

A TERRA COMO MERCADORIA

De fato, os campos de diversas regiões eram tomados pela criação de carneiros. No lugar dos muitos braços para o cultivo da terra, poucos pastores podiam cuidar de enormes rebanhos. Grande parte dos antigos senhorios medievais modificara sua paisagem. A extensão dos campos de cultivo havia diminuído. Também diminuíra muito o número de trabalhadores. Não havia mais terras comunais. Muitas cercas haviam se levantado. A terra transformava-se, cada vez mais, em uma **mercadoria**.

As alterações socioeconômicas do final da Idade Média aceleraram-se com a Reforma Anglicana. Senhorios, igrejas e terras da Igreja Católica inglesa passaram ao controle da monarquia e ao patrimônio do Estado. Boa parte dessas terras foi vendida para obter recursos para a montagem de forças militares e navios que pudessem trazer riquezas de outros continentes.

A criação de carneiros permitia o crescimento da produção de lã, matéria-prima necessária para as atividades têxteis que se desenvolviam rapidamente, ao final do século XV, em Flandres (Países Baixos) e em cidades ao sul da Inglaterra. O vestuário tornava-se um ramo em expansão com o desenvolvimento da vida urbana, com as viagens marítimas e o estabelecimento de colônias em outros continentes.

Os antigos campos de cultivos abertos e as terras comuns, que favoreciam o trabalho coletivo, cediam lugar à apropriação individual. Uma nova paisagem se delineava no campo. Cercas demarcavam os limites dos latifúndios, as grandes propriedades. Demarcavam também a área de pequenos sítios, pequenas extensões de terras que alguns camponeses haviam conseguido manter sob sua propriedade. O **cercamento** das terras (*enclosures*), como tais mudanças foram denominadas, constituiu-se em um dos aspectos mais importantes do longo processo de transição do feudalismo para o capitalismo.

TÁ LIGADO ?

5. Explique como a terra passou a ser uma mercadoria nos séculos XV e XVI na Inglaterra.

6. Identifique as três novas classes sociais surgidas na Inglaterra após os cercamentos.

AS CLASSES SOCIAIS

No campo, as alterações no uso e posse da terra foram acompanhadas por mudanças nas relações sociais. Surgiam na Inglaterra novas classes sociais:

As classes sociais

❶ Gentry

Comerciantes ricos que compravam terras para criar carneiros e produzir lã. Essa nova classe social passou a ser conhecida por gente de boa família, e seus integrantes, *gentlemen*. Membros da pequena e média nobrezas também passaram a dedicar-se à criação de carneiros e, por meio de casamentos, incorporaram-se à *gentry*. Eram nobres pelo nome, mas burgueses em espírito.

❷ Yeomanry

Era constituída por pequenos e médios proprietários de terras e comerciantes mais modestos, que investiam seus recursos na terra. Tal grupo formava uma espécie de burguesia rural que direcionaria a produção para o mercado e que, juntamente com a *gentry*, utilizaria a força de trabalho dos proletários.

❸ Assalariados

Outro resultado dos cercamentos foi a ampliação de um tipo de mercadoria: o **trabalho assalariado**. Milhares de camponeses que, destituídos de suas terras, passaram a ter apenas sua força de trabalho e sua família, sua prole. Começava a surgir o proletariado, que vendia sua força de trabalho em troca de outra mercadoria, o dinheiro, capaz de ser trocado por mais mercadorias.

LUCAS CLARO MARTINEZ

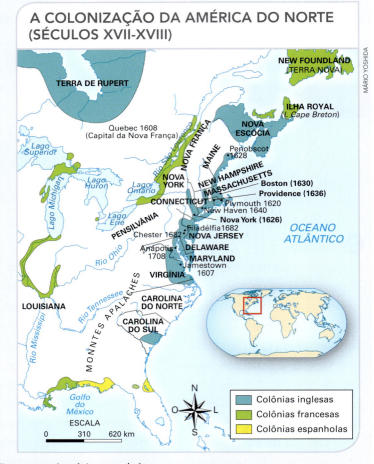

Retrato de Pocahontas. Litografia extraída de *História Geral da Virgínia, Nova Inglaterra e as Ilhas Summer*, Capitão John Smith. Londres: Michael Sparkes, 1632.

GRUPOS SOCIAIS E DIVISÕES RELIGIOSAS

Nessa economia em transformação, a mineração de carvão e o comércio de lã fortaleciam os homens vinculados às atividades mercantis. Porém, tais grupos econômicos possuíam uma pequena participação política. No controle do Estado estavam o rei absolutista e a Corte inglesa, composta da nobreza tradicional, dos membros da Igreja Anglicana e dos funcionários ligados ao rei.

Os pares, a alta nobreza e o alto clero, eram predominantemente anglicanos, mas havia ainda um número considerável de aristocratas ligados ao catolicismo. A *gentry*, basicamente composta de comerciantes e nobres dedicados à produção de lã, era em sua maior parte presbiteriana.

Outros comerciantes e setores burgueses, bem como os pequenos e médios proprietários rurais (*yeomanry*), artesãos, trabalhadores assalariados e camponeses eram predominantemente puritanos independentes. Em todos esses grupos sociais, no entanto, havia católicos e anglicanos.

A colonização inglesa na América do Norte

Em 1607, um grupo de particulares organizou uma primeira tentativa de fixação no Novo Mundo, em uma localidade denominada Jamestown, em homenagem ao rei Jaime I. Como tantas outras colônias, essa história é marcada pela conquista de territórios que pertenciam a povos indígenas. A região era habitada pelos Powhatan. Seu chefe ajudou os ingleses por interferência de sua filha, Pocahontas, enamorada por um dos viajantes. Os Powhatan foram praticamente exterminados. Pocahontas entrou para a história como a nativa simpática que ajudou os ingleses. Virou até desenho animado.

Em 1620, um grupo de puritanos, conhecidos como **pais peregrinos**, arrendou um pequeno navio, o *Mayflower*, e estabeleceu-se em Plymouth. A leitura individual da Bíblia, uma das características do protestantismo, contribuiu para que uma atenção especial à educação. Em 1636, era fundada sua primeira instituição de ensino superior, a hoje conceituada escola de Harvard.

O Novo Mundo era tido como uma terra de oportunidades, a "Terra Prometida", anunciada no Antigo Testamento, na visão religiosa, comum aos diversos setores da sociedade inglesa. Mas além de grupos religiosos perseguidos na Inglaterra, a migração para a América também contou com degredados, mulheres e crianças raptadas, criminosos e aventureiros das mais diversas camadas sociais. Parte da massa de miseráveis ingleses, resultado dos cercamentos, teve a América como seu destino. Muitas vezes, contra sua vontade.

Fonte: Elaborado com base em BLACK, Jeremy (Dir.). *World History Atlas*. Londres: DK Book, 2008.

A COLONIZAÇÃO DA AMÉRICA DO NORTE (SÉCULOS XVII-XVIII)

TERRA DE RUPERT

NEW FOUNDLAND (TERRA NOVA)

ILHA ROYAL (I. Cape Breton)

Quebec 1608 (Capital da Nova França)

NOVA ESCÓCIA

NOVA FRANÇA

Penobscot 1628

MAINE

Lago Superior

Lago Michigan

Lago Huron

Lago Ontário

NOVA YORK

NEW HAMPSHIRE

MASSACHUSETTS

Boston (1630)

Providence (1636)

Lago Erié

CONNECTICUT

Plymouth 1620

New Haven 1640

Nova York (1626)

PENSILVÂNIA

Filadélfia 1682

Chester 1682

NOVA JERSEY

DELAWARE

OCEANO ATLÂNTICO

Rio Ohio

Anápolis 1708

MARYLAND

Jamestown 1607

VIRGÍNIA

Rio Tennessee

CAROLINA DO NORTE

MONTES APALACHES

LOUISIANA

CAROLINA DO SUL

Rio Mississipi

Golfo do México

ESCALA

0   310   620 km

N O L S

Colônias inglesas
Colônias francesas
Colônias espanholas

MARIO YOSHIDA

Degredados
Desterrados, exilados.

A REVOLUÇÃO PURITANA

As tensões econômicas, sociais e religiosas contribuíram para estimular rebeliões e revoluções contra os monarcas **Jaime I** (1603--1625) e seu filho **Carlos I** (1625-1649), da dinastia Stuart. Tanto Jaime I como Carlos I procuraram reverter o espaço político conquistado pelo Parlamento e implantar um programa centralizador. Defendiam que os reis governavam em nome de Deus e, por isso, tentaram desconsiderar os interesses dos parlamentares.

O reinado de Jaime I foi marcado por disputas ásperas com o Parlamento e pelo descontentamento de diversos grupos sociais, devido à imposição de taxas alfandegárias, à distribuição de privilégios e aos gastos luxuosos da Corte Real.

O reinado de seu filho, Carlos I, caracterizou-se por uma tentativa frustrada de estender o anglicanismo para a Escócia e por mais conflitos com o Parlamento, culminando na sua dissolução, por ordem do rei, em 1629. Além disso, utilizou-se de todos os meios possíveis para perseguir seus opositores.

REBELIÃO NA ESCÓCIA

Em 1640, dirigentes da Escócia calvinista, que recusavam o anglicanismo, rebelaram-se contra o domínio inglês. Para enfrentar a rebelião e montar um Exército, o rei inglês precisava aumentar os impostos. Sem outra alternativa, o monarca convocou o Parlamento.

Após onze anos sem se reunir, o Parlamento impôs condições para aceitar o pedido real. Exigiu que lhe fossem concedidos certos direitos: ser consultado sobre questões tributárias, sobre a questão religiosa e sobre questões que envolvessem o julgamento pelo júri. Carlos I considerou tais exigências um ataque à sua autoridade e ordenou que o Parlamento continuasse fechado.

O Exército escocês derrotou com facilidade as improvisadas tropas que o monarca inglês conseguiu formar. Um acordo provisório obrigava a Coroa inglesa a arcar com as despesas do Exército escocês. Diante da crise, Carlos I convocou novamente o Parlamento. Mas, a partir de então, o controle político da Inglaterra escaparia às mãos do rei.

O Parlamento revogava tributos estabelecidos pelo rei sem a sua aprovação e tornava automática sua convocação independentemente do monarca.

A situação política agravou-se ainda mais com uma nova rebelião, desta vez na Irlanda católica, em 1641. Impunha-se, mais uma vez, a necessidade de se montar um Exército. Porém, temendo que esse Exército comandado pelo rei se voltasse contra as conquistas do Parlamento, seus membros decidiram por controlar as tropas militares. Os conflitos políticos entre a Coroa e o Parlamento desembocaram, em 1642, na **Revolução Puritana**.

TÁ LIGADO?

7. Explique como a rebelião na Escócia acirrou as disputas entre a Coroa e o Parlamento na Inglaterra.

O pintor flamengo Anthony van Dyck (1599-1641) apresentou uma resposta perfeita à imagem grandiosa que o rei Carlos I pretendia dar ao seu governo. Simpatizante do refinamento da Corte e contratado como pintor oficial do reino da Inglaterra, Van Dyck buscou representar a realeza com distinção, elegância e refinamento.

HERITAGE/GLOW IMAGES - GALERIA NACIONAL, LONDRES, INGLATERRA

Lord John Stuart e seu irmão, Lord Bernard Stuart, Anthony van Dyck. Óleo sobre tela, 1638.

Imagem de Che Guevara é impressa em indústria têxtil por processo automatizado. Gujarat (Índia), 2008.

Do ponto de vista histórico, **revolução** é uma mudança radical em aspectos básicos de uma sociedade. Significa não apenas a derrubada violenta de determinadas autoridades, mas também a transformação do sistema político, das bases econômicas e sociais, do conjunto de normas jurídicas, dos valores e da cultura. Partindo dessa definição, fica evidente que as revoluções são raras.

A **Revolução Inglesa** ou **Revolução Puritana** não teve antepassados. A palavra "revolução" passou a adquirir esse sentido de mudança por causa da Revolução Inglesa, a primeira revolução europeia.

No decorrer do tempo, a palavra "revolução" foi banalizada. Publicitários se utilizam dela, cotidianamente, para anunciar um novo e "revolucionário" produto. Na área da música *pop*, quase diariamente surge um cantor revolucionário pretendendo mudar radicalmente o que tinha sido revolucionado no dia anterior.

Hoje em dia, há quem afirme que ser revolucionário é *fashion*. Vários símbolos associados à ideia de revolução tornaram-se produtos estampados em roupas e acessórios de moda. Um exemplo é a foto do guerrilheiro argentino Ernesto Che Guevara, um dos líderes da Revolução Cubana, vitoriosa em 1959.

REVOLUÇÃO E REVOLUÇÕES

A guerra civil apresentou, de um lado, o rei, seus nobres fiéis e a hierarquia da Igreja Anglicana, denominados **realistas** ou **cavaleiros**, em uma referência aos *caballeros* espanhóis, ferrenhos adversários dos protestantes nas lutas religiosas dos séculos XVI e XVII.

De outro lado, os **cabeças-redondas**, porque os primeiros voluntários do Exército parlamentar foram artesãos aprendizes de Londres que usavam os cabelos bem curtos, deixando à vista a forma redonda da cabeça.

Do ponto de vista religioso, anglicanos e católicos mantiveram-se ao lado do rei Carlos I, enquanto os puritanos compuseram as forças políticas e militares do Parlamento.

No interior das forças do Parlamento formava-se um novo tipo de Exército, o *New Model Army*. Seus integrantes eram voluntários, basicamente recrutados entre os pequenos e médios proprietários rurais, que lutavam motivados por convicções políticas e religiosas. O *New Model Army* era financiado por comerciantes e comandado por **Oliver Cromwell** (1599-1658), líder puritano. Esse Exército derrotou as tropas leais ao rei em 1645.

A derrota dos realistas acentuou as disputas entre os puritanos. Presbiterianos controlavam a maior parte do Parlamento. Puritanos independentes comandavam o Exército. Os presbiterianos, temendo a radicalização da revolução, procuravam negociar com o rei. Os independentes aproximavam-se cada vez mais dos setores mais radicais. Uma nova divisão político-social formava-se na Inglaterra entre 1646 e 1647.

TÁ LIGADO?

8. Identifique os grupos que apoiaram o Parlamento e aqueles que permaneceram ao lado do rei durante a guerra civil que marcou a Revolução Puritana.

A execução do rei Carlos I da Inglaterra (1600-1649) retratada por uma testemunha ocular, John Weesop. Óleo sobre tela, 1649.

Capturado pelo Exército, Carlos I foi executado publicamente, por ordem do Parlamento, em janeiro de 1649, por ter quebrado o contrato político com a sociedade inglesa. A Câmara dos Lordes foi abolida e a Inglaterra tornou-se uma **república**. Ou seja, uma forma de governo diversa da monarquia hereditária, vigente até então na Inglaterra. O poder ficou nas mãos de um Exército revolucionário e de um Parlamento puritano, do qual os monarquistas foram destituídos.

A REPÚBLICA INSTAURADA POR CROMWELL

Cromwell, um republicano que defendia a tolerância religiosa, tornou-se a ponte entre o Parlamento e o Exército, o "protetor" da Inglaterra. Assumiu o controle total do Exército, após perseguir soldados radicais, que desejavam redistribuir a propriedade e dar o direito de voto a todos os homens.

Mas, em 1653, dissolveu o Parlamento de maioria presbiteriana, instaurando uma **ditadura** na Inglaterra. Ou seja, um governo autoritário, cujo poder estava concentrado na figura do dirigente e do seu grupo de auxiliares. O novo Parlamento, expurgado de opositores, concedeu-lhe o título de "Lorde Protetor da Inglaterra". Alguns partidários ofereceram-lhe a coroa de rei, por ele recusada.

No entanto, o descontentamento da população pobre, dos artesãos e dos jornaleiros, que formavam as tropas do Exército, criou um forte clima de instabilidade política. Esses grupos descontentes eram liderados por homens como John Lilburne, o Nivelador, que reivindicava a redistribuição da propriedade, o direito de voto para a população masculina e a abolição das elites intelectuais e religiosas que apoiavam os interesses dos grupos dominantes.

> **TÁ LIGADO**
>
> 9. Explique o funcionamento da República inglesa.
>
> 10. Explique por que o governo de Cromwell pode ser definido como uma ditadura.
>
> 11. Aponte as propostas políticas dos niveladores.

OBSERVE AS IMAGENS

Hobbes

Toda essa efervescência política na Inglaterra alimentaria a obra de um importante pensador político: **Thomas Hobbes** (1588-1679). Hobbes se empenhava em tomar o partido de Carlos I no conflito com o Parlamento. Em 1640, em plena guerra civil, fugiu para a França. Ali ensinou matemática para Carlos II, filho do rei decapitado, Carlos I.

Em 1651, o filósofo Hobbes publicou sua obra *Leviatã*, apresentando sua visão do Estado. O ser humano, em suas origens, vivia uma guerra de todos contra todos. Para ele, "o homem é o lobo do homem". Não havia propriedade, justiça ou injustiça, somente a guerra. Para livrar-se desses males, os seres humanos se organizaram em comunidades, cada qual submetida a uma autoridade que poria fim à guerra universal.

Escolhido tal governo, o poder político dos cidadãos cessaria. Não poderia haver rebeliões, pois elas apenas reconduziriam homens e mulheres ao caos. Nesse sentido, rebelar-se contra Carlos I seria prejudicial à Inglaterra. Só um poder soberano, ilimitado, com direito de censurar opiniões, poderia sobreviver. Mesmo o pior soberano seria melhor que o caos da guerra de todos contra todos. Os súditos não teriam direitos contra o soberano, a menos que ele não garantisse a sobrevivência das pessoas. Um homem só não teria dever algum para com o soberano se este não tivesse força para protegê-lo.

Leviatã, Abraham Bosse. Xilogravura extraída do frontispício da 1ª edição de *Leviatã ou A matéria, forma e poder de uma comunidade de nações* [Commonwealth] *eclesiástica e civil*, Thomas Hobbes de Malmesbury, Londres, Andrew Crooke, 1651.

Locke

O pensador político **John Locke** (1632-1704) também viveu à época das Revoluções Inglesas. Locke escreveu a maioria de suas obras no contexto da discussão política em torno da criação da monarquia parlamentar inglesa.

O ponto de partida de suas reflexões acerca da vida em sociedade era definido pela ideia do consentimento: qualquer poder exercido sobre as pessoas só é legítimo se tiver o seu consentimento. Assim, a existência do poder político tem origem em um acordo, ou contrato, entre pessoas livres que decidem unir-se para constituir a sociedade civil. Para ele, o governo teria de zelar pelo bem público, defender a propriedade, caso contrário as pessoas teriam o direito de rebelião.

Se o governo tentasse ser absoluto e violasse os direitos naturais dos indivíduos, nesse caso, poderia ser legítimo derrubá-lo. A comunidade teria o direito de pegar em armas contra o soberano para proteger a propriedade privada.

Retrato de John Locke, Herman Verelst. Óleo sobre tela, 1689.

GRANGER/GLOW IMAGES - BIBLIOTECA BRITÂNICA, LONDRES, INGLATERRA

GALERIA NACIONAL, LONDRES, INGLATERRA

Em contrapartida, enquanto duraram os recursos obtidos pelo confisco dos bens da Coroa e dos realistas, o Estado e o Exército puderam ser custeados sem que fosse preciso recorrer ao Parlamento. Quando tais recursos acabaram, o elevado custo da manutenção do poder provocou reações dos parlamentares, ainda em sua maioria ligados aos grandes proprietários de terras.

Até 1658, no entanto, a república consolidou as conquistas de uma **revolução burguesa**. Os privilégios feudais foram abolidos. Houve uma intensa circulação de joias, peças de ouro e bens de valor para custear os Exércitos que se enfrentaram durante a guerra civil, ampliando o capital em circulação e estimulando o comércio e a produção artesanal.

A RESTAURAÇÃO DA MONARQUIA

Em 1660, após a morte de Cromwell, os grupos dominantes ingleses nutriam medo da radicalidade dos movimentos populares. Assegurados os interesses econômicos da pequena nobreza e dos comerciantes, o Parlamento preferiu a volta à monarquia e convidou o filho exilado de Carlos I a ocupar o trono.

Carlos II (1660-1685), por receio do Parlamento e de morte semelhante à de seu pai, não restaurou o absolutismo, embora tentasse minimizar a atuação dos parlamentares. Apesar de se autodenominar "rei pela graça de Deus", era rei pela vontade do Parlamento.

A Igreja Anglicana, restabelecida, não possuía mais a condição de Igreja única da Inglaterra. Seus integrantes mantinham privilégios, mas os demais cultos religiosos eram tolerados.

Ao mesmo tempo, o ódio a Cromwell era imensamente estimulado. Seu corpo foi retirado da sepultura na catedral de Westminster e enforcado no local de execução dos criminosos; sua cabeça foi colocada em um poste e exibida à entrada do Parlamento.

O sucessor de Carlos II, **Jaime II** (1685-1688), admirador do modelo absolutista francês, apoiou-se em católicos e partidários do absolutismo em sua Corte. A ideia era submeter o Parlamento e os governos locais. Seu catolicismo o levou ao isolamento. A Igreja Anglicana não o apoiava, e forças políticas semelhantes às que haviam se voltado contra seu pai, Carlos I, acabaram por destroná-lo.

A REVOLUÇÃO GLORIOSA

Setores das elites inglesas temiam uma nova guerra civil puritana que desestabilizasse as estruturas econômicas da sociedade. Isso nos ajuda compreender a elaboração de um projeto de manutenção da monarquia, mas sem absolutismo.

Em 1688, anglicanos e adversários do absolutismo conspiraram contra o monarca Jaime II. O objetivo era convidar **Guilherme de Orange**, genro do rei, a invadir a Inglaterra e destronar o sogro. Jaime II perdeu o apoio dos militares, dos nobres nos condados e do clero anglicano. Isolado, abandonou a Inglaterra. Guilherme foi declarado rei pelo Parlamento e os diversos grupos políticos ingleses iniciaram uma nova fase política que visava garantir a estabilidade de suas instituições e a pacificação entre os grupos dirigentes.

TÁ LIGADO?

12. Explique como a República consolidou as conquistas da revolução burguesa na Inglaterra.

13. Identifique as motivações que levaram à derrubada do monarca Jaime II em 1688.

14. Aponte as principais características da Carta de Direitos (*Bill of Rights*) de 1689.

Esse movimento das elites inglesas, sem derramamento de sangue e, por isso, chamado de **Revolução Gloriosa**, estabeleceu uma nova realidade política e religiosa para a Europa. O Parlamento consolidou seus direitos através da **Carta de Direitos** (*Bill of Rights*) de 1689. Os protestantes tiveram garantida a tolerância religiosa. O conceito de **liberdade individual** norteava essas decisões.

Com a criação de uma **monarquia parlamentar** marcada pela liberdade religiosa, as tensões políticas e sociais do século XVII foram atenuadas. A partir de então a Inglaterra seria governada pelos reis e pelo Parlamento. A Inglaterra estabelecia um novo jogo político que se afastava do absolutismo.

Jogos e o Parlamento inglês

A caça à raposa e o críquete foram passatempos muito difundidos entre os integrantes das elites inglesas, sobretudo entre seus parlamentares a partir do início do século XVIII.

Grupos de caçadores entravam em florestas e bosques seguindo as pistas das raposas. Os demais animais selvagens, que até serviriam como alimento, eram simplesmente ignorados. O objetivo não era caçar para comer. Mas caçar como forma de praticar a violência sob determinadas regras. Direcionar a violência para um objetivo específico: a raposa.

O críquete havia surgido na Inglaterra no século XVI. Foi rapidamente incorporado aos jogos da nobreza e extremamente difundido no século XVII. Jogado por duas equipes de 11 jogadores e dois juízes de campo, o críquete tem algumas semelhanças com o beisebol. Uma bola de couro e cortiça é arremessada contra a baliza adversária (formada por três postes verticais), que deve ser defendida por um rebatedor. No século XVIII, as partidas de críquete poderiam durar dias. Isso estimulava a convivência e a camaradagem entre seus participantes.

O desenvolvimento do regime parlamentar na Inglaterra deu-se ao mesmo tempo que os passatempos se tornaram relativamente menos violentos. Parlamentares de grupos políticos diferentes promoviam encontros nos quais se praticava a caça à raposa e o críquete.

De certo modo, as elites inglesas renunciavam à violência como forma de impor suas posições políticas. Evidentemente, tal arranjo era possível graças à exclusão dos setores populares tanto da prática de determinados jogos quanto do jogo político parlamentar. Apenas ao longo do século XIX as classes trabalhadoras ameaçariam esses jogos das elites. No campo parlamentar e também no campo esportivo.

Jogo de críquete, anônimo. Gravura, 1747.

ALAMY/FOTOARENA

EM DESTAQUE

Radicais

Os niveladores reivindicavam a igualdade de todos diante da lei, de modo que fossem nivelados (*levellers* em inglês) e sonhavam com uma democracia de pequenos proprietários rurais.

Na Inglaterra do século XVII, havia também os *diggers* (cavadores), que se autodenominavam "verdadeiros niveladores". Seus líderes queriam aprofundar as transformações sociais e criticavam o que chamavam de "modos vis" da terra: o fato de que os que lavravam as terras e nelas moravam serem controlados por proprietários, que podiam aumentar as taxas pelo uso da terra, ou ainda despejá-los a qualquer momento. Os trabalhadores rurais deveriam ter o direito de cultivar o solo por conta própria. O *digger* Gerrard Winstanley escreveria: "O homem mais pobre da Inglaterra tem tanto direito à terra quanto o mais rico".

Assim como os principais chefes niveladores foram executados em 1649, após uma fracassada revolta, os *diggers* não tiveram melhor sorte, também foram duramente reprimidos. Entre os radicais ingleses do século XVIII, muitos eram membros de seitas protestantes, como os *ranters*, cuja maneira de ver o mundo está presente no texto a seguir.

Assim disse o Senhor.

Reis, Príncipes, Lordes, maiorais, precisam curvar-se perante os mais pobres camponeses; os homens ricos precisam inclinar-se perante os pobres vagabundos, caso contrário, eles hão de arrepender-se por isso [...].

Gemam, gemam, oh nobres, gemam honrosos, gemam, oh ricos homens, por causa das misérias que se vão abater sobre vós.

Por nossa parte, nós os que escutamos a pregação do Apóstolo, também teremos todas as coisas em comum; nem mesmo diremos que é nossa qualquer coisa que possuímos.

COHN, Norman. *Na senda do milênio*: milenaristas revolucionários e anarquistas místicos da Idade Média. Lisboa: Presença, 1981. p. 272.

1. Esclareça a razão do nome "niveladores".

2. Identifique em nome de quem fala o líder *ranter* cuja pregação aparece acima.

3. Aponte a proposta feita aos ouvintes na pregação. Justifique e exemplifique sua resposta.

QUEBRA-CABEÇA

1. Leia o quadro complementar "O que é revolução?" (p. 20) e explique o conceito revolução.

2. Escreva uma **história em quadrinhos** sobre as tensões políticas na Inglaterra no século XVII.
   a) identifique as características de quatro momentos principais: I. Antes de 1640; II. A Revolução Puritana; III. A Restauração da monarquia; IV. A Revolução Gloriosa.
   b) Para cada etapa, defina o número de personagens principais.
   c) Sua história pode ser contada em uma ou duas páginas de uma folha em branco.
   d) Se você preferir elaborar a sua história no computador, pode utilizar uma série de aplicativos que auxiliam nessa tarefa. Veja por exemplo: <http://goo.gl/f2XQNL>. Acesso em: 29 set. 2018.

3. Defina cada um dos conceitos abaixo e organize um pequeno dicionário conceitual em seu caderno:
   - cercamento
   - república
   - ditadura
   - revolução burguesa
   - monarquia parlamentar

4. Os cercamentos de terras transformaram a paisagem e a sociedade inglesas.
   a) Quem eram os novos proprietários de terras? Identifique seus interesses.
   b) O que os cercamentos de terras significaram para a maioria dos camponeses?

5. Vamos construir nossos *tags*. Siga as instruções do *Pesquisando na internet* na seção **Passo a passo** (p. 7) utilizando as palavras-chave abaixo:

monarquia
república
parlamentarismo
ditadura

Leia com atenção o texto a seguir e depois responda às questões.

ENSAIO SOBRE O PODER CIVIL

O grande fim para o qual os homens entram em sociedade é gozar dos seus bens na paz e na segurança. Ora, estabelecer leis nesta sociedade constitui o melhor meio para realizar esse fim. Portanto, em todos os Estados, a primeira e fundamental lei positiva é aquela que exerce o poder legislativo [...]. Este poder legislativo constitui não somente o poder supremo do Estado, mas permanece sagrado e imutável nas mãos daqueles a quem a comunidade uma vez o entregou.

John Locke. Ensaio sobre o poder civil, 1690.
In: FREITAS, Gustavo de. *900 textos e documentos da História.*
v. II. Lisboa: Plátano, 1976. p. 202-203.

1. Esclareça a importância do Poder Legislativo na visão de John Locke.

2. Estabeleça a relação entre as ideias de Locke e o momento político inglês no período de sua vida.

3. O quadro complementar "Thomas Hobbes e John Locke" (p. 22) explica a concepção de Thomas Hobbes (1588-1679) sobre a constituição do Estado e o papel do soberano. Compare o soberano absoluto de Hobbes com a ideia do Poder Legislativo de Locke.

PONTO DE VISTA

OBSERVE A IMAGEM

O rei e o Parlamento

1. Siga as instruções da *Análise de documentos visuais* na seção **Passo a passo** (p. 6) para analisar a iluminura do século XIV. Anote as observações no caderno.

2. Identifique a razão da posição da representação do rei e dos parlamentares.

3. Aponte as mudanças que deveriam ser feitas nessa iluminura para poder representar a relação entre o rei e o Parlamento depois das revoluções Puritana e Gloriosa. Elabore um desenho com base nos apontamentos sobre essas revoluções.

O rei e o Parlamento, anônimo. Iluminura extraída do manuscrito *Modus tenendi parliamentum*, 1386-1399.

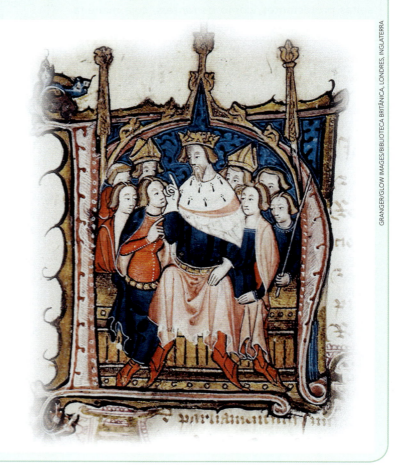

PERMANÊNCIAS E RUPTURAS

A Constituição cidadã

A Constituição da República Federativa do Brasil de 1988 é a lei suprema a partir da qual toda organização jurídica brasileira é estruturada. Todas as leis do país devem estar de acordo com a Constituição. Chamada de Constituição cidadã, foi o resultado de um longo processo de lutas sociais e políticas responsável pelo estabelecimento da democracia brasileira.

Leia com atenção o trecho inicial da lei máxima do nosso país e depois responda às questões propostas.

PREÂMBULO

Nós, representantes do povo brasileiro, reunidos em Assembleia Nacional Constituinte para instituir um Estado Democrático, destinado a assegurar o exercício dos direitos sociais e individuais, a liberdade, a segurança, o bem-estar, o desenvolvimento, a igualdade e a justiça como valores supremos de uma sociedade fraterna, pluralista e sem preconceitos, fundada na harmonia social e comprometida, na ordem interna e internacional, com a solução pacífica das controvérsias, promulgamos, sob a proteção de Deus, a seguinte CONSTITUIÇÃO DA REPÚBLICA FEDERATIVA DO BRASIL.

TÍTULO I
DOS PRINCÍPIOS FUNDAMENTAIS

Art. 1º. A República Federativa do Brasil, formada pela união indissolúvel dos Estados e Municípios e do Distrito Federal, constitui-se em Estado Democrático de Direito [...]

Parágrafo único. Todo o poder emana do povo, que o exerce por meio de representantes eleitos ou diretamente, nos termos desta Constituição.

Art. 2º. São Poderes da União, independentes e harmônicos entre si, o Legislativo, o Executivo e o Judiciário.

Fonte: *Constituição República do Brasil.* Brasília: Senado Federal, 1988. p. 1-3.

1. Identifique a fonte do poder da República Federativa do Brasil apontada pela nossa Constituição.

2. Esclareça qual é o objetivo do poder instituído pela Constituição brasileira de 1988.

3. Aponte as semelhanças e as diferenças da Constituição brasileira de 1988 e a organização política da Inglaterra depois da Carta de Direitos de 1689.

TRÉPLICA

 Filmes

A letra escarlate
EUA, 1995.
Direção de Roland Joffé.

Por ter cometido adultério, uma mulher é obrigada a usar uma letra vermelha bordada em suas roupas. Apesar de não se passar na Inglaterra do século XVII, o filme permite uma boa reflexão acerca dos puritanos.

A outra
EUA/Inglaterra, 2008.
Direção de Justin Chadwixk.

Na Inglaterra do século XVI, duas irmãs, Mary e Ana Bolena, lutam pelo posto de esposa do rei Henrique VIII.

 Livros

Newton e o triunfo do mecanicismo
BRAGA, Marco e outros. São Paulo: Atual, 1999.

As revoluções burguesas
MICELI, Paulo. São Paulo: Atual, 2000.

As revoluções burguesas
FLORENZANO, Modesto. São Paulo: Brasiliense, 1981.

 Site

(Acesso em: 28 set. 2018)
<http://goo.gl/8gJPgG>

O *site* está em inglês, mas é só clicar nas construções históricas para começar uma visita virtual aos principais pontos da história do Parlamento e da Monarquia inglesa.

A ilustração e o despotismo esclarecido

PORTAS ABERTAS

👁 OBSERVE AS IMAGENS

1. No seu caderno, identifique: o suporte, a data e o tema de cada imagem.

2. As imagens **2** e **3** fazem parte de um conjunto de iluminuras pertencentes a um manuscrito do século XIII. Esclareça a razão de serem chamadas de iluminuras e sua função.

3. Na imagem **1**, o pintor representou o "homem" na figura de Isaac Newton, grande cientista do século XVII. No seu caderno, aponte as diferenças e semelhanças entre essas três imagens.

Newton, o geômetra divino, William Blake. Nanquim e aquarela, c. 1795.

Deus Criador do Mundo, anônimo. Iluminura extraída do manuscrito *Bíblia Moralizadora*, c. 1230. (detalhe)

Deus Criador do Mundo, anônimo. Iluminura extraída do manuscrito *Bíblia Moralizadora*, c. 1230.

A ILUSTRAÇÃO

Chamamos de **Ilustração** ou **Iluminismo** às ideias que se desenvolveram na Europa nos séculos XVII e XVIII. Tais ideias caracterizam-se pela procura de uma explicação racional para os fenômenos naturais e sociais e pela noção de progresso, que marcaria a vida humana. Seus defensores rejeitavam tradições, atacavam determinadas injustiças e posicionavam-se contra a intolerância religiosa e os privilégios típicos da sociedade da época.

O movimento ilustrado teve seu apogeu no século XVIII, que ficou conhecido como o **Século das Luzes**.

Teorias e experiências: a construção do pensamento ilustrado

Desde o século XVII uma onda de invenções e descobertas tomou conta da Europa e pôs inúmeras informações à disposição das pessoas. Alguns historiadores chamaram essa onda de **Revolução Científica**.

As bases do desenvolvimento científico e do pensamento ilustrado foram estabelecidas a partir das ideias dos seguintes pensadores:

O italiano **Galileu Galilei** (1564-1642) defendeu que os planetas giravam em torno do Sol, e não da Terra, como pretendiam diversos teólogos desde a Idade Média. Em razão dessa concepção, Galileu foi perseguido pela Igreja de Roma.

Isaac Newton descobre a refração da luz, Fillipo Pelagio Pelagi. Óleo sobre tela, 1827.

O alemão **Johannes Kepler** (1571-1630) demonstrou que os planetas não se moviam em órbitas circulares, mas em órbitas elípticas. Seus estudos contribuíram para tentar desvincular a astrologia (o estudo dos astros) de perspectivas místicas e de caráter supersticioso.

Para o francês **René Descartes** (1596-1650), os seres humanos deveriam duvidar de tudo e aceitar somente o que a razão pudesse compreender e demonstrar. É do filósofo a frase: "Penso, logo existo".

O inglês **John Locke** (1642-1704) valorizava a experiência como fonte para o conhecimento. Além disso, defendia que todos os seres humanos tinham direito à propriedade, base de sua liberdade. Os governos, no seu entendimento, deveriam garantir esse direito.

O inglês **Isaac Newton** (1642-1727) rejeitou a ideia de que o Universo era estático, sustentando que havia nele um movimento contínuo. Além disso, desenvolveu a teoria da atração e da gravitação universal (**teoria da gravidade**) e diversas experiências com a luz.

O PENSAMENTO ILUSTRADO

Os pensadores ilustrados defendiam que o homem deveria buscar na razão as respostas para as questões que, até aquele momento, eram justificadas principalmente pela fé, pela ignorância e pela superstição.

O filósofo alemão **Immanuel Kant** (1724-1804) definia o Iluminismo como a chegada da luz aos cantos sombrios da mente. Uma luz que permitiria ao ser humano raciocinar de forma independente.

Kant e outros filósofos também acreditavam que Deus estava presente na natureza e no coração de cada indivíduo, podendo ser descoberto pela razão. Para encontrar Deus, bastaria ser bondoso e piedoso. A intermediação entre os homens e Deus, pretendida pela Igreja Católica, era duramente questionada. Não se questionava a existência de Deus (**ateísmo**), mas uma posição **anticlerical** que provocaria reações dos religiosos.

Alguns ilustrados também defendiam que, assim como havia leis que regulavam os fenômenos da natureza, as relações entre os seres humanos eram definidas por leis naturais. Os indivíduos seriam bons e iguais por natureza. A desigualdade seria provocada pelas próprias pessoas, ou seja, pela sociedade.

Para alcançar a felicidade, era necessário que o governo garantisse: liberdade para a expressão de ideias, liberdade de culto e liberdade de posse de bens materiais. Além disso, o governo teria de promover a igualdade de todos perante a lei e garantir proteção contra a injustiça e a opressão.

TÁ LIGADO?

1. Apresente uma definição para a Ilustração.

2. Estabeleça as diferenças entre anticlerical e ateu.

3. Demonstre como algumas das ideias dos filósofos ilustrados eram contrárias aos princípios da sociedade do Antigo Regime.

4. O filósofo Montesquieu defendia a separação e a independência entre o Executivo, o Legislativo e o Judiciário. Aponte as funções de cada um desses poderes.

O catálogo da natureza
Multimídia

PRINCIPAIS FILÓSOFOS ILUSTRADOS

Os pensadores ilustrados criticavam aspectos da desigualdade social. A sociedade da época, denominada Antigo Regime, dividia-se em três estados sociais (o clero, a nobreza e o resto da população). Direitos e privilégios eram estabelecidos de acordo com a posição social de cada um.

Muitos dos pensadores ilustrados posicionaram-se contra os privilégios da nobreza e do clero, a intolerância religiosa e o Estado absolutista que impunha leis que favoreciam essas minorias privilegiadas.

Voltaire (1694-1778) – Seu nome verdadeiro era François Marie Arouet. Foi o mais destacado dos filósofos ilustrados, criticou o absolutismo e a intolerância de sua época. Por fazer duras críticas aos privilégios da nobreza e da Igreja e por defender as liberdades individuais, Voltaire foi obrigado a se exilar na Inglaterra. Suas ideias não somente influenciaram os pensadores da Revolução Francesa, como vários monarcas que, a partir de suas propostas, implantaram reformas. Esses monarcas ficaram conhecidos como **déspotas esclarecidos**.

Barão de Montesquieu (1689-1755) – Criticou e satirizou os costumes de sua época em *Cartas persas* (1721). Em sua obra, *O espírito das leis* (1748), Montesquieu, baseado em John Locke, expôs a necessidade da separação e independência dos poderes do Estado (Legislativo, Executivo e Judiciário), como forma de garantir a liberdade. Formulação que marcaria as democracias contemporâneas a partir da independência dos Estados Unidos (1776).

O balanço, Jean-Honoré Fragonard. Óleo sobre tela, 1767.

Jean-Jacques Rousseau (1712-1778) – Enquanto Montesquieu e Voltaire defendiam governos aristocráticos, Rousseau era favorável à soberania popular e a uma sociedade baseada na justiça e na igualdade. Para ele, a propriedade privada destruía a liberdade social, pois introduzia a desigualdade entre os homens, a diferenciação entre o rico e o pobre. No seu texto mais famoso, *O contrato social*, afirmava que, para combater a desigualdade, os homens deveriam fazer um contrato social, no qual cada indivíduo concordaria em se submeter à vontade geral, ou seja, à vontade do próprio povo. Portanto, o que prevaleceria seria a vontade da comunidade, e não a vontade individual.

Denis Diderot (1713-1784) – Crítico feroz do absolutismo real, foi responsável pela organização da grande *Enciclopédia*, obra em 35 volumes, publicada entre 1751 e 1772. Diderot foi auxiliado por **Jean de Rond D'Alembert**, e ambos tiveram como colaboradores a maior parte dos pensadores iluministas, como Montesquieu, Voltaire e Rousseau.

JOGOS, LUZES E EDUCAÇÃO

Na *Enciclopédia* de Diderot e D'Alembert, o **jogo** era definido como uma atividade desnecessária e voltada para a diversão, uma pausa para a seriedade da vida. Uma pausa para o trabalho. No caso da educação das crianças, uma recreação necessária aos estudos.

A partir do século XVIII, ocorreu uma mudança na visão sobre as crianças. Elas passaram a ser comparadas ao bom selvagem, de maneira positiva, espontâneas, livres das convenções sociais e das maldades da sociedade. A infância começava a ser identificada como uma espécie de "anos dourados" da vida.

Rousseau foi denominado o "Copérnico da Pedagogia", por seu interesse na relação entre a criança, os jogos e a educação. Para Rousseau, os brinquedos podem ser úteis ao ensino. E os jogos de destreza, com bolas e raquetes devidamente adaptadas, poderiam divertir e, ao mesmo tempo, instruir.

Com brincadeiras, Rousseau desejava ensinar a origem da propriedade: a criança deveria trabalhar o seu próprio jardim para compreender que suas posses devem corresponder àquilo que obtive por meio de seu trabalho.

O LIBERALISMO ECONÔMICO

As críticas ao Antigo Regime não se restringiram aos aspectos políticos (absolutismo) e sociais (privilégios da nobreza e do clero). O mercantilismo passou a ser duramente questionado.

Alguns economistas defendiam que a terra era a fonte de todas as riquezas e, por isso, ficaram conhecidos como **fisiocratas** (poder da natureza). Para eles, a agricultura, a pecuária, a mineração eram atividades mais importantes que o comércio. Afirmavam que a economia funcionaria com leis próprias e naturais e não deveriam ser regulamentadas. Tais propostas se opunham totalmente às políticas mercantilistas, que eram intervencionistas e protetoras do comércio e foram defendidas por **François Quesnay** (1694-1774) e **Jean-Marie Gournay** (1712-1759).

Adam Smith (1723-1790) sustentava que o trabalho era a verdadeira fonte de riqueza. No livro *A riqueza das nações* (1776), defendia um novo sistema econômico, baseado na livre concorrência e nas leis do mercado, denominado **liberalismo**. O interesse pessoal deveria ser aceito e estimulado. Caberia aos governos ajudar os seres humanos a expressar seus interesses e, com isso, encontrar a felicidade.

A observação da rotina das fábricas ajudou-o a perceber a importância da divisão do trabalho para aumentar a produção e baratear o preço dos produtos. O valor do trabalho seria determinado pelas leis da oferta e da procura, ou seja, quanto maior a oferta de mão de obra, menor o seu valor e vice-versa. Nessa lógica, o trabalho seria adquirido pelo empresário que pagasse mais por ele.

LUZES NA ARTE: O NEOCLÁSSICO

A arte neoclássica, inspirada nos modelos da Antiguidade greco-romana, se constituiu em uma clara reação contra os excessos do Rococó. Os artistas rompiam com a afetação e a superficialidade e passaram a valorizar as representações simples e claras, sem detalhes e acessórios.

Os personagens tendiam a situar-se em um mesmo plano. A luz fria ajudava a tornar precisos os volumes dos personagens, dotando o ambiente de solenidade. Toda a decoração supérflua ou secundária foi suprimida. Essas características eram combinadas com temas greco-romanos e da mitologia. A influência dos exemplares pictóricos descobertos em Herculano e Pompeia constituiu um exemplo a ser seguido.

EM DESTAQUE

Robinson Crusoé e o liberalismo

O navio em que Robinson Crusoé viajava naufragou e ele foi parar em uma ilha deserta. Sem pestanejar, Crusoé enumerou suas necessidades: primeiro, construir um abrigo onde pudesse evitar o frio e os animais selvagens; depois, pescar e colher frutas para se alimentar. Tendo abrigo e com sua sobrevivência garantida, Crusoé passou para outra etapa: investir. Melhorou as condições da casa que montou, construiu equipamentos mais eficientes para pescar e passou a tomar medidas de segurança contra eventuais habitantes da ilha que não fossem muito amistosos.

Robinson Crusoé foi o personagem principal do romance de **Daniel Defoe** (1660-1731), *A vida e estranhas e surpreendentes aventuras de Robinson Crusoé de York, marinheiro*, escrito em 1719.

A capacidade de Crusoé construir sozinho os utensílios de que precisava representa o triunfo da capacidade humana de dominar a natureza. O triunfo do indivíduo que busca soluções racionais para satisfazer seus interesses materiais.

Foi essa imagem da capacidade individual que o economista escocês Adam Smith reafirmou.

1. Identifique no texto o principal tema do romance *Robison Crusoé*, de Daniel Defoe.

2. Esclareça a afirmação do texto de que o personagem Robinson Crusoé representa o triunfo do liberalismo.

3. Relacione a história e o comportamento de Robinson Crusoé com as ideias de Adam Smith.

4. Indique outros personagens de filmes, novelas, histórias em quadrinhos que, em sua opinião, sejam marcados pelo individualismo. Justifique suas escolhas.

A vendedora de cupidos

Material: Óleo sobre tela

Dimensão: 95 cm × 119 cm

Datação: 1763

Autor: Joseph Marie Vien

A vendedora de cupidos de Joseph Marie Vien, exibida em 1763 (Paris) é a reinterpretação mais conhecida de um antigo afresco romano. O artista baseou seu trabalho em uma gravura publicada no ano anterior, feita a partir de um afresco encontrado durante escavações arqueológicas em Villa de Arianna, na cidade de Estábia, ao sul de Pompeia.

A obra está atualmente preservada no Museu Nacional do Castelo de Fontainebleau, Fontainebleau, França.

① Primeiro olhar:

As mulheres à direita da cena estão vestidas com túnicas greco-romanas. A mulher à esquerda (vendedora) oferece cupidos, figuras da mitologia que também nos remetem à Antiguidade clássica.

acompanhante

dona da casa

Vasos de flores, queimador de incenso, caixa de joias – denotam o ambiente de riqueza e simplicidade.

vendedora

cesto com cupidos

O ABSOLUTISMO ILUSTRADO

Alguns monarcas do século XVIII, inspirados pela Ilustração, instituíram reformas na educação e no comércio, e combateram o poder do clero. Alguns Estados europeus como Prússia, Áustria, Rússia, Suécia, Polônia, Espanha e Portugal iniciaram reformas com o objetivo de adequar suas estruturas econômicas, a fim de alcançar o grau de desenvolvimento da Inglaterra e da França. Procuraram modernizar seus Estados, sem abandonar o poder absoluto.

DESPOTISMO ESCLARECIDO

Essa tentativa de reformar o Estado absolutista por meio dos ideais ilustrados ficou conhecida como **despotismo esclarecido** ou absolutismo ilustrado.

No absolutismo ilustrado, a principal mudança é a redefinição do poder do monarca. O Estado existiria não somente para atender aos interesses do rei, mas também para atender às necessidades e interesses dos súditos. Na verdade, não se contestava a monarquia absoluta em si mesma, mas se almejava apenas que a monarquia fosse inovadora, racional, dirigida por um príncipe esclarecido.

No plano econômico, os monarcas tentaram associar o mercantilismo ao fisiocratismo, promovendo e modernizando a agricultura. No plano social, a monarquia ilustrada abolia a influência e o controle da Igreja. No plano político, os monarcas procuraram realizar reformas no Estado por meio de uma administração eficiente e do fortalecimento do aparelho burocrático.

Monarcas esclarecidos e filósofos estabeleceram relações que incluíam trocas de favores, bem como um grande entusiasmo pelas ciências. Voltaire morou algum tempo em Potsdam (Prússia) e Diderot em São Petersburgo (Rússia).

TÁ LIGADO?

7. Defina o despotismo esclarecido.

Prússia, Rússia e Áustria

Frederico II, o Grande, iniciou uma política de tolerância religiosa que atraiu protestantes franceses e intelectuais, como Voltaire. Estimulou o ensino básico, tornando a instrução primária obrigatória para todos. Atitude que deu a Berlim, que fazia parte da Prússia, a reputação de centro de cultura ilustrada. No entanto, por trás dessa aparência iluminada, escondia-se a escuridão do militarismo prussiano e a realidade de servidão dos camponeses.

Catarina II da Rússia atraiu para sua Corte muitos filósofos franceses, no entanto, mais uma vez, a iniciativa tinha somente uma aparência ilustrada, pois muito do que prometera não foi posto em prática. A czarina da Rússia promoveu a liberdade religiosa e desenvolveu a educação das classes sociais mais altas.

No entanto, elevou os impostos para os camponeses e manteve a servidão. As ideias ilustradas, portanto, ficaram restritas às elites.

José II, imperador da Áustria e do Sacro Império Romano-Germânico, é considerado o maior exemplo de déspota esclarecido, pois foi o único monarca que realmente pôs em prática as ideias dos filósofos ilustrados.

Ele aboliu a servidão; concedeu liberdade religiosa; promoveu a igualdade a todos perante a lei; estimulou o desenvolvimento da agricultura e das manufaturas; taxou as propriedades da nobreza e do clero; desenvolveu a educação. Ideias propriamente ilustradas. Mas sua tentativa de tornar o idioma alemão oficial provocou a resistência dos tchecos, húngaros, belgas e italianos.

Espanha e Portugal

Carlos III foi reconhecido graças ao apoio dado a ministros identificados com as ideias ilustradas. Seu ministro, conde de Aranda, era arqui-inimigo dos jesuítas e grande defensor da tolerância religiosa.

Entretanto, as reformas da monarquia espanhola consistiram em medidas no plano econômico, com maior atenção para a agricultura. As reformas não atingiram a nobreza e não afetaram de maneira significativa o clero.

Portugal permaneceu até meados do século XVIII como um dos últimos redutos das doutrinas católicas. Lá, as ideias ilustradas eram tratadas como perigosas heresias.

A Igreja continuava ditando regras e valores. Portugal foi, por isso, associado a uma imagem de atraso e decrepitude.

O governo lusitano implementou um conjunto de reformas que visavam modernizar o Império. Tais reformas foram implementadas pelo marquês de Pombal, ministro de Dom José I. Analisaremos essas medidas no capítulo 6.

Frederico II foi amigo de Voltaire. O monarca costumava reunir inúmeros escritores, músicos e poetas em Sanssouci, seu palácio em Potsdam, nas proximidades de Berlim. Em 1736, tornou-se correspondente de Voltaire. Em 1750, convidou o filósofo para fazer parte de sua Corte. Porém, o autoritarismo de Frederico e a vaidade de Voltaire logo criariam uma atmosfera tensa no palácio. A crise estourou após uma discussão com Maupertuis, presidente da Academia de Berlim. Em 1753, Voltaire obteve licença para sair da Prússia. O episódio culminou com a detenção de Voltaire em Frankfurt por um oficial encarregado de obter dele a restituição de um volume de poemas pertencentes a Frederico II.

Frederico II, o Grande, e Voltaire em Sanssouci, Georg Schöbel. Litografia colorida, 1900. (detalhe)

AS LUZES E A ESCRAVIDÃO

Retrato de Catarina II da Rússia, Fyodor Rokotov. Óleo sobre tela, 1780. (detalhe)

Imperador José II da Áustria, anônimo. Óleo sobre tela, 1765. (detalhe)

A Ilustração marcou uma época na defesa dos direitos dos seres humanos. Entretanto as justificativas tradicionais da escravidão sobreviveram às críticas dos intelectuais ilustrados. Devemos nos lembrar de que o tráfico de africanos e a *plantation* das Índias Ocidentais desfrutavam seus anos dourados no século XVIII.

Mesmos os filósofos que lançaram luz na maior parte das injustiças, curiosamente, deixaram a escravidão africana na escuridão. Para Voltaire a servidão humana era tão antiga quanto a guerra e a guerra tão antiga quanto a natureza humana.

Até mesmo aqueles que concordavam que a instituição era, teoricamente, errada tinham a tendência a concluir que era um mal necessário. Seja pela necessidade de desenvolver as colônias, seja porque acreditavam que os africanos viviam em condições piores na África. Montesquieu acreditava que a escravidão não tinha função útil na Europa, onde havia incentivos para o trabalho. Mas era justificada nos países tropicais, onde o calor tornava o homem preguiçoso.

A França enviaria, nos escuros porões de seus navios, milhões de africanos para as colônias até a proibição definitiva do tráfico em 1831.

QUEBRA-CABEÇA

1. Leia o quadro complementar "Teorias e experiências: a construção do pensamento ilustrado" (p. 30).
   a) Identifique o significado do conceito "revolução científica".
   b) Identifique e discuta a superação de ideias e teorias vinculadas a perspectivas religiosas.

2. No seu caderno, utilizando as palavras-chave abaixo, explique a importância do racionalismo para o pensamento ilustrado.
   - conhecimento
   - fenômenos naturais
   - razão
   - religião
   - fé

3. Defina cada um dos conceitos abaixo e organize um pequeno dicionário conceitual em seu caderno:
   - Ilustração/Iluminismo
   - revolução científica
   - ateísmo
   - anticlericalismo
   - Poder Executivo
   - Poder Legislativo
   - Poder Judiciário
   - liberalismo econômico
   - despotismo esclarecido

4. Elabore um desenho ou uma charge com os pensadores ilustrados. Sugestão: o desenho pode ser baseado na pintura *A Escola de Atenas*, de Rafael Sanzio, de 1510. Não se esqueça de atualizar o ambiente e o vestuário dos pensadores representados por você.

5. Comente por que a escravidão foi deixada na escuridão pelos filósofos ilustrados.

6. Vamos construir nossos *tags*. Siga as instruções do *Pesquisando na internet* na seção **Passo a passo** (p. 7) utilizando as palavras-chave abaixo:

   Kant

   Montesquieu   Voltaire

   Diderot   Rousseau

   Adam Smith   D'Alembert

Leia com atenção algumas das ideias do filósofo ilustrado Voltaire, expostas na obra *Dicionário filosófico*, sobre igualdade, e de outro filósofo ilustrado, Jean-Jacques Rousseau, em dois textos de sua autoria: *O contrato social* e *Discurso sobre a origem da desigualdade entre os homens*. A seguir, faça as atividades propostas.

[HIERARQUIA E IGUALDADE]

[...] Todos os homens nascem com uma tendência bastante violenta e pronunciada para o domínio e os prazeres, e uma queda acentuada para a preguiça: por conseguinte, qualquer homem gostaria de possuir o dinheiro e as mulheres ou as filhas dos outros, ser o amo deles, submetê-los a todos os caprichos seus e não fazer nada ou, pelo menos, fazer apenas o que muito bem lhe apetecesse. Já veem que, tão lindas disposições, é impossível que os homens sejam iguais, como é impossível que dois pregadores ou dois professores de teologia não tenham ciúmes e inveja um do outro.

O gênero humano, tal como na realidade é, não pode subsistir a menos que não haja uma infinidade de homens úteis que nada possuam; porque, é mais do que certo, um homem que possua o suficiente e vida a seu bel-prazer não vai abandonar a sua terra para vir cultivar a vossa [...]. Por isso, a igualdade é, simultaneamente, a coisa mais natural e mais quimérica que existe. [...]

VOLTAIRE. *Dicionário filosófico*. São Paulo: Abril Cultural, 1978. p. 217-218. (Coleção Os Pensadores)

[...] O homem nasce livre, e por toda a parte encontra-se a ferros. O que se crê senhor dos demais, não deixa de ser mais escravo do que eles [...]. O forte nunca é suficientemente forte para ser sempre o senhor senão transformando sua força em direito e a obediência em dever. [...]

[...] O verdadeiro fundador da sociedade civil foi o primeiro que, tendo cercado um terreno, lembrou-se de dizer "isto é meu" e encontrou pessoas suficientemente simples para acreditá-lo. Quantos crimes, guerras, assassínios, misérias e horrores não pouparia ao gênero humano aquele que, arrancando as estacas ou enchendo o fosso, tivesse gritado a seus semelhantes: "Defendei-vos de ouvir esse impostor; estareis perdidos se esquecerdes que os frutos são de todos e que a terra não pertence a ninguém!". [...] Mas desde o instante em que um homem sentiu necessidade do socorro de outro, desde que se percebeu ser útil a um só contar com provisões para dois, desapareceu a igualdade, introduziu-se a propriedade, o trabalho tornou-se necessário e as vastas florestas transformaram-se em campos aprazíveis que se impôs regar com o suor dos homens e nos quais logo se viu a escravidão e a miséria germinarem e crescerem com as colheitas [...]

ROUSSEAU, Jean-Jacques. *O contrato social/ Discurso sobre a origem e os fundamentos da desigualdade entre os homens*. São Paulo: Abril Cultural, 1978. p. 22, 259 e 265. (Coleção Os Pensadores)

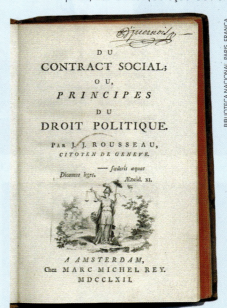

O contrato social, Jean-Jacques Rousseau. Amsterdam, Marc Michel Rey, 1762. (frontispício)

1. Sintetize a interpretação de Voltaire sobre a desigualdade social.

2. Sintetize a interpretação de Rousseau sobre a desigualdade social.

3. No seu caderno, organize uma comparação entre as duas interpretações apontando as principais diferenças entre os dois autores.

Experiências e conhecimento

OBSERVE AS IMAGENS

O planetário, Joseph Wright of Derby. Óleo sobre tela, 1766.

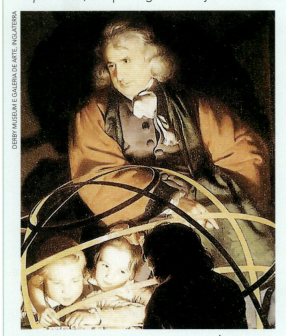

O planetário, Joseph Wright of Derby. Óleo sobre tela, 1766. (detalhe)

1. A pintura *O planetário* de Joseph Wright representa uma aula no século XVIII. Siga as instruções da *Análise de documentos visuais* na seção **Passo a passo** (p. 6) para analisá-la. Anote as observações no caderno.

2. Identifique o ponto de origem da luz na pintura e os efeitos desejados pelo pintor.

3. Com base nas expressões das pessoas representadas, o que se pode estabelecer em relação ao ensino?

4. Relacione a posição do homem de casaco laranja na pintura com o seu papel no processo de ensino (observe o detalhe ao lado).

5. A imagem está relacionada a um período que foi denominado "Século das Luzes". Que elementos do Iluminismo você consegue identificar nessa imagem?

Liberdade de expressão

Em setembro de 2005, um jornal dinamarquês publicou doze caricaturas do profeta Maomé. Para os muçulmanos, essa atitude foi considerada ofensiva, pois violava o preceito islâmico que proíbe qualquer tipo de representação visual do profeta. A situação foi considerada mais grave ainda porque uma das caricaturas mostrava Maomé usando um turbante em forma de bomba, sugerindo uma aproximação entre o profeta e o terrorismo. Logo após a publicação, onze embaixadores de países islâmicos exigiram por escrito que o chefe de Estado da Dinamarca, Anders Fogh Rasmussem, condenasse as caricaturas, mas ele se recusou, com a justificativa da liberdade de expressão dos cartunistas e do jornal.

Estudantes paquistaneses queimam bandeira dinamarquesa em protesto contra a publicação das 12 charges. Multan, Punjab (Paquistão), 29 fev. 2008.

1. Elabore dois argumentos a favor da publicação das 12 caricaturas.

2. Elabore dois argumentos contrários à publicação das 12 caricaturas.

3. A liberdade de expressão adotada no Ocidente é um princípio ilustrado. Utilizando o conhecimento adquirido neste capítulo, explique o motivo de a Ilustração defender a liberdade de expressão.

4. No seu caderno, elabore um texto defendendo seu ponto de vista sobre o caso das caricaturas dinamarquesas. Não se esqueça de justificar sua posição.

TRÉPLICA

 Filmes

Náufrago
EUA, 2000.
Direção de Robert Zoelleck.
O avião de um executivo estadunidense cai no mar e ele vive isolado em uma ilha durante quatro anos.

Robinson Crusoé
EUA, 1996.
Direção de George Miller.
Adaptação da obra de Daniel Defoe. Marinheiro britânico, único sobrevivente de um naufrágio, é levado pelas águas até uma ilha deserta. Lá, desenvolve suas habilidades de construir ferramentas e utensílios com elementos da natureza.

 Livros

Robinson Crusoé
DEFOE, D. (adaptado por Werner Zotz). São Paulo: Scipione, 2003.

Um passeio pela África
SILVA, Alberto da Costa e. Rio de Janeiro: Nova Fronteira, 2006.

 Site

(Acessos em: 29 set. 2018)
<http://goo.gl/L0A6sl>
A exposição virtual **Razão, memória e imaginação: 250 anos da *Encyclopédie*** exibe algumas gravuras que se encontram nos onze volumes de pranchas e que, seguindo a proposta da *Enciclopédia* ilustrada, por pretender abranger todo o conhecimento, tratam do fabrico de leques, perucas e flores artificiais, assim como da Química, do desenho, da história natural, da anatomia, da esgrima, das salas de teatro, da arte da guerra entre outros temas.

CAPÍTULO 3

A independência dos Estados Unidos

PORTAS ABERTAS

OBSERVE AS IMAGENS

1. Com base nas imagens, esclareça o que os estadunidenses celebram em 4 de julho.

2. Analise os significados da Estátua da Liberdade.

Estátua da Liberdade. Nova York (EUA), 4 jul. 2008.

Parada de 4 de julho. Na faixa: "Uma nação sob Deus". Houston (EUA), 2011.

Parada de 4 de julho. Houston (EUA), 2011.

No dia 4 de julho, em todas as localidades dos Estados Unidos, celebra-se o principal feriado nacional do país, como se pode observar pelas imagens. A Estátua da Liberdade foi presenteada pelo governo francês em 1886 e é hoje um dos principais símbolos do país.

AMÉRICA INGLESA (ATÉ 1780)

MARIO YOSHIDA

NEW HAMPSHIRE
NOVA YORK
MASSACHUSETTS
CONNECTICUT
PENSILVÂNIA
NOVA JERSEY
DELAWARE
VIRGÍNIA
OCEANO ATLÂNTICO
CAROLINA DO NORTE
CAROLINA DO SUL
GEÓRGIA

ESCALA
0   705   1410 km

Acordo em 1700
Acordo em 1740
Acordo em 1760
Acordo em 1780
Fronteiras atuais

A AMÉRICA INGLESA

No século XVII, a América inglesa era formada por treze núcleos coloniais, com características econômicas, culturais e religiosas diferentes. Ao Norte, de Massachusetts a Delaware, a economia baseava-se em **pequenas e médias propriedades** agrícolas familiares. O trabalho familiar era complementado pelo de **trabalhadores assalariados** ou de **servos temporários**. Estes últimos eram pessoas que tinham as despesas da viagem custeadas pelos proprietários de terra. Em troca, firmavam um contrato pelo qual recebiam moradia e alimentação e deveriam prestar serviços a seus patrões por alguns anos. Havia também pessoas que, sentenciadas à morte na Inglaterra, trocavam sua pena pelo trabalho servil na América.

O clima dessas colônias era bastante semelhante ao da metrópole, não havia metais nobres, matérias-primas ou gêneros tropicais para enviar para a Europa. Assim, a economia das colônias do Norte baseou-se na produção agrícola de gêneros de subsistência, na pesca, na indústria madeireira, no comércio de peles e no desenvolvimento artesanal. Tais atividades estiveram voltadas para o **mercado interno colonial**. Por todas essas razões, essas colônias passaram a ser designadas como **Nova Inglaterra**.

No Sul, as colônias da Virgínia, Maryland, Carolina do Norte e do Sul e Geórgia caracterizaram-se pela empresa colonial destinada ao **mercado externo**. Constituídas também por refugiados políticos e religiosos da metrópole, tais colônias produziam tabaco, anil, arroz e algodão em **grandes propriedades** (latifúndios). Além de servos temporários, foram utilizados escravizados nessas propriedades. Primeiro indígenas. Depois, negros africanos escravizados.

AUTONOMIA POLÍTICA

Ao contrário de Portugal e Espanha, o governo inglês não desempenhou um papel fundamental na fundação dos núcleos colonizadores. Apenas autorizava indivíduos e grupos que desejassem explorar as terras americanas e tolerava a fuga de perseguidos. A América era o lugar para onde podiam ser mandados os indesejáveis, os sentenciados, os desempregados e os miseráveis. Além disso, desde o início, a Coroa inglesa concedia autonomia política aos fundadores de colônias no Novo Mundo e permitia a prática de diversas crenças e cultos religiosos.

Como na Europa as perseguições eram frequentes, a América acabou por tornar-se a região que abrigava grupos de religiões diferentes. Vinham atraídos pela possibilidade de se tornarem proprietários de terras e pela promessa de tolerância religiosa. Vinham por terra e liberdade.

Dispondo de grande autonomia política e econômica, nas colônias inglesas estabeleceram-se atividades econômicas que escapavam ao controle da Inglaterra. Cada uma das treze colônias possuía uma assembleia composta de representantes eleitos pela população local e subordinada a um governador nomeado pela Coroa inglesa.

O COMÉRCIO TRIANGULAR

Desde o século XVII, desenvolvera-se um próspero **comércio triangular** nas colônias estadunidenses. No Norte, produziam-se embarcações que se dirigiam às Antilhas inglesas (sobretudo Barbados e Jamaica) para comprar cana-de-açúcar e melado para produção de rum. Com o rum obtinham-se escravizados na África. E os escravizados eram vendidos nas Antilhas e nas colônias do Sul.

Outro circuito do comércio triangular envolvia a Inglaterra, para onde era levado o açúcar das Antilhas e de onde eram trazidos produtos manufaturados que eram revendidos nas colônias do Sul e nas Antilhas.

As atividades comerciais das colônias do Norte deram lucros aos colonos que investiram em pequenas oficinas de carroças, móveis, sapatos e ferramentas. Vendiam seus produtos para as colônias do Sul e para outras ilhas inglesas do Caribe.

INSATISFAÇÕES COLONIAIS

Por volta de 1760, a Inglaterra alterou sua política com relação a suas colônias americanas. A partir de então procurou ampliar o espaço de seus produtos manufaturados nos mercados coloniais e instituiu novos tributos sobre as atividades desenvolvidas na América.

A nova política estabeleceu também uma força militar permanente nas colônias, transferiu as decisões sobre os povos indígenas para o governo metropolitano e proibiu as assembleias coloniais de imprimirem papel-moeda.

Os colonos também se sentiam traídos pelo governo britânico. Após participarem da vitória sobre os franceses da Louisiana nos conflitos da chamada Guerra dos Sete Anos (1756-1763), não puderam avançar em direção às terras localizadas no Oeste. Em 1763, a Coroa inglesa restringiu a presença dos colonos no território entre os Montes Apalaches e o Rio Mississípi, em função dos conflitos frequentes com os povos indígenas.

Além disso, os gastos com a guerra contra a França geraram um grande débito para o governo inglês. Somavam-se a isso os custos crescentes para sustentar a administração de seu imenso império. O governo necessitava de novas fontes de recursos e foi buscá-las nas colônias americanas. Não por acaso, a principal razão de conflito entre colonos e metrópole foi o fato de esta começar a cobrar impostos na colônia.

JOHN CARTER BROWN, PROVIDENCE, EUA

Novíssima et accuratíssima Americae descriptio, John Ogilby. Gravura colorida a mão, 1670. (mapa e detalhes)

TÁ LIGADO?

4. Explique o que era definido pela Lei do Açúcar e pela Lei do Selo, além de seu impacto sobre os colonos na América inglesa.

AS LEIS DO AÇÚCAR E DO SELO

Em 1764, nova medida da Coroa aprofundaria o descontentamento. O Parlamento inglês aprovou leis que estabeleciam a cobrança de novos impostos nas colônias. Em 1764 foi aprovada a **Lei do Açúcar** e, em 1765, a **Lei do Selo**.

A Lei do Açúcar proibia a importação de rum estrangeiro e taxava a importação de carregamentos de açúcar procedentes de qualquer lugar que não das Antilhas inglesas. Isso prejudicava as atividades do comércio triangular, praticado, sobretudo, pelos colonos da Nova Inglaterra. A Lei do Selo obrigava todos os tipos de documentos legais e comerciais, jornais, baralhos etc. a terem um selo oficial que deveria ser comprado do governo inglês. Isso era uma forma de cobrança indireta de imposto. Essas leis significavam que, a partir de então, o Parlamento inglês considerava direito seu cobrar impostos na colônia.

REAÇÕES

Os colonos reagiram imediatamente. Apegavam-se a direitos de que gozavam até aquela altura. Um desses direitos era o fato de que só as assembleias coloniais podiam criar impostos para a América. Como reação à Lei do Açúcar e à Lei dos Selos, os colonos organizaram associações e promoveram boicotes ao comércio inglês. Em consequência, a Lei do Selo foi revogada em 1766. Mas, se por um lado houve um recuo, por outro, o Parlamento inglês promulgou, ao mesmo tempo, uma resolução que afirmava seu direito de criar tributos para as colônias.

A **Assembleia de Massachusetts** (colônia do Norte) organizou a oposição a qualquer tributo cobrado em seu território por decisão do Parlamento inglês. O governo britânico ordenou que a Assembleia de Massachusetts anulasse essas medidas, sob pena de dissolvê-la. Além disso, a Inglaterra estendeu a ameaça às assembleias das demais colônias.

Os líderes dos colonos reagiram. Os comerciantes de Boston tornaram-se o centro da oposição ao governo inglês. Nessa cidade foram realizadas ações violentas para impedir que os funcionários da Coroa cobrassem impostos. Tinha início, dessa forma, um movimento anti-inglês que cresceria até desembocar na Declaração de Independência. Entre 1763 e 1770, os conflitos intensificaram-se e com eles os colonos acumularam ressentimentos com relação às autoridades inglesas.

Em 1770 ocorreu o primeiro grande confronto armado entre colonos e tropas inglesas, conhecido como **massacre de Boston**. Um navio inglês foi incendiado. Os líderes rebeldes empenharam-se, a partir de então, em unificar o movimento de todas as treze colônias.

Colonos promovem, em 1765, na cidade de Boston, a queima de documentos em protesto contra a Lei do Selo.

BIBLIOTECA DO CONGRESSO, WASHINGTON D.C., EUA

Protesto contra a Lei do Selo, anônimo. Gravura colorida, 1784. (detalhe)

AS LEIS INTOLERÁVEIS

Em 1773, uma nova lei promulgada pelo Parlamento inglês aumentou o descontentamento dos colonos. Essa lei, chamada **Lei do Chá**, dava o monopólio do comércio do chá à Companhia das Índias Orientais, que atuava de acordo com os interesses políticos ingleses. Com a nova legislação, a Companhia passou a deter o direito de vender o chá trazido da Ásia diretamente para os colonos na América, prejudicando os intermediários residentes na colônia.

A Lei do Chá gerou uma reação violenta em Boston, em 1773, que ficou conhecida como **Festa do Chá**. Comerciantes disfarçados de indígenas retiraram cerca de 300 caixas de chá dos navios ingleses e as jogaram no mar.

O Parlamento promulgou então leis para reprimir os colonos e conter o clima de insubordinação. O porto de Boston foi interditado até o pagamento dos prejuízos. Outras medidas severas foram tomadas, como o julgamento e a punição de todos os colonos envolvidos em distúrbios contra a Coroa. Essas leis foram chamadas pelos colonos de **Leis Intoleráveis**.

Como reação a elas, foi convocado o **Primeiro Congresso Continental de Filadélfia** (1774), cujos participantes pediram ao rei e ao Parlamento a revogação das Leis Intoleráveis. Era uma forma de concretizar a igualdade de direitos dos colonos. Esse Congresso tinha como objetivo organizar o movimento contra as leis inglesas. Os colonos não falavam ainda em independência. Mas o fracasso das negociações acabou por levar o movimento em direção à ==emancipação== política.

A PROCLAMAÇÃO DA INDEPENDÊNCIA

Em 1775, um novo Congresso se reuniu e em breve passou a liderar o movimento que caminhava a passos largos para a independência. Um dos líderes dos colonos, **George Washington**, foi eleito comandante e chefe das colônias unidas. A impossibilidade de chegar a um acordo com o governo inglês tornava a independência uma alternativa cada vez mais presente e inevitável.

Um ano depois, em 1776, as colônias determinaram a seus representantes no Congresso que aprovassem a independência.

Em abril daquele mesmo ano, os portos americanos foram abertos aos navios de todas as nações, rompendo assim o monopólio exercido pela Inglaterra. Em 4 de julho, o Congresso aprovou a independência ao adotar a **Declaração da Independência**, texto escrito por **Thomas Jefferson**.

Os ingleses não aceitaram pacificamente a Declaração de Independência de suas colônias americanas. Sua reação armada deu início a uma guerra entre a metrópole e suas colônias na América, a chamada **Guerra de Independência**.

A Inglaterra enviou 60 mil soldados para combater os colonos. Era a maior força militar britânica enviada ao exterior em toda a sua história. Mesmo assim os ingleses foram derrotados, depois de anos de luta. Em 1781, a armada inglesa se rendia.

O massacre sangrento perpetrado em King street, Boston em 5 de março de 1770, Paul Revere. Desenho de Henry Pelham, colorido por Christiam Remick. Gravura em metal, 1770. (detalhe)

SOCIEDADE HISTÓRICA, MASSACHUSETTS, EUA

Os artistas representaram o massacre no qual as tropas britânicas (de casacos vermelhos) mataram civis em frente ao Prédio do Governo de Boston (segundo plano). A ampla divulgação da ilustração acirrou ainda mais as tensões entre os colonos.

Emancipação
Independência, libertação.

TÁ LIGADO

5. Explique o que eram as chamadas Leis Intoleráveis.

6. Explique o significado da declaração de abertura dos portos americanos a todas as nações.

TÁ LIGADO ?

7. Demonstre com exemplos que o movimento de emancipação política dos Estados Unidos e a montagem do novo Estado foram influenciados por ideias ilustradas.

UM NOVO PAÍS

Vitoriosos na sua revolução contra a metrópole, conquistada a independência, os habitantes da América do Norte tinham de organizar o novo país que nascia. A luta contra a Inglaterra tinha sido em defesa de direitos que os colonos consideravam essenciais. Entre eles, o direito à liberdade e à propriedade e a firme defesa de que os governos tinham seu poder limitado na medida em que eram obrigados a respeitar os direitos dos cidadãos.

Os líderes estadunidenses eram profundamente influenciados pelas ideias da Ilustração europeia. Defendiam os direitos naturais dos homens e organizaram um Estado em que esses direitos fossem respeitados.

Mesmo assim, a escravidão continuou existindo como nos tempos coloniais. Eram os homens livres brancos que teriam seus direitos reconhecidos e respeitados pelo novo Estado.

Encerrada a guerra pela emancipação política, diminuíam as barreiras para a expansão sobre as terras indígenas. Uma nova guerra de conquista estava em curso.

O novo Estado adotou o regime republicano, com três poderes: **Executivo**, **Legislativo** e **Judiciário**, independentes entre si. Os principais cargos do Executivo e do Legislativo deveriam ser preenchidos por meio de eleições. Assim, a revolução estadunidense inovava duplamente. Em primeiro lugar, por recusar o sistema colonial. Em segundo lugar, por adotar a República em um formato moderno que serviria, a partir daí, como modelo para outras nações. Novidade em relação à Europa, onde predominava a monarquia.

Fonte dos mapas: Elaborado com base em FRANK, A. K. *The Routledge Historical Atlas of America*. New York: Routledge, 1999.

EM DESTAQUE

George Washington

George Washington (1732-1799) foi um dos líderes do movimento de emancipação dos Estados Unidos, defensor das noções ilustradas de liberdade e considerado um dos "Pais Fundadores" da nação. As imagens apresentam dois momentos da vida de Washington e apontam algumas características e contradições do processo de independência dos Estados Unidos.

1. Siga as instruções da *Análise de documentos visuais* na seção **Passo a passo** (p. 6) para analisar as imagens a seguir. Anote suas observações no caderno.

2. Imagine que você é um visitante nos Estados Unidos no final do século XVIII e escreva uma carta ao presidente George Washington apontando as contradições do processo de independência dos Estados Unidos.

George Washington passa em revista o Exército em Fort Cumberlan, Maryland, atribuído a Frederick Kemmelmeyer. Óleo sobre tela, c. 1795.

George Washington em sua fazenda em Mount Vernon, Junius Brutus Sterns. Óleo sobre tela, 1851.

TÁ LIGADO ?

8. Explique como funcionava a Confederação de estados estabelecida em 1781.

A CONFEDERAÇÃO

Os líderes da independência tinham de resolver um problema central para viabilizar o novo país: como organizar as treze ex-colônias em um único Estado? A questão se colocava na medida em que cada uma delas defendia sua autonomia.

O **Congresso Continental**, que dirigiu e proclamou a independência, consistia na reunião de representantes de cada colônia. Era preciso encontrar uma fórmula que satisfizesse a todas as ex-colônias, uma forma de reunião sem perda da autonomia. Com o nome de **Estados Unidos da América do Norte**, o novo país deveria reunir as ex-colônias inglesas sem que elas perdessem sua autonomia. Sem que tivessem de se submeter a um governo externo.

No interior das elites havia discordância sobre qual a melhor fórmula a ser adotada. Existiam aqueles que insistiam em um regime altamente descentralizado, de modo a garantir a autonomia plena de cada estado. Havia outros que defendiam um regime centralizado, a fim de dar ao novo governo instrumentos para intervir na sociedade, objetivando construir uma nação poderosa. O primeiro grupo foi vitorioso no momento da independência.

O regime adotado para o novo país foi o de uma **Confederação**, por meio dos **Artigos da Confederação**, o primeiro documento de governo dos Estados Unidos, promulgados em 1781. Os artigos davam autoridade para o Congresso tratar da política externa, da responsabilidade sobre o correio, da decisão sobre disputas entre os **estados** (nome dado às ex-colônias) e de controle sobre os indígenas. Todas as outras questões eram decididas pelo governo de cada estado.

Mediante essa fórmula criava-se um governo central com poderes bastante restritos e estados com poderes amplos. O governo central não podia, por exemplo, criar impostos nem promulgar leis. Não havia sequer um Executivo central. Além disso, não havia presidente, e o governo central era exercido exclusivamente pelo Congresso.

TÁ NA REDE!

MUSEU VIVO DE HISTÓRIA

Digite o endereço abaixo na barra do navegador de internet: <https://goo.gl/oo6K3Q>. Você pode também tirar uma foto com um aplicativo de *QrCode* para saber mais sobre o assunto. Acesso em: 29 set. 2018. Em inglês.

O *site* oferece imagens da vida cotidiana da cidade de Williamsburg, no século XVIII.

BIBLIOTECA DO CONGRESSO, WASHINGTON D.C., EUA

O artista representou a costureira Betsy Ross apresentando a bandeira, feita por ela, a George Washington.

The birth of old glory, Edward Percy Moran. Óleo sobre tela, 1908.

A FEDERAÇÃO

No entanto, a Confederação não funcionou como esperado. A fraqueza do governo central tornava difícil garantir a unidade do novo país. Por não poder cobrar impostos, o governo central não tinha recursos para cumprir plenamente suas funções.

Os comerciantes estavam insatisfeitos porque a grande autonomia dos estados impedia a adoção de uma política comercial que uniformizasse a prática do comércio em todo o país. Os industriais reclamavam da diversidade de tributos cobrados em cada estado e queriam uma política tarifária única.

As elites temiam a possibilidade de revoltas populares, já que os governos dos estados eram considerados fracos para manter o controle sobre os diversos setores sociais. Assim, havia o crescente desejo de fortalecer o governo central. Em 1787, uma Convenção se reuniu na Filadélfia para alterar a organização política.

A Constituição

Por meio de uma Constituição, ou seja, um conjunto de leis fundamentais para a organização política do Estado, procurou-se fortalecer o governo central. A competência administrativa passou a ser dividida entre o governo central e o governo dos estados. O governo central passou a criar impostos, promulgar leis, controlar o Exército. O Congresso tornava-se um Legislativo nacional, com deputados e senadores eleitos em cada estado, mas com o direito de promulgar leis que teriam validade em todo o país. Foi criado também o cargo de **presidente da República**, eleito pelos cidadãos, e que governaria todo o país.

Federalismo e democracia

O novo e original sistema ficou conhecido como **federalismo**. Os governos dos estados mantinham sua autonomia, pois também decidiam sobre impostos, também criavam leis, mas dividiam esse poder com um governo central, o governo federal.

A **democracia** era a outra novidade importante. Os principais cargos eram preenchidos por meio de eleições. As leis deveriam ser obedecidas por todos, de modo que o governo se tornava a expressão da vontade da maioria e era obrigado a respeitar os direitos de cada cidadão. Pelo menos de uma parcela dos cidadãos, os homens livres.

Em 1789, foram realizadas eleições para escolher o novo Congresso federal e o presidente da República. O líder da independência, George Washington, foi eleito e tornou-se o primeiro presidente estadunidense.

O novo Congresso incluiu pontos na nova Constituição que garantia os direitos considerados fundamentais e que deveriam ser respeitados pelo novo Estado: liberdade de expressão (todo indivíduo tinha o direito de expressar sua opinião); liberdade de imprensa (o governo não poderia censurar os jornais); liberdade de reunião (todos os cidadãos tinham o direito de se reunir para discutir e reivindicar seus interesses); liberdade religiosa; direito de portar armas; proteção ao cidadão diante da justiça e da polícia.

TÁ LIGADO ?

13. Liste os direitos garantidos na Constituição dos Estados Unidos a partir de 1789.

Tais medidas propostas em 1789 e definitivamente aprovadas em 1791 fazem parte da chamada **Primeira Emenda à Constituição**. Por garantir os direitos do cidadão frente ao Estado é também conhecida como *Bill of Rights* dos Estados Unidos. Uma referência à declaração de direitos promulgada na Inglaterra em 1689.

Os Estados Unidos tornaram-se modelo para as colônias do restante da América. Em primeiro lugar, por mostrar a possibilidade de declarar a independência. Em segundo lugar, pelo sistema político.

Com exceção do Brasil, os demais países que nasceram da proclamação da Independência na América seguiram o modelo republicano estadunidense. No entanto, as especificidades de cada um deles levaram a resultados diferentes.

Pôquer: apostas e blefes

A primeira menção ao pôquer foi registrada no início do século XIX e salientava a grande popularidade desse tipo de jogo entre os estadunidenses. Desde então, o pôquer é um dos jogos de cartas mais característicos dos Estados Unidos.

Definido por uma hierarquia de cartas e sequências, o pôquer é um jogo de apostas no qual nem sempre quem tem as melhores cartas consegue vencer. Isso porque o adversário pode blefar, aumentando as apostas e assustando seu oponente, sem ter um grande jogo em suas mãos. O resultado, portanto, depende muito da postura dos jogadores. E também da sorte.

Pôquer, Frederic Remington. Xilogravura extraída da Revista *Harper's Weekly, a Journal of Civilization*, Nova York, abr. 1887.

Um jogo que pode ter dado origem ao pôquer difundiu-se na América do Norte no século XVII. No Canadá e em Nova Orleans, regiões de forte presença francesa, tal jogo era chamado *poque* e baseava-se em uma hierarquia de pares, trincas e quadras de cartas e na utilização de um baralho de 32 ou 36 cartas.

A França não forneceu apenas um dos principais jogos de cartas para os estadunidenses. A vitória na guerra de independência deveu muito à participação francesa. Interessado em enfraquecer a Inglaterra, seu principal adversário na Europa, o governo francês forneceu armas, dinheiro, navios e combatentes para auxiliar os rebeldes. De certo modo, uma aposta baseada nas cartas que os rebeldes americanos possuíam para enfraquecer a poderosa Inglaterra.

Hierarquia das jogadas: *Royal Straight Flush*: 5 cartas seguidas do mesmo naipe do 10 até o Ás; *Straight Flush*: 5 cartas seguidas do mesmo naipe que não seja do 10 até o Ás; *Four of a kind*: 4 cartas iguais; *Full Hand*: uma trinca de cartas iguais e um par de cartas iguais; *Flush*: 5 cartas do mesmo naipe sem serem seguidas; *Straight*: 5 cartas seguidas de naipes variados; *Three of a kind*: 3 cartas iguais; *Two Pairs*: 2 pares de cartas iguais; *One Pair*: 2 cartas iguais; *High Card*: carta mais alta.

1. Leia o quadro complementar "Pôquer: apostas e blefes" (p. 50). Agora responda:
   a) Identifique as origens do jogo de pôquer.
   b) Aponte a participação francesa durante a emancipação política dos Estados Unidos.

2. Faça uma comparação entre as colônias do Norte e as do Sul, considerando os seguintes aspectos:
   a) atividades desenvolvidas;
   b) mão de obra utilizada;
   c) dimensão das propriedades;
   d) objetivo da produção.

3. Explique quais colônias estadunidenses mais se assemelhavam às colônias portuguesas na América.

4. Defina cada um dos conceitos abaixo e organize um pequeno dicionário conceitual em seu caderno:
   - mercado interno colonial
   - mercado externo
   - comércio triangular
   - Confederação
   - federalismo
   - democracia

5. No seu caderno, elabore uma linha do tempo com as datas abaixo e crie um título para ela:

   1764 – Lei do Açúcar; 1765 – Lei do Selo; 1770 – Massacre de Boston; 1774 – Primeiro Congresso da Filadélfia; 1776 – Declaração de Independência dos Estados Unidos; 1781 – Fim da Guerra de Independência / Artigos da Confederação; 1787 – Constituição dos Estados Unidos; 1789 – Primeira eleição presidencial nos Estados Unidos.

6. Vamos construir nossos *tags*. Siga as instruções do *Pesquisando na internet* na seção **Passo a passo** (p. 7) utilizando as palavras-chave abaixo:

   Constituição dos Estados Unidos
   Primeira emenda
   Declaração de Independência

LEITURA COMPLEMENTAR

A Declaração de Independência dos Estados Unidos da América, escrita por Thomas Jefferson em 1776, começava da seguinte maneira:

DECLARAÇÃO DE INDEPENDÊNCIA DOS ESTADOS UNIDOS

Consideramos estas verdades evidentes por si mesmas, que todos os homens são criados iguais, que são dotados pelo Criador de certos Direitos inalienáveis, que entre estes estão a Vida, a Liberdade e a busca da Felicidade. Que para garantir esses direitos são instituídos entre os Homens Governos que derivam os seus justos poderes do consentimento dos governados; Que toda vez que uma Forma qualquer de Governo ameace destruir esses fins, cabe ao Povo o Direito de alterá-la ou aboli-la e instituir um novo Governo, assentando sua fundação sobre tais princípios e organizando-lhe os poderes da forma que pareça mais provável de proporcionar Segurança e Felicidade. A Prudência, na verdade, aconselha que não se mudem, por motivos superficiais e passageiros, os Governos há muito constituídos; e, da mesma forma, a experiência mostra que os seres humanos estão mais dispostos a sofrer enquanto os males são suportáveis do que a buscar justiça abolindo as formas a que se acostumaram. Mas quando uma longa série de abusos e usurpações perseguindo invariavelmente o mesmo Objeto revela um propósito de submetê-los ao Despotismo absoluto, cabe-lhes o direito e o dever de destituir tais Governos e instituir novos Guardiões para a sua futura segurança [...]

"Declaração unânime dos treze estados da América". In: DRIVER, S. S. *A Declaração de Independência dos Estados Unidos*. Rio de Janeiro: Jorge Zahar, 2004. p. 53.

1. Aponte os direitos básicos dos seres humanos expressos na Declaração de Independência dos Estados Unidos de 1776.

2. Identifique a base do governo proposto pela Declaração.

3. Esclareça o papel do governo proposto pela Declaração.

Hasteando o mastro da liberdade

 OBSERVE AS IMAGENS

Hasteando o mastro da liberdade, Frederic Chapman. Gravura em sépia, 1875.

IMAGENS: BIBLIOTECA DO CONGRESSO, WASHINGTON D.C., EUA

Reprodução proibida. Art. 184 do Código Penal e Lei 9.610 de 19 de fevereiro de 1998

Hasteando o mastro da liberdade, Frederic Chapman. Gravura em sépia, 1875. (detalhes)

1. A gravura *Hasteando o mastro da liberdade*, de Frederic Chapman, representa a comemoração da independência dos Estados Unidos da América realizada quase cem anos antes. Siga as instruções da *Análise de documentos visuais* na seção **Passo a passo** (p. 6), para analisá-la.

2. Existem negros entre aqueles que comemoram a independência?

3. Identifique o que as mulheres na gravura estão fazendo.

4. Esclareça o ponto de vista representado na gravura de Chapman sobre o papel dos homens brancos e negros e das mulheres na independência dos Estados Unidos.

PERMANÊNCIAS E RUPTURAS

O anúncio da morte de Bin Laden

No final da noite de 1º de maio (madrugada do dia 2 no Brasil) de 2011, o presidente dos Estados Unidos, Barack Obama, anunciou a morte do terrorista Osama bin Laden. O anúncio da morte de Bin Laden, líder da organização Al-Qaeda e principal ícone do terrorismo contemporâneo, foi acompanhado ao vivo por cerca de 56,5 milhões de pessoas. Leia trechos do pronunciamento de Obama:

Boa noite. Hoje à noite, eu posso relatar ao povo americano e ao mundo que os Estados Unidos realizaram uma operação que matou Osama bin Laden, o líder da Al-Qaeda, e um terrorista que é responsável pelo assassinato de milhares de homens inocentes, mulheres e crianças.

Foi há quase 10 anos que um brilhante dia de setembro foi escurecido pelo pior ataque ao povo americano em nossa história. As imagens de 11 de setembro estão gravadas na nossa memória nacional – aviões sequestrados cortando um céu sem nuvens de setembro, as Torres Gêmeas desabando no chão, fumaça preta acima do Pentágono [...]

Ao fazermos isso, temos também de reafirmar que os Estados Unidos não estão – e nunca estarão – em guerra com o Islã. Eu deixei claro, assim como o presidente Bush fez logo após o 11 de setembro, que a nossa guerra não é contra o Islã. Bin Laden não era um líder muçulmano, ele era um assassino em massa de muçulmanos. Na verdade, a Al-Qaeda tem abatido dezenas de muçulmanos em muitos países, inclusive no nosso. Assim, sua morte deve ser saudada por todos que acreditam na paz e dignidade humana.[...]

Disponível em: <http://goo.gl/kO86F2>.
Acesso em: 28 set. 2018.

1. Aponte dois argumentos no discurso do presidente dos EUA, Barack Obama, a favor da ação que matou Osama bin Laden.

2. Esclareça a preocupação de Obama em afirmar que os EUA não estão em guerra contra o Islã.

3. Relacione a fala de Obama às justificativas dos revolucionários americanos de 1776.

TRÉPLICA

 Filmes

O patriota
EUA, 2000.
Direção de Mel Gibson.

O filme romantiza a participação dos colonos na luta contra os ingleses no processo de Independência dos EUA. Benjamin Martin (Mel Gibson) é um veterano de guerra que se torna herói no violento conflito, após sua fazenda ser invadida por tropas inglesas e um de seus filhos ser morto. Martin passa a recrutar e a treinar camponeses e escravos para servirem como soldados na luta contra os ingleses.

Tiros em Columbine (Bowling for Columbine)
EUA, 2002.
Direção de Michael Moore.

Nesse documentário, Moore tenta compreender a ação dos estudantes Eric Harris, de 18 anos, e Dylan Klebold, de 17 anos, no massacre de Columbine em 20 de abril de 1999, no Condado de Jefferson, Colorado, EUA, no Instituto Columbine. O filme oferece elementos para se discutir a cultura bélica nos Estados Unidos e os riscos do acesso a armas na sociedade estadunidense.

 Livros

Estados Unidos: da colônia à independência
KARNAL, L. São Paulo: Contexto, 1997.

A criação da América
OLIVEIRA, L. L. São Paulo: Atual, 2004.

Site

(Acesso em: 25 ago. 2018)
<https://goo.gl/vjj5ui>

A enciclopédia Britannica disponibiliza uma série de imagens e vídeos sobre a guerra de independência dos Estados Unidos. Em inglês.

A Revolução Francesa e o Período Napoleônico

PORTAS ABERTAS

OBSERVE AS IMAGENS

Grande parte dos episódios da Revolução Francesa foi representada por pinturas, esculturas, desenhos e gravuras. Muitos desses registros imprimiram tons dramáticos e tornaram célebres esses acontecimentos.

As imagens selecionadas para esta seção fazem referência a alguns dos principais momentos da história francesa e da revolução, mas estão fora da sequência histórica correta. Analise-as cuidadosamente, leia atentamente as suas identificações e, no seu caderno, organize-as na sequência correta.

General Bonaparte no Conselho dos Quinhentos, Saint Cloud em 10 de novembro de 1799, François Bouchot. Óleo sobre tela,1840.

O juramento na sala do jogo da pela em 20 de junho de 1789, Jacques-Louis David. Desenho em nanquim e guache sobre papel, 1791.

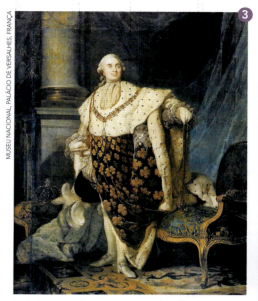

Luís XVI, rei da França, Joseph-Siffred Duplessis. Óleo sobre tela, 1777.

Execução de Luís XVI em 21 de janeiro de 1793, anônimo. Litografia, 1793.

Tomada da Bastilha, Jean-Pierre Houël. Aquarela, 1789.

Declaração dos Direitos do Homem e do Cidadão, anônimo. Gravura aquarelada, 1793.

A FRANÇA ANTES DA REVOLUÇÃO

A refeição dos camponeses, Louis le Nain. Óleo sobre tela, 1642.

No século XVIII, a população francesa, como a maior parte da Europa, estava organizada em um tipo de sociedade denominada **Antigo Regime**, dividida em três grupos sociais, também denominados estados: **Primeiro Estado** (clero), **Segundo Estado** (nobreza) e **Terceiro Estado** (todos os demais).

O clero e a nobreza constituíam cerca de 3% da população francesa na década de 1780. O Terceiro Estado, que abrigava a burguesia, trabalhadores urbanos, camponeses e servos, constituía cerca de 97% da população da França.

Clero e nobreza eram isentos de tributos. Sobre o Terceiro Estado recaíam todos os impostos diretos cobrados pela monarquia e as taxas devidas aos aristocratas e ao clero.

CRISE ECONÔMICA E SOCIAL

Os camponeses encontravam-se em situação de miséria. Entre 1788 e 1789, péssimas colheitas e um período de seca agravaram a fome nos campos. Os celeiros estavam vazios e o preço do pão, o alimento básico dos franceses, subiu assustadoramente.

Ao mesmo tempo, ampliava-se a crise financeira do Estado absolutista francês. A gigantesca dívida pública era provocada pelo alto custo da Corte monárquica e dos funcionários do Estado e pelas dívidas provocadas pelas guerras constantes. Entre 1756 e 1763, França e Inglaterra estiveram em guerra e, alguns anos depois, os franceses apoiaram os colonos estadunidenses em sua guerra de independência.

Diante da situação, Charles Calonne, ministro das finanças, procurou impor aos nobres a obrigação de pagar impostos. Os líderes da aristocracia recusavam-se a qualquer modificação em sua condição social e passaram à ofensiva: queriam ampliar seus poderes políticos e limitar a ação do absolutismo francês. Para tanto, exigiram a convocação dos **Estados-Gerais**, a Assembleia francesa. O ministro foi demitido em 1787.

A CONVOCAÇÃO DOS ESTADOS-GERAIS E A ASSEMBLEIA NACIONAL

TÁ LIGADO

1. Aponte a situação econômica e social da França na segunda metade do século XVIII.

2. Esclareça o papel e a composição da Assembleia dos Estados Gerais convocados pelo monarca francês.

O rei Luís XVI convocou a Assembleia dos Estados-Gerais em julho de 1788. Tal instituição, que não se reunia desde 1614, era composta de representantes dos três Estados, e era convocada especificamente para resolver os problemas financeiros da França. Nas eleições para os deputados da Assembleia dos Estados-Gerais, religiosos e nobres votavam diretamente em seus representantes. No Terceiro Estado, apenas homens com mais de 25 anos que pagavam impostos podiam votar. Ali predominavam burgueses das profissões liberais.

O governo francês aceitou ampliar o número de representantes do Terceiro Estado. Seriam eleitos 291 deputados para a reunião do Primeiro Estado, 270 para a do Segundo Estado e 578 deputados para o Terceiro Estado. Mas as reuniões, de acordo com o plano do governo, ocorreriam em separado. Ou seja, cada Estado se reuniria e deliberaria. A decisão vitoriosa tornar-se-ia o voto geral do respectivo Estado, independentemente do número de seus representantes.

PROPOSTAS DE REFORMAS

Apesar das grandes diferenças políticas, havia uma tendência que predominava entre os representantes eleitos pelos três Estados: a limitação do poder monárquico através de medidas legais, como os ingleses haviam realizado ao final do século XVII.

Liberdade, igualdade e fraternidade

Ideias ilustradas inspiravam muitos líderes franceses àquela altura. O lema "liberdade, igualdade e fraternidade" era proclamado em inúmeras reuniões e encontros políticos. Ao longo do processo revolucionário, virou o lema da revolução.

Os principais líderes do Terceiro Estado desejavam abolir os privilégios de nascimento e implementar reformas administrativas que diminuíssem a interferência do Estado na economia. Na esfera política, desejavam a criação de um Parlamento que melhor representasse a sociedade e de uma Constituição (cujo modelo era a dos Estados Unidos) que limitasse o poder do rei e garantisse a liberdade de pensamento e a tolerância religiosa.

Começava a se desenhar um confronto entre o clero e a nobreza (entre o Primeiro e o Segundo Estados), de um lado, e o Terceiro Estado, de outro. Em 5 de maio de 1789 a Assembleia dos Estados-Gerais deu início aos seus trabalhos.

A nobreza, buscando controlar a situação, insistiu para que cada Estado se reunisse separadamente e votasse como Estado, ou seja, contando com os votos da união clero-nobreza, o que inviabilizaria qualquer mudança mais profunda.

O Terceiro Estado propôs a reunião coletiva e o voto em separado, ou seja, de cada membro da Assembleia. O número de representantes do Terceiro Estado era praticamente a soma dos representantes do clero e da nobreza. Mas, com o apoio de alguns padres e nobres que simpatizavam com suas propostas, teria a maioria.

Assembleia Nacional

Em 10 de junho, o Terceiro Estado convidou o clero e a nobreza a formarem uma assembleia. Sem resposta dos nobres, em 17 de junho, a reunião do Terceiro Estado declarou-se como **Assembleia Nacional**. Luís XVI, ameaçado pela população de Paris, que apoiava a atitude dos deputados do Terceiro Estado, acabou cedendo e, em 27 de junho, orientou a nobreza e o clero a se juntarem à Assembleia Nacional.

TÁ LIGADO?

3. Aponte as razões para o descontentamento do Terceiro Estado com o sistema de votação da Assembleia.

4. Explique como se deu a formação da Assembleia Nacional.

Abertura dos Estados-Gerais, Versalhes, em 5 de maio de 1789, Isidore Helman e Jean Michel Moreau. Gravura aquarelada, 1790.

Um dos principais episódios da Revolução Francesa é o "Juramento na sala do jogo da pela", que ocorreu em 20 de junho de 1789, quando os deputados, impedidos de utilizarem a sala destinada à reunião dos Estados-Gerais, reuniram-se na grande sala do jogo da pela. Na ocasião, os presentes juraram não se separarem enquanto não fosse elaborada uma Constituição para a França.

O jogo da pela também era conhecido como *jeu de paume*, jogo da palma da mão. Praticado desde o século XII, tratava-se de uma modalidade que tinha por objetivo golpear uma pequena bola feita de pano ou madeira com as mãos em direção ao campo adversário. As mãos eram protegidas por luvas e panos. Em algumas cidades medievais, utilizavam-se pedaços de madeira para golpear as bolas. Em algum tempo, esses pedaços de madeira começaram a tomar a forma de raquetes, para facilitar o arremesso das bolas.

Esses jogos eram praticados principalmente nas cidades e, frequentemente, provocavam brigas e distúrbios entre os integrantes. Em razão disso, a prática do jogo foi restringida por medidas legais em toda a Europa. Diminuiu-se o número de jogadores (em alguns relatos contam-se dezenas de cada lado) e o jogo passou a ser praticado em espaços fechados: salas de palácios e áreas internas de mosteiros.

Com isso, o jogo da pela tornou-se uma prática dos setores mais aristocráticos e, por isso, menos acessível aos setores populares. Significativamente, o jogo da pela é um dos antecessores do tênis, um esporte ainda hoje muito vinculado aos setores privilegiados de nossas sociedades.

MUSEU CARNAVALET, PARIS, FRANÇA

O rei Luís XVI não tolerou a formação da Assembleia Nacional e com soldados armados expulsou os deputados da sala de reunião do Palácio em Versalhes. Entretanto, os componentes do Terceiro Estado reuniram-se em uma sala de jogos do Palácio.

O juramento na sala do jogo da pela em 20 de junho de 1789, Jacques-Louis David. Óleo sobre tela, c. 1791.

O INÍCIO DA REVOLUÇÃO

Levantes da população em Paris e nos campos evidenciavam o apoio popular à burguesia. Como resposta, o rei organizou a defesa militar contra os revolucionários. Em 9 de julho, os deputados se encarregaram de elaborar uma Constituição para a França. Para tanto, proclamaram-se em **Assembleia Nacional Constituinte**. Em 14 de julho, entre 800 e 900 parisienses armados reuniram-se e tomaram a Bastilha, prisão e símbolo do absolutismo. A **queda da Bastilha** repercutiu em toda a França. Alguns nobres fugiram do país; o rei, atemorizado, retirou as tropas que cercavam Paris.

O levante parisiense e as revoltas camponesas fortaleciam a burguesia na Assembleia. Os camponeses davam vazão ao seu ódio contra os nobres, atacando castelos e queimando os registros nos quais estavam inscritas suas obrigações com os senhores. Em 4 de agosto de 1789 a Assembleia aboliu os privilégios dos nobres: direito de caça exclusivo, isenções de impostos, monopólio dos cargos mais altos e o direito de exigir trabalho dos camponeses.

Em 26 de agosto de 1789, foi aprovada a **Declaração dos Direitos do Homem e do Cidadão**. O texto proclamava o direito à liberdade pessoal e de pensamento e o direito à igualdade de tratamento de todos perante a lei. Além disso, declarava que o governo não pertencia a nenhum governante, mas ao povo como um todo, e que seu objetivo era a preservação dos direitos naturais do indivíduo. O povo não deveria resignar-se à infelicidade da existência humana, mas, através da razão, melhorar a sociedade. A democracia moderna começava a nascer.

A Igreja também foi atingida. A Assembleia confiscou as terras da Igreja Católica, colocando-as à venda. Em seguida, aprovou a **Constituição civil do clero**, transformando os membros da Igreja em funcionários do governo, eleitos pela população e pagos pelo Estado. A Igreja reagiu. Cerca de metade dos padres se recusaram a jurar obediência à Constituição Civil, e muitos católicos, dentro e fora da França, apoiaram o clero revoltoso.

Satisfeita com tais realizações – igualdade perante a lei, abertura das carreiras ao talento, Constituição escrita, governo parlamentar –, a burguesia não queria que a Revolução fosse mais longe.

TÁ LIGADO ?

5. Explique as atribuições da Assembleia Nacional Constituinte.

6. Liste as medidas da Assembleia que aboliam os privilégios dos nobres franceses.

7. Liste as medidas da Assembleia que defendiam os direitos do cidadão.

8. Aponte dois aspectos da Declaração dos Direitos do Homem e do Cidadão que revelam a influência das ideias ilustradas.

9. Liste duas medidas da Assembleia que contrariavam os interesses do clero francês.

10. Explique quem eram os girondinos.

A FUGA DO REI

Em 1791, Luís XVI e a família real, disfarçados de criados, tentaram fugir do país para se juntarem aos nobres que haviam deixado a França e que estavam organizando um exército contrarrevolucionário. Descobertos em Varennes, foram levados de volta a Paris. A fuga do rei fortalecia a posição dos que pretendiam pôr fim à monarquia e estabelecer uma república.

Na Assembleia Legislativa, os **girondinos**, grupo moderado da alta burguesia, defendiam uma guerra contra a Áustria, que estava abrigando contrarrevolucionários. Os girondinos acreditavam que a guerra serviria para unir a França e expandir seu ideal revolucionário a outras partes da Europa. Em 1792, foi declarada guerra à Áustria. Em resposta, um exército de prussianos e austríacos invadiu a França. O Exército francês, fragilizado pelas revoltas internas, não pôde impedir a invasão. O duque de Brunswick, comandante do exército invasor, escreveu um ultimato afirmando que, se a família real fosse molestada, se vingaria na população parisiense. Irritada, a população atacou o palácio real, matando centenas de guardas.

Declaração dos Direitos do Homem e do Cidadão, anônimo. Gravura aquarelada, 1793.

A Revolução Francesa marcou uma mudança decisiva na história do nacionalismo europeu. Até aquele momento, os sentimentos de união e identidade estiveram vinculados a uma determinada religião (cristã, durante a Idade Média, católica ou protestante, a partir do século XVI) ou à figura do rei e das respectivas monarquias. Com a Revolução, a lealdade ao monarca foi substituída pela lealdade à pátria e à nação. As batalhas da Revolução consagraram uma ideia de pátria, pela qual seria válido morrer. Firmaram também o conceito de governo baseado no bem comum, na coisa pública, não mais o modelo monarquia-nobreza, que enxergava o Estado como patrimônio do rei.

O juramento de La Fayette no Festival da Federação em 14 de julho de 1790, Jacques-Louis David. Óleo sobre tela, 1791.

O NASCIMENTO DA REPÚBLICA

Em setembro de 1792, os deputados, pressionados pelo movimento popular, aboliram a monarquia e estabeleceram uma **república**. Em dezembro do mesmo ano, Luís XVI foi julgado e, em janeiro de 1793, executado na guilhotina por conspirar contra a liberdade da população francesa. Enquanto isso, o Exército francês, estimulado por sentimentos nacionalistas, não só expulsou as forças estrangeiras como assumiu a ofensiva, anexando diversos territórios de outros países. O Estado francês anunciava que empreendia uma ofensiva contra as forças do Antigo Regime.

A radicalização favorecia, dentro da Assembleia, o crescimento dos **jacobinos**, grupo composto de burgueses e intelectuais que defendia um governo central forte, que criasse mecanismos para enfrentar a crise econômica. Tais posições lhes garantiam o apoio dos radicais **sans-culottes** (pequenos negociantes, artesãos e assalariados), assim denominados porque não usavam culotes, calças que se estendiam até os joelhos e que haviam se tornado uma vestimenta típica dos aristocratas e das pessoas mais ricas.

Como os girondinos, os jacobinos vinham da burguesia, mas seus líderes estavam mais próximos das reivindicações dos *sans-culottes*. Organizados e disciplinados, estavam convencidos de que podiam salvar a república. Quando os jacobinos assumiram o poder em 1793, o cenário da França era o de uma guerra civil. O país passava por uma grave crise econômica, com seus portos bloqueados e atormentado pela invasão estrangeira.

TÁ LIGADO

11. Explique quem eram os jacobinos e quais eram as suas propostas políticas.

12. Explique quem eram os *sans-culottes* e quais eram as suas propostas políticas.

OS JACOBINOS NO PODER

Para enfrentar a crise, os jacobinos criaram os comitês de **Salvação Pública** e de **Segurança Geral**. Uma nova Constituição foi escrita em 1793, estabelecendo, pela primeira vez, o voto universal masculino. Além disso, a escravidão nas colônias francesas foi abolida e a prisão por dívidas foi proibida. Foi elaborado um plano para a educação pública gratuita. Para conter a inflação, estabeleceu-se a **Lei do máximo**, que fixava os preços do pão e outros artigos essenciais e elevava o valor dos salários. Eram medidas que atendiam a reivindicações dos trabalhadores urbanos.

Para combater a invasão estrangeira, os jacobinos recrutaram todos os homens solteiros entre 18 e 25 anos. Era a nação em armas: cidadãos-soldados comandados por oficiais que haviam demonstrado capacidade no campo de batalha.

Maximilien de Robespierre (1758-1794), líder jacobino e leitor de Rousseau, idealizava a criação de uma República da Virtude, sem reis ou nobres, sem extremos de riqueza ou pobreza. Seria composta de pessoas livres, socialmente iguais e educadas pela razão. Para alcançar seus objetivos, Robespierre perseguiu severamente os inimigos da república: girondinos que criticavam o governo jacobino, padres, nobres e camponeses contrarrevolucionários e especuladores que escondiam alimentos. Esse regime de repressão exercido por Robespierre ficou conhecido como o **Grande Terror**.

Instituído em uma época de crise, o Terror foi se abrandando à medida que o medo de uma conspiração da nobreza diminuía. Enfraquecido e isolado, Robespierre acabou sendo preso e guilhotinado em 27 de julho de 1794.

TÁ LIGADO

13. Liste as medidas aprovadas pela Constituição de 1793.

14. Explique o que era a Lei do máximo.

A morte de Marat, Jacques-Louis David. Óleo sobre tela, 1793.

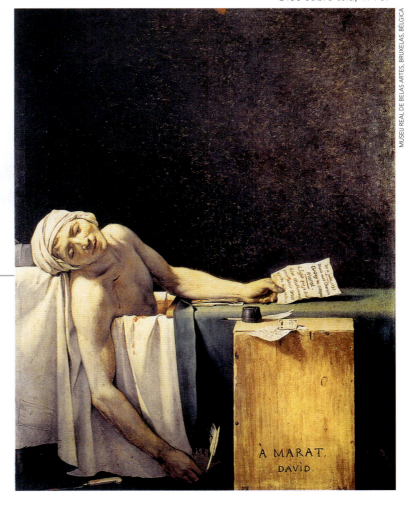

MUSEU REAL DE BELAS ARTES, BRUXELAS, BÉLGICA

O jornalista jacobino Jean-Paul Marat era deputado da Assembleia Constituinte. Marat contribuiu para a condenação de Luís XVI e a queda dos girondinos. Era uma espécie de porta-voz radical dos setores populares do jacobinismo. Seu apelido era "o amigo do povo". Na noite de 13 de julho de 1793, morreu apunhalado pela monarquista Charlotte Corday (é possível ver a faca, no chão, em primeiro plano na cena). Sua atuação e sua morte trágica tornaram-se símbolos da Revolução Francesa.

As mulheres e seus direitos

A escritora Marie Gouze (1748-1793), mais conhecida como Olympe de Gouges, publicou, em 1791, a **Declaração dos Direitos da Mulher e da Cidadã**. No texto ela defendia a participação da mulher na vida política e civil em condição de igualdade com os homens. Olympe foi condenada à guilhotina. Morreu em 3 de novembro de 1793. Morta por homens que se diziam defensores da liberdade.

Leia com atenção alguns dos artigos da Declaração, reproduzidos a seguir:

Artigo I – A mulher nasce livre e tem os mesmos direitos do homem. As distinções sociais só podem ser baseadas no interesse comum.

Art. VI – [...] Todas as cidadãs e cidadãos, sendo iguais aos olhos da lei, devem ser igualmente admitidos a todas as dignidades, postos e empregos públicos, segundo as suas capacidades e sem outra distinção a não ser suas virtudes e seus talentos.

Art. VII – Dela não se exclui nenhuma mulher: esta é acusada, presa e detida nos casos estabelecidos pela lei. As mulheres obedecem, como os homens, a esta lei rigorosa.

Art. X – Ninguém deve ser molestado por suas opiniões, mesmo de princípio; a mulher tem o direito de subir ao patíbulo, deve ter também o (direito) de subir ao pódio desde que as suas manifestações não perturbem a ordem pública estabelecida pela lei.

Patíbulo
Palanque montado para executar condenados; forca.

Art. XIII – Para a manutenção da força pública e para as despesas de administração, as contribuições da mulher e do homem serão iguais; ela participa de todos os trabalhos ingratos, de todas as fadigas, deve então participar também da distribuição dos postos, dos empregos, dos cargos, das dignidades e da indústria.

Art. XV – O conjunto de mulheres igualadas aos homens para a taxação tem o mesmo direito de pedir contas da sua administração a todo agente público.

BONACCHI, Gabriella; GROPPI, Angela. *O dilema da cidadania. Direitos e deveres das mulheres*. São Paulo: Unesp, 1995. p. 297-312.

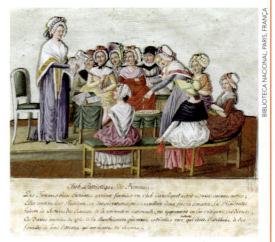

Clube patriótico das mulheres, Pierre Étienne e Jacques Philippe Lesueur. Guache, 1791.

As mulheres tiveram participação ativa na Revolução: organizaram clubes políticos, discursaram na Assembleia Nacional, participaram das jornadas revolucionárias. Mas, sobretudo, foram as mulheres do povo (cerca de sete mil) que marcharam a pé de Paris a Versalhes para protestar contra a falta de alimentos.

Marcha das mulheres revolucionárias em 5 de outubro de 1789, anônimo. Gravura aquarelada, século XVIII.

1. Explique como a Declaração defende a participação da mulher na vida política e civil em igualdade com os homens.

2. Tais direitos são garantidos para as mulheres brasileiras hoje em dia? Justifique.

A revolução cultural do espaço e do tempo

Para seus líderes, a Revolução Francesa deveria ser capaz de marcar e modificar profundamente a vida cotidiana das pessoas. Alterar as concepções mais profundas. Transformar as referências, os valores, a cultura. Nada seria como antes. Nem o espaço nem o tempo.

O espaço deveria ser medido de maneira unificada e livre de qualquer referência da monarquia ou da Igreja. O sistema métrico decimal é uma das mais valiosas contribuições científicas deixadas pela Revolução Francesa. Trata-se de um sistema que, além de medir o comprimento, também se ocupava de massa e volume, utilizando a base dez. Quando medimos os centímetros de um lado de um quadrado com uma régua escolar, quando compramos um quilograma de açúcar ou quando degustamos 250 mL de refrigerante, estamos utilizando um sistema de medição modificado pela Revolução Francesa.

O tempo seria contado de uma maneira inovadora, marcando o rompimento definitivo com o passado e simbolizando o início de uma "Nova Era". Foi instituído um novo calendário que marcava a ruptura com a antiga ordem. Foi eliminado qualquer conteúdo cristão ou pagão: festas religiosas católicas, nomes dos santos, nomes de deuses da mitologia e, sobretudo, foi eliminado o domingo, considerado pelos cristãos o Dia do Senhor.

A contagem do tempo que tinha como referência o nascimento de Cristo foi abolida. O tempo seria contado a partir da instituição da República e, portanto, 1792 seria o ano I. O ano composto de doze meses começaria no equinócio de outono (22 de setembro no Hemisfério Norte). Os meses do calendário revolucionário estavam associados aos fenômenos da natureza. O primeiro mês do ano, por exemplo, foi chamado de vindimiário (22 de setembro a 21 de outubro), pois entre setembro e outubro se fazia a colheita das uvas. O segundo mês do ano foi chamado de brumário (22 de outubro a 20 de novembro), pois era período de neblina.

Dias, horas, minutos e segundos teriam base decimal. Cada mês, de trinta dias, estava distribuído em três grupos de dez. A semana cristã (sete dias) foi substituída por períodos de dez dias denominados **décadas**. O dia, por sua vez, foi dividido em dez partes, ou décimos de hora. Cada hora dividida em cem partes, ou centésimos de minutos. Cada minuto em cem partes, ou centésimos de segundo.

Assim, o dia em que foi instaurada a República (22 de novembro de 1792), pelo calendário revolucionário, deveria ser escrito da seguinte maneira: 1, vindimiário (mês da colheita da uva), ano I.

Esse calendário teve vida curta. Em 1805, Napoleão Bonaparte restabeleceu o calendário gregoriano. Mas o sistema decimal sobreviveu e se impôs, sendo utilizado em quase todo o mundo nos dias de hoje.

Calendário Republicano Francês, Salvatore Tresca e Laffitte. Gravura aquarelada, s/d.

TÁ NA REDE! 📶

PALÁCIO DE VERSALHES

Digite o endereço abaixo na barra do navegador de internet: <https://goo.gl/48YQcw>. Você pode também tirar uma foto com um aplicativo de *QrCode* para saber mais sobre o assunto. Acesso em: 29 set. 2018. Em francês.

O *site* oferece imagens do Palácio de Versalhes e um acervo de pinturas do século XVIII.

Revolução Francesa
Vídeo

O DIRETÓRIO: OS GIRONDINOS DE VOLTA AO PODER

De volta ao poder, a burguesia girondina buscou retomar o controle do processo revolucionário. O novo governo republicano, chamado de **Diretório** (de 1795 a 1799), perseguiu os jacobinos, enquanto enfrentava o agravamento das tensões, gerado pela inflação, especulação e corrupção. O medo do radicalismo levou a burguesia a se aproximar do Exército, mais particularmente de seus generais.

No espaço criado pelas guerras da Revolução, um general brilhara: **Napoleão Bonaparte** (1769-1821). Sua fama foi criada devido às vitórias que o Exército francês obteve na Itália (1796) e no Egito (1798). Enquanto Napoleão acumulava sucessos no campo de batalha, a sociedade francesa estava mergulhada em uma profunda crise, devido ao esgotamento político e à desordem econômica. Nesse contexto, Napoleão retornou à França.

O GOLPE DO 18 BRUMÁRIO

Quando Napoleão chegou à França, em outubro de 1799, estava em processo uma conspiração contra o governo do Diretório. Convencidos de que só uma liderança firme poderia resolver os problemas franceses, alguns políticos tramavam tomar o poder e estabelecer um Executivo forte. Dessa forma, a figura do jovem general Bonaparte se encaixava nos planos dos conspiradores, pois ele contava com grande prestígio popular e o apoio do Exército.

Liberalismo político

O termo "liberal" tem vários sentidos. Em termos econômicos, está ligado à liberdade comercial e à ideia de que as atividades econômicas sejam reguladas pelo mercado sem muita intervenção do Estado. É usado também para definir determinadas atividades. Advogados, médicos, dentistas e outros profissionais, sem vínculos empregatícios, são chamados de "profissionais liberais". Aplicado à política, foi registrado pela primeira vez na proclamação de Napoleão Bonaparte, no 18 Brumário. A partir de então, foi incorporado à linguagem política ocidental.

Muitos, ao longo da História, reivindicaram-se como liberais. Isso cria uma grande confusão, porque o termo foi aplicado a muitas correntes diferentes. Isso ocorre porque o pensamento liberal não constitui um conjunto homogêneo de ideias e práticas. Pode-se dizer que existem vários tipos de liberalismos.

Mas existem alguns conceitos básicos presentes em todas as correntes liberais: direito à liberdade individual, direito à propriedade, igualdade de todos perante a lei. As diferenças aparecem na interpretação que se dá a esses princípios. Por exemplo, no século XIX existiam liberais que condenavam a escravidão em nome do direito de liberdade dos indivíduos, ao mesmo tempo em que existiam liberais que defendiam a escravidão em nome do direito de propriedade (a propriedade do escravo pelo senhor), considerando que o direito de liberdade não se aplicava a todos os homens indiscriminadamente.

Tal articulação desembocou no **golpe do 18 Brumário** (mês das brumas, da neblina, de 22 de outubro a 20 de novembro), que pôs fim ao governo do Diretório. Tinha início uma **ditadura militar** liderada por Napoleão. Setores da burguesia, que julgavam poder controlar o general, haviam encontrado uma forma de preservar sua riqueza e sua influência social.

Reprodução proibida. Art. 184 do Código Penal e Lei 9.610 de 19 de fevereiro de 1998

O PERÍODO NAPOLEÔNICO

A maneira como Napoleão governou deu origem à expressão "bonapartismo". Em nossos dias, é frequentemente usada para tentar definir um tipo de governo em que o Poder Legislativo perde força e o Executivo se fortalece. No modelo bonapartista, o governante atua como um ditador, mas busca construir uma imagem carismática de um representante direto da vontade popular. Alguém que supostamente estaria acima das classes sociais e dos partidos políticos.

Uma nova Constituição, definida em 1800, conferia plenos poderes a Bonaparte, na figura de **primeiro-cônsul**. Dois anos depois, tornou-se **primeiro-cônsul vitalício**, com o direito de indicar seu sucessor. Em 2 de dezembro de 1804, em uma pomposa cerimônia na catedral de Notre-Dame, em Paris, Napoleão coroou-se **imperador** dos franceses.

A ditadura estava em curso. Adversários de Napoleão eram perseguidos, livrarias fiscalizadas, enquanto agentes secretos vigiavam a população. A liberdade de expressão, um dos ideais da Revolução Francesa, chegava ao fim.

A imagem de Napoleão

"Bonaparte é meu herói", disse certa vez o pintor francês Jacques-Louis David (1748-1825). David foi um apaixonado pela Revolução Francesa. Em 1793, como deputado eleito, votou pela morte do rei Luís XVI. Para ele, o monarca representava o que deveria ser destruído: a sociedade elitista do Antigo Regime, a desigualdade e as tradições religiosas medievais. Em Napoleão Bonaparte, David enxergava a expressão dos ideais populares da Revolução. Em 1800, pintou a imagem heroica de seu ídolo no famoso quadro *Napoleão cruzando os Alpes*, no qual o general é representado como uma liderança que aponta o caminho a ser percorrido por seus comandados.

MUSEU NACIONAL, PALÁCIO DE VERSALHES, FRANÇA

Napoleão cruzando os Alpes, Jacques-Louis David. Óleo sobre tela, 1801. (detalhe)

A consagração do Imperador Napoleão e a coroação da Imperatriz Josephine, J.-L. David. Óleo sobre tela, 1807-1808.

E lá estava o pintor Jacques-Louis David para retratar a pomposa cerimônia da coroação. Seu quadro, *A consagração do imperador Napoleão e a coroação da imperatriz Josephine*, é imenso: mede 6,10 m × 9,31 m e apresenta mais de cem figurantes.

A REORGANIZAÇÃO DO ESTADO

O Estado napoleônico atacaria também um velho problema francês: as relações com a Igreja. Nessa perspectiva, a religião católica deveria servir para ajudar a unir o país. Em um acordo com Roma, reconhecia-se o catolicismo como a religião da maioria dos franceses, e não como religião oficial do Estado. Os membros do clero seriam pagos e nomeados pelo Estado, ficando sujeitos ao controle do governo francês. Mas, mantendo as aparências, seriam consagrados pelo papa.

Tais medidas visavam centralizar ao máximo as decisões. E, para isso, o novo **Código Civil** foi fundamental. Mais tarde chamado de **Código Napoleônico**, ele aceitava alguns princípios da Revolução Francesa, como a igualdade perante a lei, o direito de escolher a profissão, a proteção aos direitos de propriedade e a abolição da servidão. Por outro lado, o Código negava a igualdade aos trabalhadores perante os patrões, e às mulheres em suas relações com os maridos.

Os industriais viam o Estado napoleônico preocupar-se cada vez mais com seus problemas. Ele realizava empréstimos, reduzia tarifas e construía ou reparava estradas, pontes e canais. Além disso, suas conquistas militares representariam mais mercados a serem explorados pela burguesia francesa.

TÁ LIGADO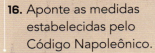

16. Aponte as medidas estabelecidas pelo Código Napoleônico.

AS CONQUISTAS

No plano militar, o Exército francês se destacaria por suas conquistas. O discurso oficial sustentava que os soldados franceses não estavam conquistando outros povos, mas libertando-os da dominação do clero, da nobreza e de reis absolutistas. Os soldados lutavam pela pátria e em nome da propagação dos ideais de liberdade, igualdade e fraternidade por toda a Europa.

Enquanto os soldados-cidadãos franceses pouco desertavam, nos exércitos do Antigo Regime a deserção era um grande problema. No bem treinado Exército prussiano, os comandantes procuravam impedir a deserção evitando acampar perto de florestas e vigiando constantemente os soldados que, muitas vezes, eram tratados como prisioneiros de guerra.

Os soldados franceses deslocavam-se rapidamente pelo continente. Valendo-se da divulgação de informações falsas, de movimentações para iludir as tropas inimigas e chegando com suas tropas ao campo de batalha antes do previsto, o general Napoleão conseguia surpreender os adversários. Sua máquina de guerra era muito mais rápida. Na primeira campanha italiana, seus homens cobriram 80 quilômetros em 36 horas; em 1805, contra a Áustria, marcharam 440 quilômetros em 23 dias.

Em nome dos ideais revolucionários, Napoleão transformou-se em um ditador europeu. As terras dominadas eram exploradas em favor da França. Os territórios anexados eram obrigados a fornecer recrutas para seus exércitos e impostos para seu tesouro de guerra. Tais métodos alimentavam resistências à França, ao seu imperador e fragilizavam os próprios ideais da Revolução.

TÁ LIGADO?

17. Identifique o discurso oficial que justificava as ações dos soldados-cidadãos franceses.

Napoleão e o fascínio pelo Egito Antigo

Pedra de Roseta. Granito negro com inscrições, Egito, c. 196 a.C. (fragmento)

Fascinado pela cultura egípcia, Napoleão desembarcou no Egito em 1798 acompanhado por matemáticos, químicos, geólogos, físicos e naturalistas para estudarem e desvendarem os mistérios que tanto impressionavam os intelectuais europeus. Em agosto de 1799 foi fundado o Instituto do Egito. Dividido em quatro seções, a função da instituição seria a publicação dos achados e tudo o mais que lhes dissesse respeito.

Uma das maiores contribuições da expedição à ciência, entretanto, só iria revelar-se bem mais tarde, quando o próprio Império Napoleônico já tinha desaparecido. Em 1799, um soldado francês encontrou, perto da aldeia de Roseta, uma estranha pedra. Descobriu-se que era um decreto de Ptolomeu V Epifanes (210-180 a.C.) e que estava copiado em três línguas: o hieróglifo, o demótico e o grego. Mas ninguém, naquele momento, conseguiu decifrá-lo. Os ingleses se apoderaram da pedra de Roseta quando os franceses se renderam em 1801, levando-a para o Museu Britânico.

Coube a Jean-François Champollion, de 32 anos, traduzi-la em 1822. Era a chave da revelação de todas as inscrições encontradas desde então nos templos, nas pirâmides e nas tumbas reais do Egito. A partir daí, a sociedade egípcia tem-se revelado cada vez mais ao mundo contemporâneo.

O BLOQUEIO CONTINENTAL

O governo inglês foi o maior adversário da expansão francesa sob o governo de Napoleão. Sem condições de derrotar militarmente a Inglaterra, devido à poderosa Marinha de guerra britânica, o governo francês procurou enfraquecê-la economicamente. Em 1806, com grande parte do continente europeu sob seu controle, a França passou a proibir o comércio com a Inglaterra a todos os países do continente, decretando o **Bloqueio Continental**.

No entanto, a França não contava com indústrias capazes de suprir o mercado europeu. Além disso, o bloqueio descontentava os Estados que dependiam das importações inglesas. A burguesia europeia, que em geral via com bons olhos as reformas de Napoleão, voltou-se contra ele, por ter seus interesses econômicos atingidos.

ESPANHA E PORTUGAL

Assim, apesar de oferecer dificuldades para a Inglaterra, o bloqueio acabou por estimular o contrabando e aumentou a importância dos mercados coloniais da América para a economia inglesa. Isso acabaria por favorecer o processo de emancipação política das colônias de Espanha e Portugal.

Para agravar ainda mais esse quadro, seus esforços para impor o bloqueio criaram dois problemas adicionais: a ocupação da Espanha e a invasão da Rússia. O governo espanhol não conseguira impedir que os portugueses comerciassem com a Grã-Bretanha e pouco contribuiu, militar ou financeiramente, para o esforço de guerra da França.

Nesse contexto, o governo francês resolveu incorporar a Espanha a seu império. Em 1808, o rei espanhol Carlos IV e seu filho Fernando foram forçados a abrir mão de seus direitos ao trono. O irmão de Napoleão, José Bonaparte, foi designado como rei da Espanha.

Um exército de guerrilheiros espalhou-se pela Espanha. Por meio de emboscadas, os espanhóis atacavam comboios e postos franceses. A resistência espanhola contribuiu para abalar a economia francesa, além de permitir à Inglaterra estabelecer uma base no continente para invadir o sul da França.

The Plumb-pudding in danger (O pudim de Natal em perigo), James Gillray. Gravura colorida, 1805.

BIBLIOTECA DO CONGRESSO, WASHINGTON D.C., EUA

A charge representa o clima de tensão entre França e Inglaterra, no momento em que Napoleão Bonaparte decretou o Bloqueio Continental (1806).
The Plumb-pudding in danger or State epicures taking un petit souper / the great Globe itself and all which it inherit, is too small to satisfy such insatiable appetites (Em tradução livre: "O pudim de Natal em perigo ou gastrônomos estatais experimentando um pequeno jantar" / "o grande Globo e tudo que ele herda é pequeno demais para satisfazer tais insaciáveis apetites".

A CAMPANHA DA RÚSSIA

Em seguida, o governo francês decidiu atacar a Rússia, que mantivera relações comerciais com a Inglaterra, não obedecendo ao Bloqueio Continental. Com cerca de 614 mil soldados, o governo francês tentou conquistar a Rússia. As forças militares russas travavam apenas pequenas batalhas enquanto recuavam. Desse modo, atraíam os invasores para o seu vasto território, distanciando-os de suas fontes de abastecimento. Em Borondino, a oeste de Moscou, o Exército francês impôs uma derrota às tropas russas, abrindo o caminho para a capital.

Em 14 de setembro de 1812, as forças francesas, com seus efetivos reduzidos por doenças, fome, esgotamento, deserções e combates, entraram em Moscou e a encontraram deserta. Para o Exército francês, colocava-se um dilema. Penetrar ainda mais no território russo seria expor-se em demasia. Ficar em Moscou no inverno que se aproximava significava condenar seus soldados à morte, devido à falta de alimentos.

Em 19 de outubro de 1812, ordenou-se a retirada para suas fontes de abastecimento na Polônia. Em princípios de novembro começou a nevar. As forças militares russas atacavam e emboscavam os soldados franceses que se perdiam do conjunto da tropa. O exército estava sendo dizimado. Em meados de dezembro, perseguido pelos russos, o que restava das tropas francesas entrou na Prússia Oriental.

A QUEDA DE NAPOLEÃO

Napoleão perdeu suas tropas e, em pouco tempo, perderia também seu trono. Embora recrutasse um novo exército, não pôde substituir o equipamento, a cavalaria e os soldados perdidos na Rússia. A partir de 1813 iniciou-se a rebelião de antigos aliados.

Em outubro de 1813, uma coalizão de forças militares da Áustria, Prússia, Rússia e Suécia derrotou-o em Leipzig. Em novembro, forças anglo-espanholas atravessaram os Pireneus e invadiram a França. Finalmente, na primavera de 1814, os aliados tomaram Paris. A dinastia Bourbon foi recolocada no trono, na pessoa de Luís XVIII, irmão mais novo do rei Luís XVI, executado em 1793 durante a revolução. Obrigado a renunciar, em 1814, Napoleão foi exilado na pequena ilha de Elba, na costa italiana.

Fonte: Elaborado com base em VIDAL-NAQUET, Pierre. *Atlas Histórico*. Lisboa: Círculo de Leitores, 1990.

O IMPÉRIO NAPOLEÔNICO

Em 1º de março de 1815, ele desembarcou de volta no litoral francês com cerca de mil soldados. Conseguiu retomar o controle do Exército francês e, em 20 de março, entrava em Paris. Era reconduzido ao poder mais uma vez.

Com um novo exército, a França foi derrotada por tropas prussianas e inglesas em Waterloo, na Bélgica. A desesperada tentativa de Napoleão reconquistar o poder fracassava. Dessa vez, foi mandado em exílio para a ilha de Santa Helena a mil milhas da costa da África, onde morreria em 1821.

O CONGRESSO DE VIENA

Caricatura da partilha dos territórios europeus durante Congresso de Viena, anônimo. Gravura colorida, século XIX.

Lideradas pela Áustria, Inglaterra, Rússia, Prússia e Espanha, as forças vitoriosas sobre a França organizaram o Congresso de Viena (1814 e 1815). No Congresso de Viena prevaleceu a visão do político austríaco Klemens Metternich (1773-1859), defensor da velha ordem das Cortes e dos reis que via no liberalismo uma doença perigosa e acreditava que a estabilidade internacional dependia da monarquia e do respeito à aristocracia.

No Congresso foi defendido o retorno das famílias governantes depostas por mais de duas décadas de guerras ao poder e a restauração do equilíbrio entre os países europeus, de modo que nenhum tivesse condições de dominar o continente, como havia acontecido durante o período napoleônico.

Estabeleceu-se que a França pagasse indenização aos países invadidos durante cinco anos e se submetesse à ocupação aliada até que o compromisso fosse cumprido, mas praticamente não houve perda de territórios.

Os governantes considerados legítimos, destituídos pela Revolução e pelas guerras napoleônicas, foram restituídos a seus tronos na França, na Espanha, em Portugal, no Reino das Duas Sicílias, nos Estados Pontifícios e em muitos Estados germânicos.

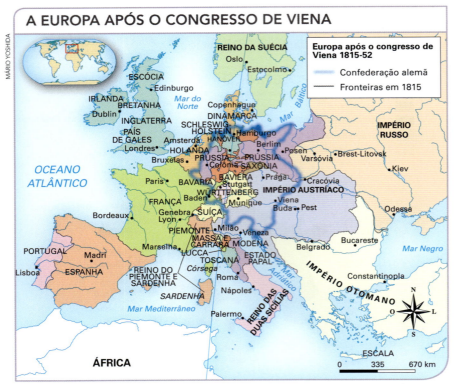

Fonte: Elaborado com base em VIDAL-NAQUET, Pierre. *Atlas Histórico*. Lisboa: Círculo de Leitores, 1990.

QUEBRA-CABEÇA

1. Leia o quadro complementar "A revolução cultural do espaço e do tempo" (p. 63). Identifique as alterações em relação às medidas de tempo, espaço, massa e volume.

2. Defina cada um dos conceitos abaixo e organize um pequeno dicionário conceitual:
   - Estados-Gerais
   - Assembleia Nacional Constituinte
   - Constituição civil do clero
   - girondinos
   - jacobinos
   - *sans-culottes*
   - liberalismo político
   - Código Napoleônico
   - Bloqueio Continental
   - Congresso de Viena

3. A República Jacobina (1793-1794) foi, ao mesmo tempo, a mais democrática e a mais violenta fase da Revolução Francesa. Explique por quê.

4. Descreva os objetivos da formação do Congresso de Viena (1814-1815).

5. Represente a Revolução Francesa através do teatro:
   a) Escolha um momento da atividade anterior e pesquise sobre os conflitos franceses internos e externos desse momento.
   b) Selecione as personagens principais e monte o roteiro e os diálogos.
   c) Produza cenários, figurinos e músicas de fundo. Ensaie com seus colegas e realize a apresentação.

6. Elabore uma linha do tempo com as datas abaixo: 1789 – Estados-Gerais; 1789/1791 – Assembleia Nacional Constituinte; 1792 – República/Convenção Girondina; 1793 – Convenção Jacobina; 1795 – Diretório; 1799 – Ditadura de Napoleão; 1804 – Império.

7. Vamos construir nossos *tags*. Siga as instruções do *Pesquisando na internet* na seção **Passo a passo** (p. 7) utilizando as palavras-chave abaixo:

   nacionalismo
   Liberdade liberalismo político
   Igualdade e Fraternidade

LEITURA COMPLEMENTAR

Leia com atenção o texto a seguir e depois responda às questões propostas.

MUDAR AS APARÊNCIAS

Desde a abertura dos Estados-Gerais em 1789, a roupa possui um significado político. Michelet descreveu a diferença entre a sobriedade dos deputados do Terceiro Estado, à frente da procissão de abertura – "uma massa de homens, vestidos de negro [...] com trajes modestos" –, e "o pequeno grupo [...] dos deputados da nobreza [...] com seus chapéus de plumas, suas rendas, seus paramentos de ouro". Segundo o inglês John Moore, "uma grande simplicidade [...] era [...] considerada como uma prova de patriotismo". [...] Segundo o *Journal de Ia Mode et du Goût* [Jornal da Moda e do Gosto], a "grande dama" de 1790 veste "cores listadas estilo nação", e a "mulher patriota" usa "tecido de cor azul-rei com chapéu de feltro negro, fita do chapéu e roseta tricolores".

[...] A partir de 1792, o barrete vermelho, o casaco estreito com várias filas de botões e as calças largas passam a definir o *sans-culotte*, isto é, o verdadeiro republicano. A roupa é investida de tal significado político que a Convenção, em outubro de 1793, vê-se obrigada a reafirmar "a liberdade do vestuário". O decreto, em si, parece anódino: "Nenhuma pessoa, de qualquer sexo, poderá obrigar qualquer cidadão ou cidadã a se vestir de uma maneira particular [...] sob pena de ser considerada e tratada como suspeita".

HUNT, L. Revolução francesa e vida privada. In: PERROT, M. (Org.). *História da vida privada*: Da Revolução Francesa à Primeira Guerra. São Paulo: Cia. das Letras, 1991. v. 4. p. 24 a 26.

1. De acordo com o texto, por que a roupa ganhou um significado político?

2. Esclareça o trecho: "uma grande simplicidade [...] era [...] considerada como uma prova de patriotismo".

3. No seu caderno, esclareça as motivações da Convenção ao reafirmar a liberdade de vestuário.

4. Nos dias atuais, a liberdade do vestuário ainda é uma questão importante? Justifique e dê exemplos.

Três de maio de 1808, Francisco José de Goya y Lucientes. Óleo sobre tela, 1814.

 OBSERVE AS IMAGENS

Goya e a ocupação da Espanha

No dia 2 de maio de 1808, os cidadãos de Madri levantaram-se contra os franceses. No dia seguinte, o Exército francês executou indiscriminadamente centenas de pessoas. Alguns anos depois, quando Napoleão já havia sido derrotado, o pintor espanhol Francisco de Goya representou as execuções nesse quadro.

Três de maio de 1808, Francisco José de Goya y Lucientes. Óleo sobre tela, 1814. (detalhe)

1. Siga as instruções da *Análise de documentos visuais* na seção **Passo a passo** (p. 6) para analisar a pintura. Anote suas observações no caderno.

2. A luz da pintura destaca os espanhóis. Esclareça a mensagem de Goya ao utilizar a cor e a luz dessa maneira em sua pintura.

3. De que maneira Goya representa os franceses?

PERMANÊNCIAS E RUPTURAS

[Significados da Revolução Francesa]

Se a economia do mundo do século XIX foi formada principalmente sob a influência da revolução industrial britânica, sua política e ideologia foram formadas fundamentalmente pela Revolução Francesa. A Grã-Bretanha forneceu o modelo para as ferrovias e fábricas, o explosivo econômico que rompeu com as estruturas socioeconômicas tradicionais do mundo não europeu; mas foi a França que fez suas revoluções e a elas deu suas ideias, a ponto de bandeiras tricolores de um tipo ou de outro terem-se tornado o emblema de praticamente todas as nações emergentes, e a política europeia (ou mesmo mundial) entre 1789 e 1917 foi em grande parte a luta a favor e contra os princípios de 1789, ou os ainda mais incendiários de 1793.

A França forneceu o vocabulário e os temas da política liberal e radical democrática para a maior parte do mundo. A França deu o primeiro grande exemplo, o conceito e o vocabulário do nacionalismo. A França forneceu os códigos legais, o modelo de organização técnica e científica e o sistema métrico de medidas para a maioria dos países. A ideologia do mundo moderno atingiu as antigas civilizações que tinham até então resistido às ideias europeias inicialmente através da influência francesa. Esta foi a obra da Revolução Francesa.

A Revolução Francesa é assim a revolução do seu tempo, e não apenas uma.

HOBSBAWM, Eric J.
A era das Revoluções: 1789-1848.
São Paulo: Paz e Terra, 2003. p. 83 a 113.

1. Explique qual foi a base política e ideológica formada pela Revolução Francesa.

2. Aponte dois argumentos utilizados por Hobsbawm que justificam sua tese sobre a Revolução Francesa.

3. Identifique e justifique no seu cotidiano uma herança importante da Revolução Francesa.

TRÉPLICA

Filmes

Maria Antonieta
EUA, 2006.
Direção de Sofia Coppola.
O filme trata da vida de Maria Antonieta, rainha da França, e da nobreza às vésperas da Revolução Francesa.

Napoleão
França, 2002.
Direção de Yves Simoneau.
Cinebiografia de Napoleão Bonaparte, desde sua subida no exército revolucionário até o final do seu império.

 Livros

Revolução Francesa
MOTA, C. G. São Paulo: Ática, 2004.

As guerras napoleônicas
TEIXEIRA, F. M. P. São Paulo: Ática, 1996.

 Sites

(Acessos em: 27 set. 2018)

<https://bit.ly/2zzlWdi>
Reportagem sobre o papel decisivo das mulheres na Revolução Francesa.

<http://goo.gl/cwtGop>
Portal educacional voltado para alunos do Fundamental II, que disponibiliza vídeos, imagens, linhas do tempo, jogos sobre diferentes temas e disciplinas. A página trata da Revolução Francesa. Versão em inglês.

<http://goo.gl/cm6s9U>
Site com todas as obras do espanhol Francisco José de Goya y Lucientes (1746-1828). Apesar de o *site* estar em inglês, não há nenhuma dificuldade para circular e ver as obras.

<http://goo.gl/TMglkq>
Página com os principais acontecimentos da Revolução Francesa em imagens. Versão em francês.

CAPÍTULO 5

A Primeira Revolução Industrial

EDSON GRANDISOLI/PULSAR IMAGENS

PORTAS ABERTAS

👁 OBSERVE AS IMAGENS

1. No seu caderno, faça uma lista de três avanços e três problemas advindos do uso de máquinas na sociedade atual.

2. Máquinas e maquinários são utilizados pelos seres humanos desde a Antiguidade. No entanto, na sociedade industrial e tecnológica, o seu uso interferiu decisivamente no cotidiano das pessoas. Quando esse processo de industrialização teria ganhado força?

Indígena da etnia Dessana utiliza computador (*laptop*) às margens do Rio Negro, Manaus (Brasil), 2015.

CAROLINE PENN/LATINSTOCK

Esquimó usando GPS durante a caça às baleias. Alaska, 1997.

Alunos da escola pública José Maria, localizada em área carente próximo à cidade de Lima, utilizam computadores portáteis, doados pelo programa "Um *laptop* por criança". O programa educativo é uma forma de combater a deficiência escolar com tecnologia digital.

Alunos de escola pública, Lima (Peru), 2012.

A cidade é conhecida por manter um grande mercado de compra e venda de peças e componentes eletrônicos, em sua maioria descartados de maneira incorreta.

Crianças trabalham em uma montanha de lixo eletrônico, Seemlampur (Índia), 2016.

O MUNDO DAS MÁQUINAS

Juan Manuel Fangio, Jackie Stweart, Jack Brabham, Emerson Fittipaldi, Niki Lauda, Nelson Piquet, Alain Prost, Ayrton Senna, Michael Schumacher, Fernando Alonso, Sebastian Vettel, Lewis Hamilton.

Todos são grandes pilotos que, na Fórmula 1, ganharam dezenas de provas, fizeram muitas *pole positions*, quebraram recordes, conquistaram títulos mundiais. A cada ano os carros da Fórmula 1 são mais sofisticados e velozes.

O desenvolvimento tecnológico dos automóveis, a melhoria das pistas, a introdução de equipamentos eletrônicos, o aumento da potência dos motores, o aperfeiçoamento dos combustíveis e a melhoria na fabricação dos pneus fizeram da Fórmula 1, mais do que uma corrida entre pilotos, uma corrida entre grandes empresas.

Trata-se, na verdade, de uma disputa tecnológica. Suas máquinas são símbolos da sociedade contemporânea. Representam poder, sucesso, prazer, dinheiro, prestígio, rapidez.

Não é por acaso que os pilotos de Fórmula 1 são chamados de ídolos. São os heróis de uma sociedade das máquinas, de uma sociedade tecnológica, dominada por navios, aviões, tratores, caminhões, celulares, computadores, geladeiras, caixas-eletrônicos.

A humanidade vive hoje cercada por máquinas. Acredita-se que elas facilitam o seu trabalho. Trazem-lhe mais conforto. Tornam a vida mais veloz, mais prática, mais precisa. Mais moderna. As constantes inovações e invenções tecnológicas são tidas como provas de progresso e de evolução. Frutos de mentes geniais, de inventores destacados. Será mesmo?

Primeira Corrida de Fórmula Indy 500. Indianapolis (EUA), 1911.

O PIONEIRISMO DO SETOR TÊXTIL

As primeiras máquinas que iniciaram o processo de formação da **sociedade industrial** são denominadas **máquinas-ferramentas**. Isso porque são combinações de ferramentas em grandes engrenagens, capazes de executar várias tarefas ao mesmo tempo. O primeiro passo para o desenvolvimento dessas máquinas foi a concentração de artesãos e suas ferramentas em um mesmo local de trabalho. Surgia a **manufatura**, a grande oficina controlada pelo comerciante. A partir daí, passou-se também a concentrar ferramentas em uma mesma engrenagem.

O setor têxtil, responsável pela produção de tecidos e roupas, foi o primeiro a realizar essas modificações. Principalmente porque foi o setor que permitiu a articulação entre a produção local inglesa e o comércio internacional.

A indústria têxtil foi alimentada pelo algodão, matéria-prima retirada das plantações escravistas das colônias inglesas da América do Norte ou da colônia portuguesa da América do Sul. A produção de tecidos rústicos retornava à América para abastecer a população pobre livre e escrava das colônias. Havia um sistema de trocas que incluía todos os continentes.

ETAPAS DA INDUSTRIALIZAÇÃO

A **Revolução Industrial**, responsável pela formação da sociedade tecnológica na qual vivemos, teve uma série de etapas.

A **primeira etapa** remonta ao final da Idade Média e ao início da Idade Moderna (séculos XV-XVII), quando ocorreu a montagem de oficinas de artesãos controladas por comerciantes. Ainda na mesma época, a montagem dos impérios coloniais, o comércio de produtos da Ásia e da África e, principalmente, o tráfico de escravizados africanos criavam o mercado mundial.

A **segunda etapa** pode ser identificada de 1780 até 1840, quando se estabelece o mundo das fábricas, com a produção em grandes quantidades. É a época em que a antiga roca, que trabalhava com apenas um fio, já havia sido substituída, na maior parte da Europa, por máquinas que operavam com centenas de fios e teares mecânicos que fabricavam tecidos largos e resistentes. Movimentadas pela força hidráulica, essas máquinas representavam velocidade, rapidez no processo produtivo, aumento da produção. Afinal, tempo é dinheiro! Da roca de fiar passou-se, em 1764, à máquina de **James Hargreaves**, conhecida como *spinning-jenny*, com capacidade dezenas de vezes maior e que reduzia a participação do trabalho humano à movimentação da engrenagem. Após alguns anos, o tear hidráulico de **Richard Arkwright** – capaz de produzir um fio de algodão mais forte com base em uma composição de rolos e fusos – e, posteriormente, a "mula" – combinação da *spinning-jenny* com o tear hidráulico – operaram a substituição da

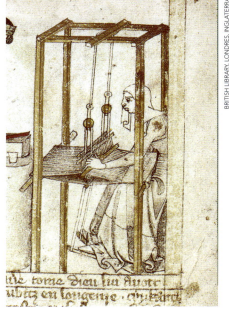

Naamah no seu tear, anônimo. Iluminura extraída do manuscrito *Egerton Genesis picture book*, 1360.

Roca de fiar, George Walker. Gravura colorida, 1814.

A roda de fiar com manivela consiste geralmente em uma mesa apoiada sobre três ou quatro pés com uma roda montada numa das extremidades, que é acionada por uma manivela anexa ao eixo da roda. Na outra extremidade da mesa tem um fuso de ferro com um carreto de madeira que recebe o movimento da roda por um cordel que os liga.

energia humana pela força hidráulica. O aparecimento do tear mecânico de **Edmund Cartwright**, em 1785, completou o processo, possibilitando a aplicação da energia a vapor à indústria têxtil.

O maquinismo expandiu-se para outros setores. A industrialização provocava uma fome de ferro e de carvão para a produção e para a movimentação das máquinas. Com isso, desenvolveram-se novas técnicas de mineração e metalurgia. O ritmo acelerado da produção impunha também a aceleração dos transportes. No início do século XIX, as imponentes locomotivas cortavam as paisagens rurais de toda a Europa como o símbolo da Nova Era. Nos mares, navios movidos a vapor estreitavam as distâncias entre os continentes, tornando ultrapassadas as embarcações a vela. Mercadorias, pessoas, mensagens passavam a circular em maior quantidade e com maior velocidade pelos quatro cantos da Terra.

A **terceira etapa** dessa aceleração industrial ocorreu no final do século XIX e no início do XX. O emprego da energia elétrica, as pesquisas químicas e o desenvolvimento de motores a explosão permitiram o aperfeiçoamento das indústrias e máquinas. Além disso, possibilitaram a produção de automóveis, aviões, novos trens e navios ainda mais velozes e potentes.

Alguns estudiosos afirmam que o **quarto momento** da Revolução Industrial teria se iniciado ao final do século XX, com o desenvolvimento da informática, da biotecnologia e, principalmente, em um contexto de **globalização da economia**.

Spinning-jenny, Thomas Henry Nicholson. Litografia, c. 1835.

A *spinning-jenny* permitiu ao operário trabalhar com vários fios de forma simultânea.

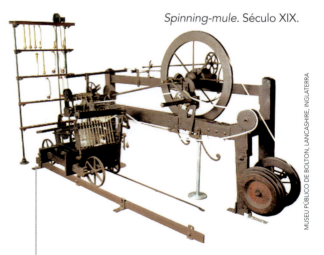

Spinning-mule. Século XIX.

Em 1779, Samuel Crompton inventou a máquina de fiação movida a água. A *spinning-mule* substituiu o trabalho de duzentas pessoas.

Reprodução proibida. Art. 184 do Código Penal e Lei 9.610 de 19 de fevereiro de 1998

O PIONEIRISMO INGLÊS

A Inglaterra foi o berço da **Revolução Industrial**. A principal razão é que nenhum outro Estado do mundo conseguiu desenvolver seu poder de **concentração**:

- das terras nas mãos de grandes proprietários;
- de trabalhadores livres nos centros urbanos;
- de artesãos nas oficinas;
- de ferramentas nas máquinas;
- de recursos dos negócios das colônias;
- de lucros com o tráfico negreiro.

Em suma, na Inglaterra ocorreu uma extraordinária **concentração de capital** que permitiu o investimento de recursos com o objetivo de acelerar a produção e a circulação das mercadorias.

De um lado, a Revolução Industrial significou a **transição da manufatura para a maquinofatura**. No lugar de ferramentas, passou-se a utilizar máquinas no processo produtivo. De outro, a habilidade do trabalhador tornou-se secundária. As máquinas tornavam-se cada vez mais potentes e sofisticadas: elas exigiam vapor, carvão, eletricidade, derivados de petróleo.

Fonte: Elaborado com base em DUBY, Georges. *Grand Atlas Historique*. Paris: Larousse, 2008.

> ## TÁ LIGADO?
>
> 4. Aponte as características da segunda etapa da Revolução Industrial.
>
> 5. Aponte as características da terceira etapa da Revolução Industrial.
>
> 6. Argumente sobre a validade de se identificar a quarta etapa da Revolução Industrial com a atualidade.
>
> 7. Liste os fatores que explicam o pioneirismo inglês no processo de industrialização.

PODERIO BRITÂNICO (SÉCULO XIX)

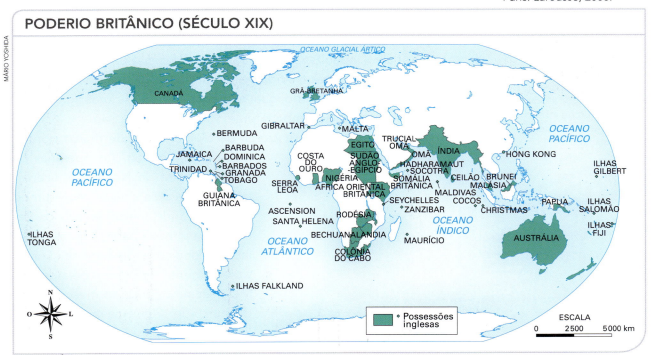

Ao mesmo tempo em que dinamizava sua economia, a Inglaterra ampliava sua expansão pelo mundo. A partir de Bombaim (Mumbai), os ingleses dominaram diretamente vastas áreas na Índia e iniciaram suas incursões sobre a África, Ásia e Oceania. Com a Revolução Industrial, a Inglaterra tornava-se a grande oficina do mundo. Seus produtos e súditos eram encontrados em todos os cantos do planeta.

A TRANSFORMAÇÃO DA SOCIEDADE

TÁ LIGADO ?

8. Defina meios de produção.

9. Esclareça a diferença entre operário e artesão.

A industrialização modificou a Inglaterra. O artesão possuía os **meios de produção** (ferramentas e saberes técnicos) necessários para a confecção de seus produtos. À medida que o número de trabalhadores fabris aumentava, pela multiplicação das máquinas, os artesãos foram desaparecendo.

Os **operários** das fábricas diferiam dos artesãos em muitos aspectos. Geralmente, eram recém-chegados de áreas agrícolas e não possuíam qualquer habilidade artesanal. Muitas vezes, vinham para as fábricas sozinhos, e assim permaneciam até poderem sustentar a família na cidade, ou eram homens e mulheres solteiros, que não encontravam emprego como criados ou agricultores nas vizinhanças de seus lares. Ingressavam rapidamente em indústrias em desenvolvimento, onde eram comuns as longas jornadas de trabalho – às vezes, de quinze horas. Viviam com frequência em moradias abarrotadas de gente, em condições miseráveis.

Privações
Falta dos itens necessários à vida.

Os operários sobreviviam em regime de <mark>privações</mark>. Trabalhavam com 20 a 100 outros empregados e tinham pouco contato com seus patrões. Além disso, havia os capatazes, contratados para fazê-los trabalhar duramente e com eficiência. Assim, sua relação com o ambiente da cidade era pequena, pois passavam a maior parte do tempo nas fábricas.

O TRABALHO DE MULHERES E CRIANÇAS

Mulheres e crianças partilhavam com os homens as terríveis e longas jornadas de 14 a 18 horas de trabalho diárias. Não havia garantias contra acidentes de trabalho, indenizações ou pagamento dos dias parados por doenças. Mulheres e crianças eram ainda mais exploradas, ganhando menos que os homens adultos, trabalhando igual número de horas. As lutas agregavam homens e mulheres. E elas também foram vítimas de repressão.

Comemora-se o Dia Internacional da Mulher em 8 de março porque nessa data, em 1857, as operárias da indústria têxtil de Nova York fizeram uma marcha pela cidade, protestando e reivindicando melhores salários, redução da jornada para 12 horas e melhores condições de higiene. Foram violentamente reprimidas pela polícia. Meio século depois, no mesmo dia (8 de março de 1908) e na mesma cidade (Nova York), operárias saíram às ruas denunciando as mesmas condições indignas de trabalho e reivindicando também uma legislação que protegesse o trabalho do menor e a participação da mulher na vida pública.

Manifestação das costureiras, em frente à fábrica *Shirtwaist*, em protesto contra a morte de 146 operárias no incêndio ocorrido no mês anterior. Nova York, abr. 1911.

Leis os textos abaixo e responda às questões propostas.

Trabalho manual e escravidão

Do século XV ao XVIII, verificou-se verdadeira mudança de mentalidade. A mecânica e a técnica, de menosprezadas, passam a supervalorizadas. Não é generalizada essa aceitação, pois os preconceitos têm raízes fundas, dificilmente removíveis. Ainda no século XVIII, e mesmo nos seguintes, até o atual, encontra-se certa atitude de suspeita ante o manual ou mecânico, enquanto se realça o ócio, o lazer, a condição de nobreza, que não trabalha ou só trabalha com a inteligência e exerce comando. Daí a desconsideração com tarefas como as agrícolas – revolver a terra com as mãos –, as artesanais ou manufatureiras, ou mesmo as comerciais [...]. Curioso lembrar como os médicos, forrados de humanismo, não tinham respeito pelos cirurgiões, pois exerciam um labor mecânico. Até 1743 – repare-se a data – eram vistos como uma espécie de barbeiros.

IGLÉSIAS, Francisco. *A Revolução Industrial*. São Paulo: Brasiliense, 1981. p. 40-41.

[...] o oficial de barbeiro no Brasil é quase sempre um negro ou pelo menos escravizado. Esse contraste, chocante para um europeu, não impede ao habitante do Rio de entrar com confiança numa dessas lojas, certo de aí encontrar numa mesma pessoa um barbeiro hábil, um cabeleireiro exímio, um cirurgião familiarizado com o bisturi e um destro aplicador de sanguessugas.

DEBRET, Jean-Baptiste. In: TOLEDO, Roberto Pompeu. São Paulo: *Veja*, 15 maio 1996. p. 52.

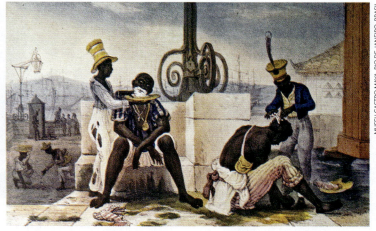

Loja de barbeiros, Jean-Baptiste Debret. Litografia colorida, c. 1839.

Barbeiros ambulantes, Jean-Baptiste Debret. Litografia colorida, c. 1839.

1. Esclareça a relação entre a supervalorização da mecânica e da técnica e a mudança de mentalidade quanto ao trabalho manual.

2. Utilizando elementos das imagens, aponte os motivos de Debret quase só ter encontrado negros escravizados e livres no trabalho de cirurgião-barbeiro.

3. Como são vistos os médicos cirurgiões hoje?

OS TRABALHADORES REAGEM

Sabot em francês significa tamanco. A tradução de *saboter* é sabotar, executar mal determinada tarefa. A relação entre o tamanco e a sabotagem tem origem no final do século XVIII, quando operários franceses retiravam dos pés seus rústicos calçados de madeira e enfiavam-nos entre as engrenagens das máquinas. Interrompiam a produção. Danificavam os equipamentos. Paravam de trabalhar.

Ned Ludd, Béla Uitz. Litogravura, 1923.

Na imagem, o artista húngaro Béla Uitz (1887-1972) representou o operário têxtil, Ned Ludd, destruindo um tear. Ned Ludd é o pseudônimo de Ned Ludlam.

O mesmo procedimento dos operários franceses ocorria entre ingleses, alemães, italianos, estadunidenses. Trabalhadores de todo o mundo quebravam as máquinas das fábricas onde trabalhavam. Era uma das primeiras formas de resistência operária ao domínio do capital.

A aceleração da vida coletiva e o desenvolvimento da sociedade tecnológica trouxeram conforto aos mais ricos e poderosos. No entanto, para a classe trabalhadora, as mudanças significaram uma queda nas condições de vida. Desemprego, miséria e exploração passaram a fazer parte do cotidiano dos trabalhadores do século XIX.

O preço do trabalho caía à medida que se desenvolvia o maquinismo. Não era mais necessário ter artesãos habilidosos para a produção de determinadas mercadorias. A máquina podia ser operada por trabalhadores sem qualificação. Com a existência de grande número de trabalhadores disponíveis, o preço dos salários caía. Em pouco tempo, os empresários descobriram que podiam pagar menos ainda com a utilização de mulheres e crianças. Mais desemprego. Maiores lucros.

Submetidos a uma rígida disciplina, obrigados a jornadas de trabalho cada vez maiores, sujeitos a demissões e acidentes em fábricas sem condições de saúde e higiene, os trabalhadores voltavam-se contra as máquinas e seus inventores, promovendo atentados e depredações.

Os trabalhadores promoviam sabotagens, como aquela que, no início do século XIX, o operário inglês Ned Ludlam realizou ao destruir o tear de seu patrão. Seu gesto foi imitado por ingleses de diversas localidades: Nottingham, York e Lancaster. Presos, condenados à morte ou deportados, esses operários formaram o primeiro movimento dos trabalhadores, denominado **ludismo**.

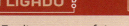

TÁ LIGADO

10. Explique o que foi o ludismo.

O atual sindicalismo brasileiro

Em 1983, dirigentes sindicais de todo o Brasil e das mais diversas categorias profissionais reuniram-se no Congresso da Classe Trabalhadora (Conclat). Nessa reunião, discutiu-se a formação de uma central sindical que agregasse toda a classe operária do país. Após muitos debates, uma grande parte dos presentes optou por fundar a Central Única dos Trabalhadores (CUT). Outros acabaram por adiar a organização de uma central sindical e só viriam a fazê-lo em 1986, com a fundação da Central Geral dos Trabalhadores, denominada a partir de 1988 de Confederação Geral dos Trabalhadores (CGT) e Central Geral dos Trabalhadores do Brasil, em 2004. Em 1991, outra grande central viria a ser formada: a Força Sindical.

Inspiradas nas centrais sindicais europeias, as centrais brasileiras, apesar de suas divergências, têm como papel a defesa dos direitos dos trabalhadores, a organização de greves nacionais, a formação de dirigentes sindicais e o estabelecimento de um programa de lutas para a classe trabalhadora brasileira.

Ano	Centrais sindicais
1983	Central Única dos Trabalhadores (CUT)
1986	Central Geral dos Trabalhadores (CGT)
1988	Confederação Geral dos Trabalhadores (CGT)
1991	Força Sindical
2004	Central Geral dos Trabalhadores do Brasil
2005	Nova Central Sindical dos Trabalhadores (NCST)
2006	Central Sindical e Popular – Coordenação Nacional de Lutas (Conlutas) Intersindical – Instrumento de Luta e Organização da Classe Trabalhadora
2007	União Geral dos Trabalhadores (UGT) Central dos Trabalhadores e trabalhadoras do Brasil (CTB)
2008	Central dos Sindicatos Brasileiros (CSB)

JUCA MARTINS/OLHAR IMAGEM

Congresso da Classe Trabalhadora (Conclat). São Bernardo do Campo, São Paulo (Brasil), 1983.

Reprodução proibida. Art. 184 do Código Penal e Lei 9.610 de 19 de fevereiro de 1998

TRADE UNIONS

Alguns anos depois os operários ingleses passaram a organizar-se em associações sindicais, as **Trade Unions**. Tais associações reuniam os trabalhadores por atividades e buscavam estabelecer negociações coletivas com os patrões. A luta por melhores salários, menores jornadas de trabalho e pelo descanso semanal acabou por levar a enfrentamentos entre empresários e trabalhadores. Estes últimos, muitas vezes, recorriam a **greves** como forma de pressionar os patrões a aceitarem suas reivindicações.

Em meio ao crescimento das lutas operárias, em 1834 foi criada, na Inglaterra, a Grande União Consolidada dos Trabalhadores, uma espécie de central sindical, que reunia trabalhadores dos mais diversos setores e dava apoio aos movimentos grevistas de todo o país.

Tais organizações procuravam concentrar os esforços dos trabalhadores em suas lutas e reivindicações. No lugar de ações isoladas ou individuais, construía-se a união da classe trabalhadora por meio de ações coletivas e conjuntas.

MOVIMENTO CARTISTA

Mais bem organizados, experientes nas lutas por melhores condições sociais, os trabalhadores começaram a desenvolver propostas políticas. Em primeiro lugar, passaram a discutir o direito de participar das eleições. Em 1837, na **Inglaterra**, os operários criaram o movimento **cartista**, assim denominado porque as reivindicações políticas foram redigidas em forma de carta. Os principais aspectos do programa político cartista eram: direito de voto, eleições anuais para o Parlamento e estabelecimento do voto secreto.

O cartismo não conseguiu o direito de voto aos trabalhadores, mas contribuiu para algumas importantes conquistas sociais, como a jornada de dez horas diárias e a regulamentação do trabalho de crianças e mulheres nas fábricas. Mas, principalmente, colocou em evidência uma aspiração cada vez mais forte entre os trabalhadores: a conquista do poder e a construção de uma sociedade alternativa à sociedade capitalista.

Como os países industrializados não estendiam o direito de voto aos trabalhadores, o caminho pacífico para a tomada do poder encontrava-se bloqueado. Restavam as vias revolucionárias – estimuladas pelos constantes conflitos entre trabalhadores e empresários, pela repressão policial a serviço da ordem burguesa, pela miséria da maioria dos trabalhadores e pela concentração de terras e outras riquezas nas mãos de uma pequena parcela da população.

Trabalhadores portuários seguram seus cartões do sindicato durante greve. Londres (Inglaterra), 1925.

BETTMANN/GETTY IMAGES

O SOCIALISMO UTÓPICO

Vinculado ao movimento dos trabalhadores, surgiam os **socialistas utópicos**, propondo a criação de uma sociedade baseada na cooperação, e não na competição. Uma sociedade ideal, que não existia na realidade, mas que era desejada pelos trabalhadores e pelos intelectuais indignados com a exploração social.

O termo "utópico" refere-se à obra *Utopia*, de Thomas Morus. Esse escrito de 1516 aborda a questão dos cercamentos na Inglaterra. Na segunda parte do livro de Morus, há a descrição da ilha imaginária da Utopia, onde uma sociedade de perfeição e virtudes se estabelece. Por isso Utopia tanto pode ser o *outopos*, o lugar inexistente, quanto *eutopos*, o lugar de perfeição e felicidades.

TÁ LIGADO?

13. Apresente uma definição para o termo "utopia".

OS TEÓRICOS DA UTOPIA

Saint-Simon (1760-1825), socialista francês, tomou para si a missão de construir uma nova sociedade com base no conhecimento científico. Neste "novo mundo" a Igreja não mais estaria no poder. Cientistas, industriais, banqueiros, artistas e escritores substituiriam o clero e a nobreza na elite governante. Um novo cristianismo, que respeitaria os avanços da ciência, incentivaria os seres humanos a amar uns aos outros.

Charles Fourier (1772-1837), outro socialista francês, idealizava pequenas comunidades, nas quais homens e mulheres pudessem desfrutar de prazeres simples e satisfazer suas necessidades.

Nessas comunidades, chamadas **falanstérios**, todos trabalhariam em tarefas que lhes interessassem e produziriam para si e para outros. Dinheiro e bens não seriam distribuídos igualmente; aqueles com dotes especiais e responsabilidades seriam recompensados de acordo. Isso para que as pessoas tivessem um desejo natural de ser reconhecidas por suas realizações.

IGUALDADE ENTRE HOMENS E MULHERES

Fourier apoiava a igualdade entre os sexos. As mulheres, tanto quanto os homens, deveriam escolher seus empregos. O casamento seria uma brutalidade. As pessoas casadas, tendo de devotar todas as suas energias e todo o seu tempo à casa e/ou à família, não podiam desfrutar dos prazeres da vida nem se ocupar com outros seres humanos.

Para Fourier, as pessoas deviam escapar da monotonia pela mudança não só de ocupação como também de amores. A família iria desaparecer por sua própria conta, quando homens e mulheres descobrissem novos modos de satisfazer suas necessidades, e a comunidade assumisse a responsa-

Saint-simonista feito Dom Quixote, anônimo. Gravura colorida, c. 1832.

UNIVERSIDADE DE GENEBRA, SUÍÇA

bilidade pela educação das crianças. Em 1840, cerca de 29 comunidades *fourieristas* estavam estabelecidas nos Estados Unidos, mas sua duração foi curta.

Robert Owen (1771-1858) tornou-se, em 1799, coproprietário e gerente da fábrica de tecidos de algodão New Lanark, na Escócia. Sensibilizado pelos maus-tratos a que eram submetidos seus trabalhadores, o socialista inglês aumentou os salários, melhorou suas condições de trabalho, providenciou-lhes moradia, alimentação e vestuário a preços razoáveis e recusou-se a contratar menores de dez anos. Além disso, forneceu oportunidades educacionais para as crianças e iniciou um programa de ensino para os adultos.

Owen quis assim demonstrar que um melhor tratamento dispensado aos trabalhadores não era incoerente com os lucros. Mais felizes e mais saudáveis, eles produziriam mais. O socialista utópico acreditava que a ordem social e econômica de então, fundada na competição, devia ser substituída por um sistema baseado na vida em grupo harmoniosa. Estabeleceu uma comunidade-modelo em New Harmony, Indiana (EUA), mas essa experiência também terminou em fracasso.

Robert Owen

Robert Owen é [...] uma das personalidades mais extraordinárias de sua época. [...] Quando Owen assumiu o controle dos cotonifícios [fábrica de tecidos de algodão] de New Lanark, na Escócia, os trabalhadores eram homens e mulheres sujos, bêbados e de baixíssima confiabilidade – naquele tempo, trabalhar numa fábrica era sinal de falta de amor-próprio – e crianças de cinco a dez anos de idade, oriundas de orfanatos. [...] Owen conseguiu, em vinte e cinco anos, criar uma comunidade de alto padrão de vida e nível de instrução considerável,

Aula de quadrilha no Instituto Robert Owen, George Hunt. Gravura colorida, 1825.

onde Owen era adorado. Pagava aos empregados salários altos, e os fazia trabalhar menos horas por dia do que qualquer de seus concorrentes; além disso, sustentava-os em época de depressão econômica. Limitou a uma quantia fixa os lucros a serem pagos a seus sócios, aplicando o resto na comunidade para fazer melhorias. Não era evidente – Owen perguntava insistentemente ao mundo – que era assim que toda a sociedade deveria ser? Se todas as crianças fossem educadas como ele educava os filhos de seus empregados [...], instruindo-as sem castigos nem violência, a espécie humana não se transformaria? [...]

WILSON, Edmund. *Rumo à Estação Finlândia*. São Paulo: Cia. das Letras, 1986. p. 91.

QUEBRA-CABEÇA

1. Leia o quadro complementar "Robert Owen". Agora atenda ao que é solicitado:
  a) Identifique as medidas implementadas por Robert Owen em sua empresa.
  b) Elabore um texto crítico desenvolvendo a proposta de Owen acerca do papel transformador da educação.

2. Como uma imensa engrenagem, o sistema capitalista começou a se desenhar a partir do século XVI. Faça no caderno um esquema ou um desenho demonstrando quais eram as peças dessa engrenagem e como elas se articulavam entre si.

3. Observe a roda de fiar e a *spinning-mule*, inventada por Samuel Crompton (1779), na página 78. Faça uma comparação entre as duas, anotando todas as semelhanças e as diferenças.

4. No seu caderno, utilizando as palavras-chave abaixo, esclareça a importância das inovações no transporte para a Revolução Industrial.
  • produção industrial
  • transportes
  • matérias-primas
  • mercado consumidor

5. Defina cada um dos conceitos abaixo e organize um pequeno dicionário conceitual em seu caderno:
  • máquina-ferramenta
  • manufatura
  • meios de produção
  • ludismo
  • *Trade Unions*
  • cartista
  • Utopia
  • Revolução Industrial

6. Em seu caderno, elabore uma linha do tempo com:
  • as quatro etapas da Revolução Industrial sugeridas nas páginas 77 e 78;
  • as manifestações de mulheres operárias mencionadas na página 80;
  • a criação da Grande União Consolidada dos Trabalhadores e o movimento cartista mencionados na página 84.

7. Vamos construir nossos *tags*. Siga as instruções do *Pesquisando na internet* na seção **Passo a passo** (p. 7) utilizando as palavras-chave abaixo:

ludismo

cartismo

falanstérios

LEITURA COMPLEMENTAR

Leia com atenção o texto a seguir e depois responda às questões propostas.

[...] O filho de um operário, que cresceu na miséria [...], no frio e com falta de roupas, aos nove anos, está longe de ter a capacidade de trabalho de uma criança criada em boas condições de higiene. [...]

O relatório da Comissão Central constata [...] que os industriais toleravam que os vigilantes batessem e maltratassem as crianças, e eles próprios agiam muitas vezes do mesmo modo; [...] Era preciso, por todos os meios, fazer com que o capital investido nas construções e em máquinas fosse rentável, era necessário fazê-lo trabalhar o mais possível. É por isso que os industriais introduziram o escandaloso sistema de trabalho noturno. Em algumas fábricas havia duas equipes de operários, cada qual suficientemente numerosa para fazer funcionar toda a fábrica; uma trabalhava as doze horas do dia, a outra as doze horas da noite. [...]

ENGELS, Friedrich. *A situação da classe trabalhadora na Inglaterra*. São Paulo: Global, 1986. p. 172-174.

1. Com base nas denúncias de Friedrich Engels (1820-1895) sobre a vida dos trabalhadores nas fábricas inglesas da primeira metade do século XIX, descreva as condições de trabalho das crianças e dos jovens.

2. De acordo com o texto, por que foi introduzido o trabalho noturno?

3. O texto de Engels pode estimular a sua capacidade criativa. Assim, no seu caderno, crie um título para ele.

Máquina de pentear macacos

Máquina de pentear macacos, José Carlos de Brito e Cunha.
Gravura colorida, extraída da Revista *O Careta*, 1907.

1. Siga as instruções da *Análise de documentos visuais* na seção **Passo a passo** (p. 6) para analisar a charge. Anote suas observações no caderno.

2. Identifique a ironia da charge.

3. Utilizando seus conhecimentos sobre Revolução Industrial, esclareça a crítica da charge.

PERMANÊNCIAS E RUPTURAS

Integração entre cérebro e máquinas vai influenciar evolução

Alexandre Gonçalves, 8 jan. 2011. *O Estado de S. Paulo.*

Miguel Nicolelis é um dos pesquisadores brasileiros de maior prestígio. Pioneiro nos estudos sobre interface cérebro-máquina, suas descobertas aparecem na lista das dez tecnologias que devem mudar o mundo, divulgada em 2001 pelo Instituto de Tecnologia de Massachusetts (MIT, na sigla em inglês). Em 2009, tornou-se o primeiro brasileiro a merecer uma capa da *Science*. [...] foi nomeado membro da Pontifícia Academia de Ciências, no Vaticano. Ao *Estado*, Nicolelis falou sobre o impacto da neurociência no futuro da humanidade.

Miguel Nicolelis.
São Paulo (Brasil), 2004.

O que as interfaces cérebro-máquina devem proporcionar no futuro?

No curto prazo, penso que as principais aplicações serão na medicina, com novos métodos de reabilitação neurológica, para tratar condições como paralisia. No médio, chegarão às aplicações computacionais. Não usaremos mais teclados, monitores, *mouse*... o computador convencional deixará de existir. Vamos submergir em sistemas virtuais e nos comunicaremos diretamente com eles. No longo prazo, o corpo deixará de ser o fator limitante da nossa ação no mundo. Nossa mente poderá atuar com máquinas que estão à distância e operar dispositivos de proporções nanométricas ou gigantescas: de uma nave espacial a uma ferramenta que penetra no espaço entre duas células para corrigir um defeito. E, no longuíssimo prazo, a evolução humana vai se acelerar. Nosso cérebro roubará um pouco o controle que os genes têm hoje sobre a evolução. [...]

1. No seu caderno, esclareça o otimismo do pesquisador brasileiro Miguel Nicolelis com as interfaces cérebro-máquina.

2. Faça um levantamento de todas as máquinas que fazem parte do seu cotidiano e organize uma lista no seu caderno.

TRÉPLICA

 Filmes

Os miseráveis
Reino Unido/Alemanha/EUA, 1998.

Direção de Bille August.

Após roubar um pedaço de pão para alimentar sua família, um trabalhador desempregado é perseguido por inspetor de justiça. Baseado no clássico da literatura de Victor Hugo, escrito no século XIX.

Tempos modernos
EUA, 1936.
Direção de Charles Chaplin.

Uma das maiores críticas à mecanização da vida humana na sociedade moderna. O filme conta a história do operário de uma linha de montagem que desenvolveu uma "máquina revolucionária" para evitar a hora do almoço, sendo levado à loucura pela "monotonia frenética" do seu trabalho, cercado de máquinas.

 Livros

A Revolução Industrial
CANÊDO, Letícia Bicalho. São Paulo: Atual, 2002.

No tempo das primeiras fábricas

HOFFMAN, Ginette. São Paulo: Scipione, 1996.

 Sites

(Acessos em: 24 out. 2018)

<https://goo.gl/c2H6w7>

Videoaula da Universidade de São Paulo sobre Lavoisier e o início da química. Em português.

<https://goo.gl/e3Lxby>

Linha do tempo com as principais invenções do século XVIII. Em inglês.

CAPÍTULO 6

A idade do ouro no Brasil e as revoltas coloniais

PORTAS ABERTAS

⊙ OBSERVE AS IMAGENS

1. No seu caderno, identifique: o lugar, a data de construção e os elementos centrais das construções apresentadas nas imagens.

2. Identifique o tipo de material utilizado na construção da capela-mor da igreja de Nossa Senhora do Pilar.

3. As duas igrejas (Nossa Senhora do Pilar e São Francisco de Assis) mostram sinais de grande riqueza na sua construção. Relacionando o seu conhecimento com a data de suas construções, aponte qual a atividade econômica responsável pelo enriquecimento das pessoas da região.

Ascensão de Nossa Senhora, mestre Ataíde. Óleo sobre madeira, teto da nave central da igreja de São Francisco de Assis, século XVIII. Ouro Preto, Minas Gerais (Brasil), 2000.

Talha da capela-mor da igreja Nossa Senhora do Pilar (século XVIII), Francisco Xavier de Brito. Madeira esculpida e revestida em ouro e em prata, Ouro Preto, Minas Gerais (Brasil), 2001.

Fachada da igreja de São Francisco de Assis (século XVIII), Antônio Francisco Lisboa, o Aleijadinho. Pedra-sabão, Ouro Preto, Minas Gerais (Brasil), 2018.

Igreja Nossa Senhora do Pilar (século XVIII). Ouro Preto, Minas Gerais (Brasil), 2015.

OS BANDEIRANTES E A ESCRAVIDÃO

Os bandeirantes são facilmente associados a uma página heroica da história do Brasil. Teriam sido os alargadores das fronteiras do território nacional, os responsáveis pela grandeza de nosso país, protagonistas de incansáveis expedições que buscavam metais e pedras preciosas.

Mas essa visão deve ser questionada. De fato, desde o século XVI, sediados em São Paulo, os bandeirantes percorreram grande parte do território da América. Ultrapassaram os limites da linha de Tordesilhas estabelecidos entre as monarquias de Portugal e Espanha, em 1494.

No entanto, o papel dos bandeirantes na estruturação da colônia foi muito mais complexo. Na busca pelos metais, eles caçavam, capturavam ou matavam os povos indígenas. Muitas vezes, quando os negros escravizados fugiam ou organizavam quilombos, eram os bandeirantes os encarregados de garantir a "ordem colonial". Ou seja, destruir os quilombos, recapturar os fugitivos e reconduzi-los à escravidão.

Esse aspecto da ação dos bandeirantes é muitas vezes esquecido para criar a imagem de heróis aventureiros. Se eles tiveram um papel fundamental, porque se dirigiam aos sertões da América, também formaram uma espécie de grupo armado, que garantia a exploração da mão de obra indígena e dos africanos e seus descendentes.

JESUÍTAS E BANDEIRANTES (SÉCULOS XVI-XVII)

MÁRIO YOSHIDA

Fonte: Elaborado com base em CAMPOS, Flavio de; DOLHNIKOFF, Miriam. *Atlas Histórico do Brasil*. São Paulo: Scipione, 1997; JOFFILY, Bernardo (Org.). *Isto é Brasil, 500 anos. Atlas Histórico do Brasil*. São Paulo: Editora Três, 1998.

TERRAS, TRABALHO E CONFLITOS

Os bandeirantes estiveram envolvidos em diversos conflitos coloniais. Atacavam as missões religiosas, aldeamentos onde os indígenas eram controlados pelos jesuítas e por outros grupos católicos.

As missões próximas à vila de São Paulo praticamente desapareceram por causa dos ataques de bandeirantes (nos séculos XVI e XVII). Também atacaram as missões de Itatim e Guairá, fundadas por jesuítas espanhóis, levando seus habitantes a se deslocarem para o Sul, onde organizaram as reduções de Tape.

Aos novos ataques, os indígenas responderam com armas de fogo, derrotando os paulistas na batalha de M'Bororé, em 1641. Mesmo assim, as missões ficaram arrasadas e seus habitantes tiveram de se deslocar, dessa vez para além do rio Uruguai. Os rebanhos que eram criados em Tape espalharam-se e reproduziram-se livremente nas pastagens naturais, dando origem à *Vacaria del Mar*, manadas de gado selvagem que se encontravam no atual estado do Rio Grande do Sul e no Uruguai. Ao final do século XVII, jesuítas e indígenas atravessaram mais uma vez a região, fundando os chamados Sete Povos das Missões.

A história da construção do território brasileiro é também a história da conquista dos povos indígenas e da sua quase destruição.

TÁ LIGADO?

1. Liste as atividades dos bandeirantes no período colonial.

O Maranhão e a Revolta de Beckman

Em 1682, a Coroa portuguesa criou a **Companhia de Comércio do Estado do Maranhão**. Tal tipo de instituição procurava reunir recursos de comerciantes particulares que possuiriam o monopólio de todas as atividades mercantis do Maranhão. Isso incluía o fornecimento de panos, roupas, armas, equipamentos e escravizados africanos para os colonos maranhenses e a compra de seus produtos: algodão, tabaco, açúcar e drogas do sertão (baunilha, cravo, cacau, canela, castanha, pimentas etc.).

Com o direito exclusivo do comércio, os representantes da Companhia podiam estabelecer os preços de compra e venda das mercadorias, o que viria a provocar um forte descontentamento na elite local. Além disso, as restrições impostas pela Coroa à escravização dos povos indígenas e o controle exercido pelos jesuítas sobre as missões ampliaram a insatisfação geral. Para completar o quadro, a entrada de africanos escravizados era insuficiente para atender aos interesses da elite branca e o preço dos cativos era considerado altíssimo.

Em 24 de fevereiro de 1684, os proprietários de terras, liderados por Manoel Beckman, depuseram o governador do Maranhão, expulsaram os membros da Companhia de Jesus e suspenderam as atividades da Companhia. O novo governo foi constituído por Manoel Beckman e Eugênio Ribeiro Maranhão, senhores de engenho, Inácio da Fonseca e Silva, frade carmelita, e Belchior Gonçalves e Francisco Dias Deiró, artesãos. Formado por dois integrantes da "nobreza da terra", um representante do clero e por dois oficiais mecânicos, o governo do Maranhão ficou conhecido por **Junta dos Três Estados**.

Após quinze meses de autonomia, um novo governador português desembarcou em São Luís, capital do estado, com reforço militar. Manoel Beckman foi enforcado e os demais envolvidos na revolta foram açoitados e degredados. Os jesuítas puderam retornar ao Maranhão e retomar o controle sobre as missões indígenas. No entanto, a Companhia de Comércio foi extinta.

AS RIQUEZAS DE MINAS GERAIS

Ao longo dos séculos XVI e XVII, a região situada ao norte da vila de São Paulo havia sido percorrida em busca de riquezas. No entanto, até o final do século XVII, as atividades mineradoras não prosperaram na colônia portuguesa como acontecia nos domínios espanhóis da América. Essa região, posteriormente conhecida como Minas Gerais, era considerada uma parte dos sertões da vila de São Paulo.

A situação alterou-se ao final do século XVII. As notícias das descobertas de ouro e pedras preciosas no interior da colônia provocaram agitação na América portuguesa. A corrida para a região das minas envolveu milhares de pessoas de todas as capitanias. Vilas e pequenos povoados ficaram praticamente desabitados. Cerca de 600 mil portugueses deixaram a metrópole para se aventurarem no interior da colônia. Diversos vilarejos de Minas começaram a crescer, a exemplo de Vila Rica, Sabará, Mariana e São João del-Rei, entre outros.

A febre do ouro contaminou a população colonial. Retirado das rochas ou espalhado em grãos no solo e no leito dos rios, o ouro era abundantemente encontrado. Nas gargantas das montanhas e nos leitos dos rios e córregos do Arraial do Tejuco, atual Diamantina, o brilho dos diamantes atordoava os garimpeiros.

O CONTROLE PORTUGUÊS

Desde 1702, o governo português procurou regulamentar a exploração das minas. Cada jazida era dividida em lotes, denominados **datas**. O descobridor da jazida tinha direito a duas datas e uma era destinada à Coroa. As outras eram sorteadas entre os interessados.

Os que possuíssem doze negros escravizados podiam receber uma data inteira. Os demais recebiam lotes menores, proporcionais ao seu número de cativos. Para fazer valer as regras, impedir o contrabando e recolher os impostos devidos, o governo português montou seu aparelho administrativo e fiscal, deslocando tropas de soldados para a região das minas.

Rapidamente o **ouro de aluvião**, aquele encontrado nos leitos dos rios, se esgotou. Para extraí-lo, mineradores com poucos recursos precisavam apenas de um pouco de sorte e de rústicos instrumentos, como as bateias, bacias feitas de madeira ou metal. Chamados de **faiscadores**, esses garimpeiros perambulavam pela região, tentando sobreviver.

Já os poderosos dispunham de vasta mão de obra escravizada, máquinas hidráulicas para lavagem do cascalho (a fim de separar o ouro) e obras de represamento de rios.

Tropeiros paulistas e condutores de mula, anônimo. Gravura em água-tinta, 1822.

AS LUTAS PELAS RIQUEZAS

Descobertas por moradores da vila de São Paulo, as minas foram, no início, um empreendimento desses moradores da capitania de São Vicente. O abastecimento dos garimpos (lugares onde existem minas de ouro ou diamantes) fazia-se pelos caminhos abertos a partir das vilas vicentinas. A produção paulista, anteriormente ligada ao consumo local, ampliou-se para atender aos mineiros. Os chamados tropeiros, com suas tropas de gado, vindos do Sul, pousavam na vila de Sorocaba, o ponto de encontro de comerciantes e local de venda de animais. Dali se dirigiam para as minas. Do Nordeste, sobretudo da Bahia, também vieram muitos colonos e comerciantes dispostos a aproveitar as riquezas da região mineradora.

Em 1707, as rivalidades entre os paulistas, que consideravam ter direitos exclusivos sobre a região, e forasteiros, denominados emboabas, que vieram atraídos pela possibilidade de enriquecimento, culminaram em um conflito armado conhecido como **Guerra dos Emboabas**.

Estavam em questão a exploração das minas e o abastecimento da região. Os paulistas, que contavam com o apoio do superintendente das minas, Manuel da Borba Gato, desejavam que os baianos, liderados por Manuel Nunes Viana, fossem impedidos de entrar na região mineradora.

Por quase três anos, organizaram-se expedições armadas em ambas as partes. Aproveitando-se do conflito, a Coroa portuguesa resolveu delimitar a região, criando a capitania real de **São Paulo e Minas**, em 1709. Assim, Portugal procurava exercer maior controle administrativo sobre a região. Onze anos depois, ocorreu uma nova divisão e a criação de duas capitanias distintas: a de **São Paulo** e a de **Minas Gerais**. Era uma tentativa de fechar as fronteiras e controlar os caminhos que levavam às minas.

Os impostos cobrados pela Coroa provocaram outras revoltas. O rei português estabeleceu um tributo sobre a quantidade de cativos empregada nas minas, denominado **capitação** (pagamento de valores à Coroa por cada cativo, ou seja, *per capita*, "por cabeça"). O ouro extraído era obrigatoriamente encaminhado para as Casas de Fundição, controladas pelo poder imperial, onde se cobrava o **quinto**, ou seja, a quinta parte do ouro fundido.

Em 1720, devido à cobrança desse tributo, ocorreu um levante em Vila Rica liderado pelo tropeiro **Filipe dos Santos**. Rapidamente, as forças imperiais sufocaram o movimento. Os paulistas aliaram-se às forças repressoras e se valeram da revolta para vingar a derrota sofrida onze anos antes.

TÁ LIGADO?

3. Explique o que eram:
a) a capitação.
b) o quinto.

Fonte: Elaborado com base em SIMONSEN, Roberto. *História Econômica do Brasil (1500-1820)*. São Paulo: Nacional, 1978. p. 254.

- Máxima expansão administrativa da capitania paulista-1709
- Áreas de mineração
- Rotas de abastecimento das minas
- Guerra dos Emboabas 1707
- Revolta de Filipe dos Santos-1720

ÁREAS DE MINERAÇÃO (SÉCULO XVII)

MÁRIO YOSHIDA

A SOCIEDADE MINERADORA

Sociedade mineradora
Vídeo

No litoral, a formação da sociedade colonial ocorrera ao longo de mais de dois séculos, com as lavouras de cana-de-açúcar. A ocupação e o surgimento de cidades foram estabelecidos aos poucos. Na base dessa sociedade, havia uma imensa maioria de negros escravizados. Logo a seguir, a população pobre livre, um pequeno grupo formado por artesãos, pequenos proprietários de terras e representantes do clero. No topo, figuravam os grandes senhores de engenho e as autoridades coloniais e eclesiásticas.

A sociedade mineradora apresentava uma complexidade maior. Na base, estavam os negros escravizados. Acima destes, os homens livres pobres, em geral mestiços ou libertos, que se dedicavam a serviços ocasionais ou participavam das milícias organizadas pelas autoridades. A seguir, encontravam-se os artesãos, os comerciantes, os profissionais liberais (como médicos e advogados), os representantes do clero e os funcionários da administração colonial. No topo, os grandes mineradores e as autoridades coloniais.

Em ambas as sociedades havia uma grande quantidade de mestiços, em geral filhos de senhores brancos com suas escravas. Raramente reconhecidos pelos pais, os mestiços às vezes obtinham certas regalias: desde trabalhos domésticos e serviços de confiança até a concessão da liberdade.

OS SENHORES DE ESCRAVIZADOS

Os grandes proprietários possuíam centenas de escravizados, dominavam a política local, eram temidos pelos pequenos proprietários e homens livres da região. Na família, tinham controle absoluto sobre a esposa, os filhos e demais parentes que vivessem sob seu teto.

Às vezes a ação dos grandes senhores assumia uma feição paternalista. Em geral, procuravam deixar para os feitores e jagunços as tarefas mais violentas. Castigos, ordens de trabalhos mais pesados, repreensões não eram ações do seu dia a dia. O senhor aparecia como aquele que concedia prêmios, folgas, alforrias. Aquele que batizava os filhos de seus empregados mais próximos e que se tornava o compadre dos vizinhos mais pobres.

A INSTABILIDADE DA VIDA MINERADORA

Em Minas, o ambiente urbano contrastava com as sociedades rurais do nordeste açucareiro. Os grandes mineradores ostentavam seu poder e riqueza nas cidades. Luxo, joias e escravizados eram expostos como símbolos do poder.

A sociedade mineradora era marcada pela instabilidade. A descoberta de uma região repleta de riquezas provocava a corrida de aventureiros. Esgotada a extração de minérios, grupos de pessoas dirigiam-se a outras partes, em busca do enriquecimento.

Muitos arraiais e vilas tinham sua importância econômica ampliada ou diminuída por essa constante movimentação. Alguns senhores de engenho do nordeste chegaram a vender suas propriedades e se aventuraram na cata de ouro e diamantes.

Figura de Negro, Antônio Francisco Lisboa, o Aleijadinho. Escultura, madeira policromada, 1775-1790.

RIQUEZA E MISÉRIA

O enriquecimento de poucos contrastava com a miséria da maioria. Os preços dos alimentos e dos escravizados subiram assustadoramente. A riqueza extraída da terra possibilitou o consumo de mercadorias europeias de alto luxo. O padrão social dos grupos dominantes era altíssimo e tudo custava muito caro.

Muitos se endividaram para sustentar sua posição social. Jogos de azar, prostituição, rivalidades e diversas práticas ilegais, como contrabandos, furtos e assaltos, conturbavam o ambiente dessa sociedade de fortes contrastes.

Em nenhuma outra região da colônia a ascensão social era possível como em Minas Gerais. Descobrir um diamante ou uma rica jazida podia render ao negro escravizado sua alforria. Uma vez livre, se tivesse recursos e até mesmo possuísse outros escravizados, poderia ele próprio se dedicar à extração de minérios. Ou, então, abrir um negócio para atender aos mineradores.

Anjo da Amargura, Antônio Francisco Lisboa, o Aleijadinho. Escultura, madeira dourada e policromada, 1791-1812.

IRMANDADES

Devido a escândalos envolvendo membros das ordens religiosas no contrabando de ouro, em 1715, foi proibida a fundação de qualquer convento e a presença de qualquer ordem religiosa na região das minas. Só seriam admitidos padres, curas ou vigários de paróquias.

Tal fato favoreceu o desenvolvimento de um tipo de organização social na qual a população se estruturava com base em associações leigas (irmandades, confrarias e ordens terceiras). Essas associações eram constituídas por religiosos leigos e fiéis de diferentes classes sociais, que se dedicavam ao culto de um padroeiro, um santo, à Virgem ou a Jesus Cristo.

As irmandades se fortaleceram em meio à insegurança e instabilidade da sociedade mineradora. Elas representavam garantia de inserção social e de proteção, principalmente para os mais pobres.

As irmandades e confrarias se tornaram responsáveis pela organização da vida social e religiosa na região. Construção de igrejas e cemitérios, organização de festas, cuidado com os necessitados, estímulo às artes e aos ofícios. Dentro das irmandades leigas, a ideia de educação era associada à difusão da doutrina cristã e à formação profissional com o ensino dos ofícios mecânicos (pedreiros, carpinteiros, alfaiates, ferreiros) e das artes (entalhadores, escultores, pintores), principalmente para a grande população de negros libertos e mestiços. Dados da época davam conta de que, dos cerca de 320 mil habitantes de Minas Gerais, somente 60 mil eram brancos.

> ### TÁ NA REDE! 📶
>
> **MUSEU ALEIJADINHO**
> Digite o endereço abaixo na barra do navegador de internet: <*https://goo.gl/j34BaU*>. Você pode também tirar uma foto com um aplicativo de *QrCode* para saber mais sobre o assunto. Acesso em: 28 set. 2018. Em português.
>
> O *site* permite observar obras de Aleijadinho em igrejas de Ouro Preto (MG).

A ceia do Senhor, mestre Ataíde. Óleo sobre tela, 1828.

UMA ARTE MESTIÇA

Orquestra de anjos, mestre Ataíde. Óleo sobre madeira, forro da nave central da igreja São Francisco de Assis (século XVIII), Ouro Preto, Minas Gerais. (detalhe)

A competição entre as irmandades e confrarias na construção das igrejas favoreceu o aumento, a especialização e o recrutamento de diferentes artistas, sobretudo mestiços, encarregados de entalhar retábulos, fachadas e beirais, decorar tetos e sacristias, esculpir os mais diversos santos padroeiros. É nesse contexto que surgem dois dos maiores artistas do período colonial: **Antônio Francisco Lisboa** (1730-1814), conhecido como Aleijadinho, e **Manuel da Costa Ataíde** (1762-1830), conhecido como mestre Ataíde. Aleijadinho e mestre Ataíde foram parceiros notáveis na execução de obras de arte em grande número de obras.

Ataíde foi um grande mestre na técnica da ilusão arquitetônica, cuja decoração produzia um efeito que dava impressão de continuidade e amplidão à da arquitetura real. Por meio dessa técnica o teto das igrejas parecia se abrir aos céus, onde pairavam anjos e santos. Esse impacto visual tinha grande aceitação, pois suas pinturas serviam para chamar a atenção e levavam os fiéis a um estado de contemplação. Apesar de se valer de gravuras europeias para construir seus modelos, Ataíde as interpretou de maneira singular destacando-se pelo uso de coloração vibrante e tropical e pelas feições mestiças de suas figuras humanas.

Retábulo
Estrutura ornamental que se ergue ao fundo do altar. Em geral é feito de pedra ou madeira.

A ECONOMIA PORTUGUESA

Com a entrada do ouro e dos diamantes do Brasil, a economia portuguesa viveu algumas décadas de prosperidade. A aristocracia lusitana entregava-se ao consumo de artigos de luxo e à ostentação. Grandes obras foram erguidas em Portugal, como o palácio-convento de Mafra, de 1300 dependências. O palácio levou mais de trinta anos para ser construído e contou com mais de 50 mil trabalhadores para sua conclusão. Os gastos da Coroa e da aristocracia geravam problemas na balança comercial, equilibrada graças ao ouro brasileiro.

A metrópole exercia um controle cada vez maior sobre as colônias. Os caminhos das minas eram intensamente vigiados. Apenas aqueles que obtivessem autorização direta da Coroa poderiam dedicar-se à procura de diamantes. O comércio e o deslocamento das pessoas passaram a ser controlados. A Coroa procurava impedir, com práticas violentas, o escoamento ilegal das pedras, bem como garantir a cobrança da tributação devida.

A necessidade de mão de obra fazia o preço dos negros escravizados disparar. O preço da mão de obra e a cobrança de tributos acabaram por gerar descontentamentos e revoltas.

Coroação de Nossa Senhora da Porciúncula, mestre Ataíde. Forro da nave central, igreja São Francisco de Assis, Ouro Preto, Minas Gerais. (detalhe)

A religiosidade moldou uma sociedade lúdica e festeira. Entre as comemorações no século XVIII, ficaram célebres as festas do Triunfo Eucarístico e do Áureo Trono Episcopal. Brilhantes e luxuosas, contavam com a exibição de uma série de espetáculos: teatro, música, dança, poesia e jogos públicos.

A festa do Triunfo Eucarístico foi realizada em 25 de maio de 1733, quando o Santíssimo Sacramento foi transferido da igreja do Rosário para a igreja matriz de Nossa Senhora do Pilar de Vila Rica.

Procissão do Triunfo Eucarístico. Ouro Preto, Minas Gerais (Brasil), 2011.

Na construção da igreja foram gastos 400 quilos de ouro apenas para recobrir os altares. A festa e a igreja expressavam o estado coletivo de euforia, celebrando o apogeu do ouro, símbolo de riqueza e poder. A outra festividade, do Áureo Trono Episcopal, em 1748, teve como objetivo comemorar a criação do bispado de Mariana.

As ricas festas eram verdadeiros espetáculos visuais: janelas adornadas com colchas de damasco e seda, flores, alegorias, figuras a cavalo luxuosamente vestidas etc., elementos que mascaravam os conflitos sociais. Provocavam a ilusão de que todos participavam das riquezas, ao integrar no ritual, por exemplo, mestiços e negros vestidos com pompa e requinte. Como se a grandeza e a abundância da empresa aurífera estivessem ao alcance de toda a população.

Porém, a sociedade acostumada com as procissões e novenas também estava pronta para outras comemorações, proibidas pela Igreja e condenadas pela Coroa.

Nas ruas, nas vendas e bodegas ocorriam outras manifestações culturais regidas pelas festas populares, as congadas, os jogos de cartas e de dados. Os jogos de azar, sobretudo, eram duramente reprimidos pela Igreja e pela Coroa.

Entretanto, de certa maneira, a vida na sociedade mineradora era um jogo permanente. Um jogo de aparências e ilusão. De sorte ou azar. No garimpo, o negro liberto ou fugido, o mestiço ou o branco pobre poderiam ter esperanças de enriquecimento do dia para a noite e ascensão social. Para isso, precisavam contar com a sorte.

MERCADO INTERNO COLONIAL

A colônia portuguesa foi montada para atender aos interesses de Portugal. Na lógica do Antigo Sistema Colonial, a produção brasileira deveria ser realizada em larga escala, em grandes extensões de terras (latifúndios), com tendência à monocultura e voltadas para o mercado externo. Tudo isso com o objetivo de enriquecer a metrópole.

No entanto, a descoberta das minas provocou um aquecimento do **comércio interno colonial**. Todas as regiões sofreram o impacto da extração de suas

CLÁUDIA CARMINATI

TÁ LIGADO ?

4. Com base no mapa da página 101 identifique e localize:
   a) As principais regiões mineradoras.
   b) As regiões de cultivo de cana-de-açúcar.
   c) As regiões de atividades pecuaristas.

5. Explique a presença das cidades localizadas no interior do continente entre Lajes e Sorocaba.

6. Com base no gráfico da página 101, identifique os cinco principais períodos de produção de ouro em Minas Gerais.

7. Com base no gráfico desta página, identifique os seis anos em que ocorreu maior volume de exportações da Inglaterra para Portugal.

riquezas e da urbanização do interior. Havia uma enorme procura por alimentos e outros artigos. Estabeleceu-se um verdadeiro sistema de transportes terrestres baseado nas tropas de mulas, rústico, mas adequado à economia de então.

O aumento da capacidade de consumo e o aparecimento de uma elite capaz de adquirir manufaturas e artigos europeus desenvolveram as atividades portuárias. A colônia, que, nos primeiros séculos, teve uma estrutura econômica voltada principalmente para o mercado externo, vivia agora uma realidade mais complexa.

Bahia e Pernambuco continuaram sendo importantes polos políticos e econômicos. Mas a região Centro-Sul (Minas Gerais, Rio de Janeiro e São Paulo) tornou-se também uma fonte considerável de riquezas para a metrópole. Por isso, em 1763, a capital do Estado do Brasil foi transferida de Salvador para o Rio de Janeiro.

PORTUGAL E INGLATERRA

O reino britânico, em meados do século XVIII, já despontava como uma das mais importantes potências da Europa. O desenvolvimento de sua manufatura tornara a Inglaterra o principal país consumidor dos produtos coloniais vendidos por Portugal e o principal fornecedor de manufaturas para o reino ibérico.

Enquanto a Espanha se aproximava da França, Portugal e Inglaterra assinavam tratados econômicos e políticos que selavam uma relação desigual.

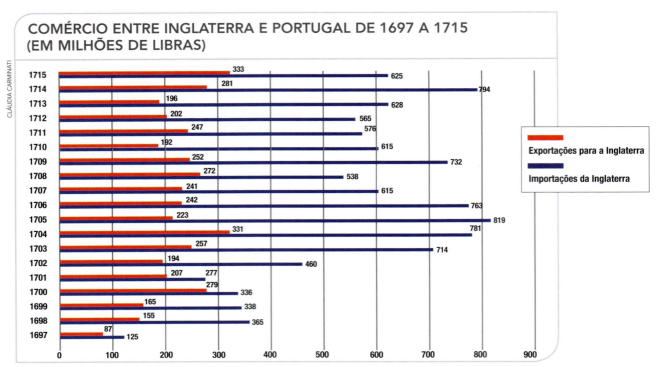

COMÉRCIO ENTRE INGLATERRA E PORTUGAL DE 1697 A 1715 (EM MILHÕES DE LIBRAS)

Legenda:
- Exportações para a Inglaterra
- Importações da Inglaterra

Ano	Exportações para a Inglaterra	Importações da Inglaterra
1715	333	625
1714	281	794
1713	196	628
1712	202	565
1711	247	576
1710	192	615
1709	252	732
1708	272	538
1707	241	615
1706	242	763
1705	223	819
1704	331	781
1703	257	714
1702	194	460
1701	207	277
1700	279	336
1699	165	338
1698	155	365
1697	87	125

Fonte: Elaborado com base em HANSON, Carl A. *Economia e Sociedade no Portugal Barroco*. Lisboa: Dom Quixote, 1986. p. 21.

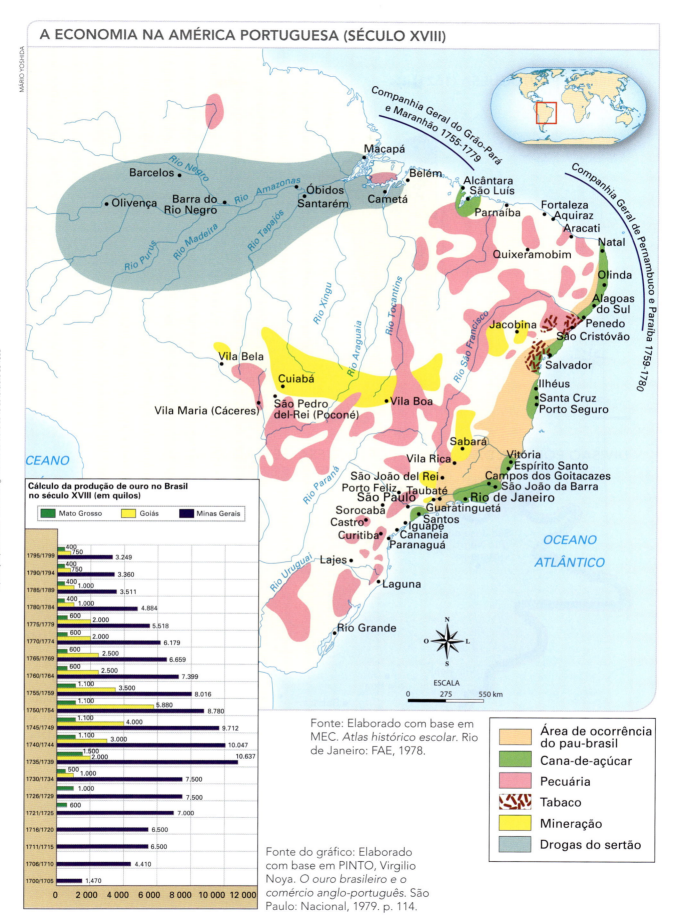

Companhia Geral do Grão-Pará e Maranhão 1755-1779

Companhia Geral de Pernambuco e Paraíba 1759-1780

Macapá
Belém
Barcelos
Olivença
Barra do Rio Negro
Óbidos
Santarém
Cametá
Alcântara
São Luís
Parnaíba
Fortaleza
Aquiraz
Aracati
Natal
Quixeramobim
Olinda
Alagoas do Sul
Penedo
Jacobina
São Cristóvão
Vila Bela
Salvador
Cuiabá
Ilhéus
Santa Cruz
Porto Seguro
Vila Maria (Cáceres)
São Pedro del-Rei (Poconé)
Vila Boa
Sabará
Vila Rica
Vitória
Espírito Santo
São João del Rei
Campos dos Goitacazes
Porto Feliz
Taubaté
São João da Barra
São Paulo
Rio de Janeiro
Sorocaba
Guaratinguetá
Castro
Santos
Curitiba
Iguape
Cananeia
Paranaguá
Lajes
Laguna
Rio Grande

CEANO

OCEANO ATLÂNTICO

Rio Negro · Rio Amazonas · Rio Madeira · Rio Purus · Rio Tapajós · Rio Xingu · Rio Araguaia · Rio Tocantins · Rio São Francisco · Rio Paraná · Rio Uruguai

ESCALA
0   275   550 km

N O L S

Fonte: Elaborado com base em MEC. *Atlas histórico escolar*. Rio de Janeiro: FAE, 1978.

Cálculo da produção de ouro no Brasil no século XVIII (em quilos)

	Mato Grosso	Goiás	Minas Gerais

Período	Mato Grosso	Goiás	Minas Gerais
1795/1799	400	750	3.249
1790/1794	400	750	3.360
1785/1789	400	1.000	3.511
1780/1784	400	1.000	4.884
1775/1779	600	2.000	5.518
1770/1774	600	2.000	6.179
1765/1769	600	2.500	6.659
1760/1764	600	2.500	7.399
1755/1759	1.100	3.500	8.016
1750/1754	1.100	5.880	8.780
1745/1749	1.100	4.000	9.712
1740/1744	1.100	3.000	10.047
1735/1739	1.500	2.000	10.637
1730/1734	500	1.000	7.500
1726/1729		1.000	7.500
1721/1725	600		7.000
1716/1720			6.500
1711/1715			6.500
1706/1710			4.410
1700/1705			1.470

0   2 000   4 000   6 000   8 000   10 000   12 000

Fonte do gráfico: Elaborado com base em PINTO, Virgílio Noya. *O ouro brasileiro e o comércio anglo-português*. São Paulo: Nacional, 1979. p. 114.

Legenda:
- Área de ocorrência do pau-brasil
- Cana-de-açúcar
- Pecuária
- Tabaco
- Mineração
- Drogas do sertão

AMÉRICA PORTUGUESA (1621)

Fonte dos mapas: Elaborados com base em CAMPOS, Flavio de; DOLHNIKOFF, Miriam. *Atlas História do Brasil*. São Paulo: Scipione, 1997; JOFFILY, Bernardo (Org.). *Isto é Brasil, 500 anos. Atlas Histórico do Brasil*. São Paulo: Editora Três, 1998.

DIVISÃO POLÍTICA DA AMÉRICA PORTUGUESA (SÉCULO XVIII)

DIVISÃO POLÍTICA DO VICE-REINO DO BRASIL (1774-1815)

CAPITANIA DO SÃO JOSÉ DO RIO NEGRO

São José do Rio Negro

CAPITANIA GERAL DO PARÁ

Belém

São Luís

CAPITANIA GERAL DO MARANHÃO

CAPITANIA DO CEARÁ

Fortaleza

CAPITANIA DO RIO GRANDE DO NORTE

Natal

Oeiras

CAPITANIA DO PIAUÍ

CAPITANIA DA PARAÍBA

CAPITANIA GERAL DE PERNAMBUCO

Recife

CAPITANIA DE SERGIPE

São Cristóvão

CAPITANIA GERAL DE MATO GROSSO

CAPITANIA GERAL DE GOIÁS

CAPITANIA GERAL DA BAHIA

Salvador

Vila Real

Vila Boa

CAPITANIA GERAL DE MINAS GERAIS

Ouro Preto

CAPITANIA DO ESPÍRITO SANTO

Vitória

OCEANO ATLÂNTICO

CAPITANIA GERAL DE SÃO PAULO

CAPITANIA GERAL DO RIO DE JANEIRO

São Paulo

Rio de Janeiro

OCEANO PACÍFICO

CAPITANIA DE SANTA CATARINA

Vila do Desterro

CAPITANIA DO RIO GRANDE DE SÃO PEDRO

Porto Alegre

N O L S

ESCALA
0   330   660 km

Capitanias subordinadas

A linha de Tordesilhas já não correspondia às fronteiras luso-espanholas no século XVIII. Na prática, as missões religiosas, as incursões dos bandeirantes e as atividades mineradoras já tinham tornado o Tratado de Tordesilhas letra morta, ou seja, preceito escrito que não se cumpriu. Desde o início do século XVIII, representantes das monarquias portuguesa e espanhola negociavam a delimitação das fronteiras coloniais, levando em consideração a posse efetiva dos territórios e os limites naturais dessas áreas. Em disputa estavam as regiões Amazônica e Platina, e a presença das missões. Em 1750, o Tratado de Madri, já assinado por Portugal e Espanha, redefinia as fronteiras internamente. A administração portuguesa também alterou o mapa do Brasil. Extinguiu as capitanias hereditárias em 1759 e elevou toda a área colonial à categoria de vice-reino em 1774.

A pequena vila de São Sebastião do Rio de Janeiro tornou-se porta de entrada de mercadorias estrangeiras para a região mineradora. Em 1763, devido a seu desenvolvimento urbano e à proximidade maior com a capitania das Minas Gerais, tornou-se sede do governo do Estado do Brasil.

Reprodução proibida. Art. 184 do Código Penal e Lei 9.610 de 19 de fevereiro de 1998

TRATADO DE METHUEN

Sucessivos acordos foram fechados, até a assinatura, em 1703, do mais importante deles, o **Tratado de Methuen**, também conhecido como Tratado dos panos e vinhos. Por ele, mercadorias inglesas de lã entravam em Lisboa e na cidade do Porto livres de taxas e, em troca, os vinhos portugueses recebiam vantagens no mercado inglês, pagando uma taxa menor de importação do que os seus concorrentes. Mas os portugueses gastavam muito mais com os manufaturados britânicos do que ganhavam com a venda do seu vinho.

A entrada dos tecidos ingleses a baixo preço acabou provocando a falência de diversos grupos manufatureiros portugueses. Assim, além de não realizar seu desenvolvimento industrial, o governo português acabou criando condições para que o ouro brasileiro fosse parar nos cofres da Inglaterra.

AS REFORMAS POMBALINAS

Diante dos problemas do Império Português, um conjunto de reformas foi levado à frente pelo governo do **marquês de Pombal**, nomeado ministro de Dom José I, em 1750. O poder de Pombal ia muito além do que usualmente tem um simples ministro. Tornou-se o homem mais poderoso do governo.

Para realizar as profundas reformas que julgava necessárias, exerceu sua autoridade de maneira absoluta, reprimindo violentamente toda e qualquer oposição. A fim de introduzir em Portugal as novas ideias ilustradas, o marquês governou como um <mark>déspota</mark>.

Déspota
Autoritário, tirânico.

O marquês de Pombal, Louis-Michel van Loo. Óleo sobre tela, 1766.

MUSEU DA CIDADE, LISBOA, PORTUGAL

MODERNIZAÇÃO DA ECONOMIA

O projeto de modernização incluía itens relativos à economia, cultura e administração pública. Detectando como principais causas da crise a dependência em relação à Inglaterra e a ineficiência dos órgãos públicos, Pombal adotou medidas de incentivo à industrialização do reino, criou companhias de comércio que favoreciam os grandes mercadores nacionais, reorganizou a administração colonial e reformou a educação básica e universitária.

Para combater a relação desigual entre Portugal e Inglaterra, Pombal tomou medidas no sentido de proteger os grandes comerciantes portugueses.

A principal delas foi criar companhias de comércio. Essas companhias eram associações de grandes comerciantes que recebiam concessões e privilégios do Estado para dinamizar as atividades mercantis. Com isso, Pombal procurava fortalecer a burguesia portuguesa e promover o desenvolvimento econômico das regiões sob a sua responsabilidade.

O objetivo principal era diminuir a influência britânica de maneira sutil, sem ferir os tratados com a Inglaterra. Monopólios, impostos e concessões em dinheiro oferecidas pelo governo para o desenvolvimento do comércio foram estabelecidos de modo a garantir que a maior parte dos lucros do comércio atlântico voltasse para a metrópole lusitana.

Além disso, Pombal tratou de incentivar a produção manufatureira do reino, para não depender inteiramente das exportações britânicas. Companhias foram fundadas para atuar em Portugal, África e América. Para esta última, foi criada a **Companhia do Grão-Pará e Maranhão**, em 1755, que tinha um objetivo especial: garantir o desenvolvimento do Estado do Maranhão sem a participação dos jesuítas.

INDÍGENAS E JESUÍTAS

Os jesuítas implementaram uma política para os índios, com a organização das missões, construídas em duas regiões: ao sul do continente, no território do atual Paraguai, e ao norte, na Floresta Amazônica.

Nos atritos entre jesuítas e colonos, em torno da exploração do trabalho indígena, a Coroa oscilou entre os dois, mas, quando Pombal assumiu, os jesuítas haviam se tornado um incômodo obstáculo para o seu projeto de reformas. Com Pombal, o governo metropolitano decididamente se colocou ao lado dos colonos.

Pombal e seus assessores incentivaram a produção de açúcar em São Paulo e no Maranhão. Com o açúcar, chegava também o escravizado africano. No caso do Maranhão, a Companhia, criada em 1755, tinha a obrigação de garantir o tráfico de escravizados para a região. No entanto, era preciso enfraquecer os jesuítas, anulando o poder de que desfrutavam, para não concorrerem com a Companhia. E isso só seria possível se perdessem o poder legal sobre os indígenas.

Em 1757, Pombal decretou o fim das missões, promulgando o chamado **Diretório dos Índios**, conjunto de normas pelo qual entregava os indígenas para um diretor laico. Além de enfraquecer os jesuítas, seu principal objetivo era promover a miscigenação de indígenas e brancos, por meio de casamentos, para aumentar rapidamente a população colonial e assim criar um contingente capaz de povoar as terras ainda não habitadas. Essa ocupação era necessária para a defesa da colônia e para tornar produtivas terras ainda desconhecidas.

Reprodução proibida. Art. 184 do Código Penal e Lei 9.610 de 19 de fevereiro de 1998

Fonte: Elaborado com base em SERRÃO, Joel; MARQUES, A. H. O. (Dir.). Nova história da expansão portuguesa. In: SILVA, Maria Nizza da. O Império Luso-Brasileiro (1750--1822). Lisboa: Estampa, 1996. p. 272. v. VIII.

SETE POVOS DAS MISSÕES (SÉCULO XVIII)

MÁRIO YOSHIDA

Rio Iguaçu · Rio Pepiri Guaçu · Rio Paraná · Rio Ijuí · Rio Piratinim · Rio Ibicuí · Rio Uruguai · Rio Jacuí · Porto Alegre · Rio Camacuam · Lagoa dos Patos · Rio Grande · Lagoa Mirim · OCEANO ATLÂNTICO · Colônia · Buenos Aires · Montevidéu

As sete missões
Fronteiras em 1750
Fronteiras em 1777

ESCALA
0   110   220 km

TÁ LIGADO ?

12. Aponte duas razões para o confronto entre Pombal e os jesuítas.

13. Explique os objetivos das reformas pombalinas com relação ao ensino universitário em Portugal.

14. Aponte três medidas administrativas coloniais implementadas por meio das reformas pombalinas.

A expulsão dos jesuítas

As iniciativas para entregar os indígenas a uma administração laica geraram a resistência dos jesuítas e dos próprios indígenas. Antes mesmo da promulgação da lei, que retirava a administração dos aldeamentos das mãos dos jesuítas, os índios Guarani, que habitavam as Sete Missões, no atual Paraguai, entraram em guerra quando a região foi entregue aos portugueses pelos espanhóis, em virtude do Tratado de Madri, assinado em 1750.

A resistência dos Guarani, que ficou conhecida como **guerras guaraníticas**, só foi vencida pela força das armas em 1756. Foi preciso que Portugal e Espanha, juntos, enviassem 3700 homens com 19 peças de artilharia para vencer os cerca de dois mil guaranis rebelados.

Os temores dos Guarani mostraram-se justificados. No ano seguinte à sua derrota, as missões foram entregues a diretores laicos. Os novos diretores utilizaram sua posição para promover seu próprio enriquecimento. A exploração dos jesuítas foi substituída pela exploração laica. Em vez de educar os índios e prepará-los para a vida na sociedade branca, como previa a lei que criou os diretórios, os indígenas foram obrigados a trabalhar como escravos.

O poder de que desfrutava a Companhia de Jesus justificava o temor da reação dos jesuítas, cuja força já havia sido demonstrada no episódio da guerra com os Guarani. Para prevenir-se, Pombal decidiu expulsar os jesuítas de todo o império, em 1759. A ação de Pombal animou os demais reis católicos a fazer o mesmo. A expulsão dos jesuítas de toda a Europa católica levou ao fim da ordem religiosa pelo papa Clemente XIV, em 1773, mas a Companhia foi restabelecida pelo papa Pio VII, em 1814.

AS REFORMAS NO ENSINO

Para modernizar Portugal, era vital promover também uma profunda reforma na educação, que permitisse alterar a burocracia e a aristocracia que controlavam Portugal. E essa mudança só aconteceria se o ensino, até então controlado pelos jesuítas, fosse também modernizado.

O principal alvo da reforma educacional foi a **Universidade de Coimbra**, o mais importante centro de produção intelectual do reino que, em 1772, quando a reforma foi finalizada, se equiparou às principais universidades europeias. O ensino nas faculdades de direito e medicina foi integralmente atualizado de acordo com os avanços do conhecimento ilustrado que se verificavam na Europa.

Duas novas faculdades foram criadas, a de matemática e a de filosofia. Nesta última, seriam estudadas as novas ciências naturais, que utilizavam a observação e a experimentação, contrárias aos dogmas religiosos.

As medidas de Pombal geraram uma nova burocracia, formada na universidade de Coimbra. Propiciaram também o fortalecimento de uma nova classe social. Os grandes comerciantes favorecidos pela política pombalina comporiam a nova burguesia portuguesa. Na colônia, a participação na administração reforçou os interesses dos grupos locais. Além disso, a elite colonial, que costumava mandar seus filhos estudar em Coimbra, também foi beber nas ideias ilustradas para fundamentar seus anseios de mudanças.

NOVA ADMINISTRAÇÃO COLONIAL

As reformas incluíram também importantes mudanças na administração da colônia, de modo a torná-la mais eficiente. Em 1750, foi restabelecido o **quinto** (imposto sobre o ouro extraído em Minas Gerais) e reabertas as **casas de fundição**, únicas com permissão para fundir o ouro extraído na região das minas, além de combater com severidade o contrabando de metais preciosos.

Governadores e vice-reis foram instituídos e criaram estímulos para o surgimento de novas culturas agrícolas e reavivar as já existentes. **Casas de inspeção** foram criadas para fiscalizar os preços do açúcar e do tabaco, de modo a proteger os produtores, além de beneficiá-los com facilidades no pagamento de tributos.

Foram realizadas reformas fiscais também na metrópole, onde foi criado, em 1761, o **Erário Régio** com o objetivo de centralizar e controlar as receitas e despesas da Coroa. Subordinadas ao Erário, foram organizadas em cada capitania juntas da Fazenda, órgãos responsáveis pelos gastos e arrecadações.

Os colonos, pela primeira vez, foram chamados a participar da administração. Para dirigir as casas de fundição e as casas de inspeção, Pombal nomeou grandes proprietários e comerciantes locais. Dessa forma, Lisboa conquistava a adesão dos luso-brasileiros que já manifestavam interesses próprios, perigosamente divergentes da metrópole e que poderiam se transformar em revoltas.

REVOLTAS COLONIAIS

A instabilidade das atividades mineradoras, a crescente fiscalização e cobrança de impostos pela Coroa portuguesa, o desenvolvimento de novos interesses econômicos ligados ao abastecimento interno das regiões americanas e as notícias acerca da independência dos Estados Unidos e da Revolução Francesa tornaram mais tensa a vida colonial. Nas capitanias de Minas Gerais, Bahia, Rio de Janeiro e Pernambuco, o descontentamento culminou na contestação do poder metropolitano.

Ao contrário de outros movimentos e rebeliões nos séculos anteriores (Revolta de Beckman, Guerra dos Emboabas, sem contar com inúmeros conflitos envolvendo os jesuítas), a **Inconfidência Mineira** (1789), a **Conspiração do Rio de Janeiro** (1794) e a **Revolta dos Alfaiates** (1798) questionavam a subordinação da colônia ao poder da Coroa portuguesa, ampliando o horizonte político das revoltas coloniais.

Lingotes de ouro. Século XVIII.

As casas de fundição foram criadas para controlar a exploração do ouro e a cobrança de impostos. Os mineradores eram obrigados a entregar todo o ouro extraído a essas casas, onde 20% eram retirados para pagar o imposto denominado "quinto".
O restante era devolvido em forma de barras fundidas acompanhadas de um certificado que legitimava sua posse.

Esperança Garcia

Em 1770, Esperança Garcia escreveu uma carta ao governador da Capitania Geral do Maranhão (à qual o Piauí estava vinculado) denunciando maus-tratos e solicitando deixar a propriedade de seu senhor, onde era escravizada. O texto é considerado a primeira petição jurídica do Piauí e o primeiro documento reivindicatório escrito por escravizados no Brasil.

Esperança Garcia. Ilustração de Valentina Ferraz. Brasília (Brasil), 2015.

Desde a vitória sobre os holandeses em 1654, as rivalidades entre Olinda e Recife faziam parte do cotidiano da capitania de Pernambuco. A derrota dos holandeses foi interpretada como uma ação dos colonos independente dos poderes metropolitanos.

Os **mazombos**, como eram conhecidos os grandes senhores de engenho nascidos em Pernambuco, controlavam o poder da capitania a partir de Olinda. Eram tidos como a "nobreza da terra". Os mazombos endividaram-se devido às frequentes quedas do preço do açúcar.

Recife era uma espécie de bairro de Olinda. Tornara-se a base de atuação dos comerciantes portugueses, denominados, de maneira depreciativa, **mascates**. Eles possuíam o direito de cobrar dívidas e impostos em nome da Coroa portuguesa.

A elevação de Recife à categoria de vila, em 1710, foi o estopim dos conflitos que duraram até o ano seguinte. Os mazombos endividados voltaram-se contra os mascates e contra as autoridades metropolitanas e dividiram-se entre aqueles que exigiam a anistia das dívidas e aqueles que defendiam a separação de Pernambuco do império colonial português. Em 1711 as autoridades portuguesas conseguiram restabelecer a paz na região. O conflito revelava o enfraquecimento social e político dos senhores de engenho e a vinculação dos comerciantes de Recife aos interesses da Coroa portuguesa.

REVOLTAS NO NORDESTE (1710-1711)

Fonte: Elaborado com base em CAMPOS, F.; DOLHNIKOFF, M. *Atlas História do Brasil*. São Paulo: Scipione, 1997; JOFFILY, B. (Org.). *Isto é Brasil, 500 anos. Atlas Histórico do Brasil*. São Paulo: Editora Três, 1998.

O Motim do Maneta

Em 1711, outra revolta foi desencadeada em Salvador, devido à imposição de novos tributos e ao aumento de 50% no preço do sal. Nessa revolta, liderada por um negociante conhecido como Maneta, tomaram parte soldados, homens livres e pequenos comerciantes que assaltaram as residências dos grandes comerciantes de sal. Diante das pressões, o governador da Bahia voltou atrás na implementação dessas medidas impopulares.

INCONFIDÊNCIA MINEIRA

Os colonos da capitania de Minas Gerais se viam às voltas com a queda da extração de ouro e das pedras preciosas. Além disso, sentiam-se ameaçados pela cobrança dos impostos atrasados, opondo ainda mais os interesses coloniais ao poder metropolitano. A Coroa estipulou em 100 arrobas anuais de ouro o valor do tributo da capitania.

Caso o total de tributos não chegasse a esse valor, cada habitante seria obrigado a tirar do próprio bolso para completar a diferença. Esse imposto ficou conhecido como **derrama**. As dívidas aumentavam e as ameaças também.

Ao mesmo tempo, muitos jovens de famílias ricas, enviados às universidade europeias, tomavam contato com as ideias ilustradas. Vários deles voltavam com informações sobre a recém-criada República nos Estados Unidos.

Quando Luís Antônio Furtado de Mendonça, visconde de Barbacena, assumiu o governo da capitania de Minas Gerais, em 1788, encontrou uma situação difícil. O novo governador tinha ordens de cobrar os impostos atrasados e acabar com irregularidades na administração. O anúncio das novas medidas aprofundou a insatisfação.

Nesse período, grande parte dos impostos eram cedidos a particulares, denominados **contratadores**, que compravam o direito de cobrança da Coroa por um tempo determinado. Muitos contratadores não saldavam suas dívidas com Portugal havia muitos anos.

A exigência do pagamento afetava diretamente a esses contratadores. Nessa situação, proprietários de terras e de minas, membros da administração colonial e letrados envolveram-se numa conspiração que pretendia assassinar o governador e tornar Minas Gerais uma República independente.

Além disso, pretendia-se criar uma universidade em Vila Rica, que seria a primeira na América portuguesa; desenvolver a manufatura, que, até então, se via limitada pelo pacto colonial; perdoar as dívidas atrasadas; transferir a capital de Vila Rica para São João del-Rei; criar uma guarda nacional composta de todos os cidadãos e até mesmo libertar os escravizados da capitania nascidos na América portuguesa, como chegou a ser cogitado por integrantes do movimento. Esse movimento de conspiração contra a política econômica portuguesa na colônia foi chamado de **Inconfidência Mineira**.

INCONFIDENTES

Poucos inconfidentes eram favoráveis ao fim da escravidão, pois a maioria deles era de proprietários de terras e escravizados. Apenas alguns pertenciam às classes mais modestas. Entre os líderes do movimento, destacavam-se: os poetas Tomás Antônio Gonzaga, Inácio José de Alvarenga Peixoto e Cláudio Manuel da Costa; os padres José de Oliveira Rolim, Manuel Rodrigues da Costa e Carlos Correia de Toledo e Melo; os militares Francisco de Paula Freire Andrade (tenente-coronel), Domingos de Abreu (coronel), Joaquim Silvério dos Reis (coronel) e Joaquim José da Silva Xavier (alferes).

Entre os líderes, o único de origem modesta era Joaquim José da Silva Xavier, conhecido como **Tiradentes**. Silva Xavier pertencia ao regimento da cavalaria militar, denominado Companhia de Dragões da capitania de Minas Gerais, exercendo o posto de alferes, patente oficial mais baixa, que equivaleria ao de segundo-tenente.

Por ser branco e descendente de portugueses cristãos, pôde ingressar no regimento já como oficial, sem passar pelos postos subalternos. Antes, tinha sido tropeiro, comerciante, minerador e dentista prático. Grande entusiasta do movimento da Inconfidência Mineira, atuou como seu divulgador entre as camadas populares.

Baseado em ideais ilustrados e no exemplo estadunidense, o movimento da Inconfidência surgiu como uma alternativa para os colonos mais ricos. Nascidos em Portugal ou na América, esses integrantes das elites geralmente se colocavam ao lado da Coroa, mas, diante das circunstâncias, agiam para garantir seus bens e propriedades.

TÁ LIGADO

15. Explique o que era a derrama.

16. Explique quem eram os contratadores.

17. Liste as ideias do programa político a ser implementado pelos inconfidentes.

Os inconfidentes adotaram uma bandeira para a nova República. Era uma bandeira branca com um triângulo verde, tendo no centro a seguinte inscrição: "Liberdade, ainda que tardia". A bandeira atual do estado de Minas Gerais foi baseada nesta, com a alteração da cor do triângulo, que passou a ser vermelho.

MUSEU DA INCONFIDÊNCIA, OURO PRETO (MG), BRASIL

Bandeira do estado de Minas Gerais, inspirada na da Inconfidência Mineira. Reprodução, s/d.

Os planos começaram a ser elaborados em uma reunião, em dezembro de 1788. Os revoltosos marcaram a rebelião para o início da cobrança da derrama.

O plano não deu certo devido à delação de alguns de seus participantes. Entre eles estava Joaquim Silvério dos Reis, fazendeiro, minerador e comandante de tropa, que se juntou ao grupo, pois devia uma enorme quantia à Coroa e ficaria arruinado com a derrama.

Convocado para pagar suas dívidas, Silvério dos Reis resolveu denunciar a conspiração e seus companheiros em troca do perdão de seus débitos.

A DEVASSA

Foi instituída uma **devassa** para apurar os fatos, ou seja, um processo foi aberto para investigar a conspiração. As investigações levaram à prisão de Joaquim José da Silva Xavier.

Em seguida, ocorreram novas prisões e interrogatórios. Os conspiradores foram processados e julgados por crime de inconfidência, que quer dizer infidelidade ou traição. Alguns prisioneiros negaram seu envolvimento. Outros delataram seus companheiros. Em 4 de julho, o advogado e poeta Cláudio Manuel da Costa foi detido em Vila Rica e posteriormente encontrado morto em sua cela. As autoridades disseram que foi suicídio.

Ouro Preto, Hermann Burmeister. Litografia em sépia, 1853.

A princípio, Joaquim José da Silva Xavier nada confessou, mas após seis meses de prisão, em janeiro de 1790, resolveu assumir sozinho a iniciativa da rebelião, apresentando-se como líder do movimento. Não há dúvida de que o projeto político de independência de Minas Gerais e as ideias ilustradas e liberais eram produto de letrados, o que não era o caso de Tiradentes.

No entanto, tal versão servia à Coroa e também aos membros da elite envolvidos na conspiração. Para a metrópole, interessava caracterizar o movimento como insignificante, chefiado por um simples alferes ignorante. Para a elite mineira, Tiradentes, como líder, retirava dos poderosos a responsabilidade da conspiração.

Por iniciativa da rainha de Portugal, Dona Maria I, conhecida como Maria, a Louca, o suposto líder do movimento foi condenado à morte por enforcamento. Para os demais envolvidos, a pena foi de degredo na África.

Assim, em 21 de abril de 1792, Joaquim José da Silva Xavier, em grande espetáculo, foi enforcado no Rio de Janeiro; a seguir, seu corpo foi esquartejado. Sua cabeça, tronco e membros foram conservados em sal e levados em sacos de couro para exibição pública nos locais por onde divulgou suas ideias, na rota entre o Rio de Janeiro e Vila Rica. Sua casa foi derrubada e a terra, coberta com sal.

A CONSPIRAÇÃO DO RIO DE JANEIRO

Devido às tensões e após o exemplo da Inconfidência Mineira, a Coroa portuguesa passou a vigiar mais de perto seus súditos na América. Em 1794, membros da **Sociedade Literária do Rio de Janeiro** foram acusados de conspirar contra a Coroa. Tratava-se de uma entidade que reunia homens de letras interessados em cultura e ciência, e que discutiam as obras de Rousseau, Voltaire e outros intelectuais ilustrados, debatiam questões relativas à independência dos Estados Unidos e aos caminhos da Revolução Francesa. Denunciados às autoridades pelas reuniões noturnas, dez integrantes da Sociedade Literária permaneceram presos por três anos. Dessa forma, a metrópole derrotou uma suposta Conjuração do Rio de Janeiro e afastou o risco de uma nova rebelião.

A CONJURAÇÃO BAIANA

Após quase um século de crise, no final do século XVIII, a capitania da Bahia vinha readquirindo importância econômica com a recuperação das atividades açucareiras. A produção de açúcar da colônia francesa em São Domingos enfrentava dificuldades devido às tensões iniciadas em 1791 e que culminaram na independência do Haiti em 1804. Veremos isso no capítulo seguinte.

Bandeira da Conjuração Baiana. Reprodução, s/d.

O impacto da revolução haitiana foi imenso, provocando o receio nas elites e autoridades coloniais de que os acontecimentos na ilha de São Domingos pudessem se repetir por todo o continente.

O crescimento econômico da Bahia, porém, aprofundava as desigualdades. A riqueza de uns poucos contrastava com a miséria de muitos. Foi nesse contexto que, em 1798, a capitania foi sacudida por um grande movimento separatista.

A **Revolta dos Alfaiates**, como ficou conhecida, iniciou-se em um núcleo de letrados e oficiais que se reuniam em uma sociedade secreta denominada Cavaleiros da Luz. Os militares Hermógenes Pantoja e José Gomes de Oliveira, o letrado José da Silva Lisboa, o padre Agostinho Gomes, o farmacêutico Ladislau Figueiredo de Melo, o médico Cipriano Barata, o professor de latim Francisco Muniz Barreto e o senhor de engenho Inácio de Siqueira Bulcão, entusiasmados com as ideias de liberdade, igualdade e fraternidade que chegavam da Europa, pretendiam proclamar a independência da Bahia e adotar o regime republicano.

Essas lideranças passaram a divulgar suas ideias a outras camadas mais populares da sociedade baiana. Com frequência, ocorriam agitações nas ruas de Salvador e, com o tempo, a direção do movimento foi passando da elite branca para as mãos da população mestiça. Liderada pelos soldados Lucas Dantas e Luís Gonzaga das Virgens, pelos alfaiates Manuel Faustino dos Santos Lira e João de Deus, e pelo ourives Luís Pires, a revolta ganhou mais força.

Para os revoltosos, os inimigos eram os ricos da colônia e os dominadores portugueses. Em agosto de 1798, panfletos manuscritos foram distribuídos em Salvador, dirigidos ao "Poderoso e Magnífico Povo Bahinense Republicano", em nome do "supremo tribunal da democracia baiana". Neles encontrava-se o programa político do movimento: independência, República, liberdade de comércio entre as nações, separação entre Igreja e Estado e igualdade de direitos independentemente das diferenças raciais.

A circulação dos panfletos chamou a atenção das autoridades da capitania, que passaram a investigar os suspeitos. No entanto, antes que pudessem iniciar a revolta, muitos de seus participantes foram presos e indiciados em uma devassa que envolveu 33 pessoas: 22 mestiços, 10 brancos e um negro.

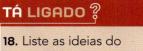

TÁ LIGADO?

18. Liste as ideias do programa político da Conjuração Baiana.

AS PUNIÇÕES

Ao contrário da Inconfidência Mineira e da suposta Conjuração do Rio de Janeiro, essa não era uma conspiração das elites. A maior parte dos prisioneiros era composta de escravizados, artesãos e soldados. Terminado o processo, as penas e as punições foram estabelecidas de acordo com a condição social dos envolvidos.

Em 1799, foram enforcados, esquartejados e tiveram as partes de seus corpos expostas, os soldados Luís Gonzaga e Lucas Dantas, e os alfaiates João de Deus e Manuel Faustino. O ourives Luís Pires, condenado à mesma pena, conseguiu fugir. Dois escravizados e cinco mestiços foram chicoteados em praça pública e depois remetidos à África.

Pessoas de melhor posição social, de "mor-qualidade", como se dizia à época, tiveram penas diferenciadas. Cipriano Barata foi absolvido, Hermógenes Pantoja e Oliveira Borges foram condenados a seis meses de prisão, e Moniz Barreto, a um ano.

EM DESTAQUE

 OBSERVE A IMAGEM

Tiradentes supliciado

1. Siga as instruções da *Análise de documentos visuais* na seção **Passo a passo** (p. 6) para analisar a pintura. Anote suas observações no caderno.

2. Analisando as cores utilizadas na pintura, aponte a relação com a Revolução Francesa.

3. A pintura foi feita em 1893, cem anos depois da execução de Tiradentes e quatro anos depois da proclamação da República. Elabore uma hipótese do motivo de Pedro Américo representar Tiradentes dessa maneira.

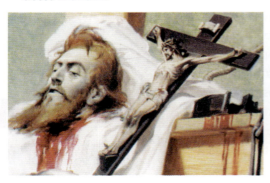

Tiradentes supliciado, Pedro Américo. Óleo sobre tela, 1893. (detalhe e imagem)

QUEBRA-CABEÇA

1. Leia o quadro complementar "As festas e os jogos" (p. 99). Explique, com base no quadro, por que a vida da sociedade mineradora era um jogo de aparências e de ilusão.

2. No seu caderno, organize uma comparação entre os grupos sociais da sociedade açucareira e da sociedade mineradora e desenhe duas pirâmides representando os grupos sociais de cada uma dessas sociedades. Utilize os seguintes critérios:
a) Quem era a figura mais poderosa nessas sociedades?
b) Qual era a mão de obra principal?
c) Quais eram as funções dos mestiços?
d) Em qual sociedade havia uma maior possibilidade de ascensão social?

3. Defina cada um dos conceitos abaixo e organize um pequeno dicionário conceitual em seu caderno:
- datas
- faiscadores
- capitação
- quinto
- Diretório dos índios
- companhias de comércio
- derrama
- contratadores

4. Aponte as diferenças entre as punições determinadas pela Coroa portuguesa para os envolvidos na Inconfidência Mineira e na Conjuração Baiana.

5. Vamos construir nossos *tags*. Siga as instruções do *Pesquisando na internet* na seção **Passo a passo** (p. 7) utilizando as palavras-chave abaixo:

Vila Rica   Sabará
Mariana   Estrada Real

LEITURA COMPLEMENTAR

Leia com atenção o texto abaixo e depois responda às questões propostas:

A CRIAÇÃO DA ZONA-TAMPÃO

O processo de formação da chamada zona-tampão começa a ser organizada pelo governo português a partir da descoberta do ouro em Minas Gerais [...]

A legislação que restringia o acesso à região das Minas formou uma área onde a circulação de pessoas e mercadorias, abertura de caminhos, estradas e colonização eram coisas proibidas. Era a chamada zona-tampão, uma espécie de estado-tampão. [...]

Em seu capítulo XVIII, o Regimento [de 1702] determinava que "nenhuma pessoa da Bahia podia levar às Minas, pelos caminhos do sertão outra cousa senão gado, e que os que pretendessem transportar qualquer mercadoria para as mesmas, deviam navegar para o Rio de Janeiro, tomando daí o rumo de Parati". Para o governo português, o aparente "bloqueio" da região era conveniente aos seus planos estratégicos, pois evitava o [...] contrabando, criava uma barreira para a penetração de estrangeiros, além de controlar o comércio através de implantação de postos fiscais. [...]

A expansão da área agriculturável no Norte de Ilhéus, os conflitos, a repressão, haviam empurrado para a região das matas grupos indígenas do ramo Macro-Jê [...]. Para esses grupos, a pobreza de Ilhéus e Porto Seguro, além das proibições da Coroa portuguesa, eram a garantia de isolamento e sobrevivência. Lá eles permaneceram protegidos até mais ou menos 1760. Esse isolamento permitiu-lhes manter suas características sociais e seus territórios. [...]

Surgia assim a chamada "zona-tampão", como são conhecidos os sertões do leste. O limite norte da zona-tampão era a margem direita do Rio de Contas e o limite sul era o Rio Doce, no Espírito Santo.

DE SOUZA, T. M. M. *Entre a cruz e o trabalho: a exploração de mão de obra indígena no sul da Bahia (1845-1875)*. Salvador: UFBA, 2007. (Dissertação de mestrado). Disponível em: <https://bit.ly/2zE8vtM>. Acesso em: 29 set. 2018.

1. Esclareça a estratégia do governo português para criar a "zona-tampão".

2. Aponte as razões de o governo português criar a "zona-tampão" entre a Bahia e as Minas Gerais no século XVIII.

3. De que maneira a "zona-tampão" ajudava na preservação do território e das características sociais dos grupos indígenas que viviam na região?

OBSERVE AS IMAGENS

1 JESUÍTAS E BANDEIRANTES (SÉCULOS XVI-XVII)

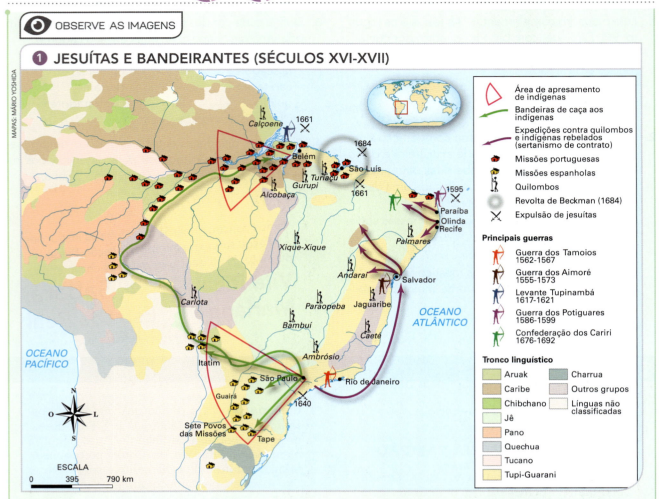

Legenda:
- Área de apresamento de indígenas
- Bandeiras de caça aos indígenas
- Expedições contra quilombos e indígenas rebelados (sertanismo de contrato)
- Missões portuguesas
- Missões espanholas
- Quilombos
- Revolta de Beckman (1684)
- Expulsão de jesuítas

Principais guerras
- Guerra dos Tamoios 1562-1567
- Guerra dos Aimoré 1555-1573
- Levante Tupinambá 1617-1621
- Guerra dos Potiguares 1586-1599
- Confederação dos Cariri 1676-1692

Tronco linguístico
- Aruak
- Caribe
- Chibchano
- Jê
- Pano
- Quechua
- Tucano
- Tupi-Guarani
- Charrua
- Outros grupos
- Línguas não classificadas

ESCALA 0 395 790 km

2 ENTRADAS E BANDEIRAS

Legenda:
- Caça ao índio
- Mineração
- Sertanismo de contrato
- Região de Palmares
- Missões

ESCALA 0 545 1090 km

Fonte: Elaborado com base em ALBUQUERQUE, Manuel Maurício de. *Atlas histórico escolar*. Rio de Janeiro: Fename, 1977.

Fonte: Elaborado com base em CAMPOS, Flavio de; DOLHNIKOFF, Miriam. *Atlas História do Brasil*. São Paulo: Scipione, 1997; JOFFILY, Bernardo (Org.). *Isto é Brasil, 500 anos. Atlas Histórico do Brasil*. São Paulo: Editora Três, 1998.

Jesuítas, bandeirantes, indígenas e quilombos

1. Utilize o roteiro *Leitura de mapas* na seção **Passo a passo** (p. 7) para identificar as semelhanças e as diferenças entre os dois mapas. Anote no caderno suas observações.

2. Estabeleça a relação entre as áreas de apresamento de indígenas e as localizações das missões.

3. Apresente elementos dos mapas que sustentam a afirmação de resistência à conquista e à escravidão por parte dos indígenas e dos negros escravizados.

Garimpeiros ainda têm esperança de enriquecer em Serra Pelada

da Agência Brasil 7/5/2010

Garimpo. Serra Pelada, Pará (Brasil), 1986.

As primeiras amostras de ouro foram encontradas no sudeste do Pará, em 1976, e logo a notícia se espalhou. Em 1980, migrantes de vários Estados invadiram o garimpo, que teve seu auge em 1983. Só naquele ano foram retiradas 14 toneladas de ouro do local, segundo registros oficiais. Na época, 100 mil homens escavavam a cratera aberta à mão no sudeste do Pará.

No buraco, que mais parecia um formigueiro humano, havia os donos de barrancos – gente que investiu muito dinheiro na compra de lotes dentro da cava e contratou funcionários para trabalhar na lama. Quem veio apenas com a roupa do corpo e a coragem era chamado meia-praça. Eram eles que carregavam nas costas o peso – eram sacos de terra e até algum ouro para o patrão. Eles tinham direito a uma porcentagem sobre o ouro encontrado no barranco.

Em dez anos de funcionamento do garimpo, foram retiradas 43 toneladas de ouro. No final dos anos [19]80, o ouro da superfície se esgotou.

O maranhense José Mariano dos Santos, conhecido como Índio, foi um dos primeiros a chegar no local, há três décadas. Não tinha nem 30 anos de idade quando fez fortuna, "bamburrou" na gíria dos garimpeiros. Sozinho tirou da terra 400 quilos de ouro. Hoje não tem mais nada. [...]

Hoje, Índio vive num barraco de madeira, na periferia do antigo garimpo. Ainda cava no quintal de casa. Fez dois poços na esperança de voltar a encontrar ouro. Histórias como a dele tem aos montes no povoado que surgiu na beira da cratera. Hoje ela já não existe mais. Virou um açude contaminado pelo mercúrio depois que as escavações atingiram o lençol freático.

Passados 20 anos desde que o garimpo foi fechado, os danos ambientais ainda são visíveis. Isso sem falar nos problemas sociais. Hoje 6 000 pessoas vivem na periferia da antiga cava em situação de miséria. Sem água encanada, saúde, saneamento. Em barracos de madeira. Gente que investiu tudo que tinha e até hoje tem esperança de ganhar algum dinheiro.

1. Aponte as consequências sociais e ecológicas do garimpo de Serra Pelada apresentadas pelo texto.

2. Faça uma pesquisa sobre Serra Pelada e levante as seguintes informações:
   a) Identifique quando o garimpo começou.
   b) Identifique o período de maior movimentação.
   c) Aponte a situação atual da mineração da região.

JUCA MARTINS/OLHAR IMAGEM

TRÉPLICA

 Filmes

Tiradentes
Brasil, 1999.
Direção de Oswaldo Caldeira.

O filme apresenta a visão de que Tiradentes teria sido morto porque era o único entre os inconfidentes que não vinha de família importante ou tinha posses.

Os inconfidentes
Brasil, 1972.
Direção de Joaquim Pedro de Andrade.

Versão cinematográfica da Inconfidência Mineira.

 Livro

Os arraiais e as vilas nas Minas Gerais
SILVEIRA, Marco Antonio. São Paulo: Atual, 1996.

Sites

(Acessos em: 25 ago. 2018)

<http://goo.gl/9sA3pS>
Reportagem esclarecendo o funcionamento e o papel da maçonaria nas revoltas iluministas dos séculos XVIII e XIX.

<http://goo.gl/ERswCf>
Durante o período colonial, os negros escravizados criaram a festa do Rosário. Essa reportagem conta a história dessa cerimônia e a sua importância para os escravizados negros.

<https://goo.gl/E9WZN5>
Uma visão aérea em 360° de Ouro Preto, uma das principais cidades mineradoras no século XVIII.

CAPÍTULO 7

As independências da América Latina

PORTAS ABERTAS

OBSERVE AS IMAGENS

1. Utilizando o roteiro *Leitura de mapas* na seção **Passo a passo** (p. 7), compare e aponte as transformações ocorridas na divisão política da América Latina entre o período colonial e a primeira metade do século XIX.

2. Procure explicar as razões que levaram à fragmentação das possessões da América espanhola.

1 AS AMÉRICAS (1800)

Legenda:
- Possessões inglesas
- Possessões francesas
- Possessões espanholas
- Possessões portuguesas
- Possessões holandesas

ESCALA
0   945   1890 km

Fonte: Elaborado com base em SELLIER, Jean. *Atlas de los pueblos de America.* Barcelona: Paidós, 2007.

❷ AS AMÉRICAS (1850)

OCEANO GLACIAL
ÁRTICO

ALASCA

TERRA NOVA

St. Pierre e Miquelon

CANADÁ

OCEANO
ATLÂNTICO

ESTADOS
UNIDOS

Bermuda

REP.
DOMINICANA

Bahamas

Porto Rico

Havana

Ilhas Virgens

MÉXICO

CUBA

St. Martin
Barbuda
Antígua

HAITI

Guadalupe

México

Jamaica

Dominica

Belize

Bonaire St. Lucia

Martinica

GUATEMALA HONDURAS

Curaçao

Barbados

EL SALVADOR

Aruba

São Vicente

NICARÁGUA

MOSQUITO

Granada

COSTA RICA

PROTETORADO

Tobago
Trinidad
GUIANA INGLESA
GUIANA HOLANDESA
GUIANA FRANCESA

OCEANO
PACÍFICO

Is.
Galápagos

PERU

IMPÉRIO DO BRASIL

Lima

La Paz
BOLÍVIA

PARAGUAI

Rio de Janeiro

CONFEDERAÇÃO
ARGENTINA

Santiago

URUGUAI

CHILE

Buenos Aires

Patagônia

Ilhas
Falkland

N
O   L
S

Possessões inglesas

Possessões francesas

Possessões espanholas

Possessões holandesas

Parte do Império Russo

Províncias Unidas da América
Central 1823-1838

Grande Colômbia 1819-1830

ESCALA
0   730   1 460 km

Fonte: Elaborado com base em SELLIER, Jean. *Atlas de los pueblos de America*. Barcelona: Paidós, 2007.

TÁ LIGADO ?

1. Esclareça os interesses das elites coloniais da América espanhola pela independência.

AGITAÇÕES NA AMÉRICA ESPANHOLA

Ao iniciar o século XIX, as colônias espanholas na América entraram em ebulição devido às insatisfações com a dominação política e econômica da Espanha. O exemplo dos Estados Unidos, que haviam declarado sua independência em 1776, e a influência das ideias ilustradas europeias estimularam ainda mais as insatisfações.

Do ponto de vista dos proprietários de terra, o descontentamento era provocado pelo pacto colonial que impunha o monopólio da metrópole sobre o comércio das colônias e impedia o livre comércio com outros Estados. Além disso, os nascidos na América eram impedidos de ocupar os principais cargos do governo. A população pobre, por seu lado, composta de indígenas, negros e mestiços, também manifestava seu descontentamento com as desigualdades sociais e políticas.

HAITI

O segundo movimento de emancipação política da América (o primeiro foi o dos Estados Unidos, em 1776) aconteceu na ilha de São Domingos – e não se tratou apenas de uma independência política. Foi, sem dúvida, a principal revolução de escravizados da História Contemporânea. Uma verdadeira revolução negra no continente americano.

No século XV, a ilha havia sido ocupada por forças da Coroa espanhola. Pelos tratados de Ryswick (1697) e Aranjuez (1777), as monarquias de Espanha e França regulamentaram a presença francesa na região oeste da ilha.

Denominada Índias Ocidentais de São Domingos, a colônia francesa representava dois terços do comércio exterior de sua metrópole e um dos principais mercados para o tráfico negreiro. Em 1789, sua economia era sustentada pela exploração de meio milhão de escravizados dedicados à produção em larga escala de açúcar, café, anil e algodão.

Orgulho da Coroa, a colônia francesa possuía uma composição social explosiva. No topo, uma pequena elite branca proprietária de terras e escravizados e composta pelos funcionários e autoridades administrativas. A seguir, brancos pobres que nas fazendas eram feitores, administradores e capatazes. Nas cidades eram escriturários, artesãos, alfaiates, soldados rasos. Muitos deles não cumpriam função alguma na economia: eram fugitivos, devedores, criminosos. Na base da sociedade, havia uma massa imensa de africanos e seus descendentes escravizados.

O orgulho de poucos foi construído com a exploração de milhares. Como no restante da América, a maioria tinha uma vida miserável, sujeita a todo tipo de crueldades e caprichos dos senhores brancos.

Fonte: Elaborado com base em RODGERS, D. "Urban Development in 18th Century Saint Domingue". In: *Bulletin du CHEA*, nº 5, 1990. Barcelona: Paidós, 2007.

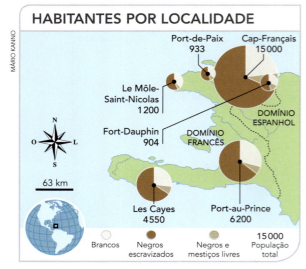

MÁRIO KANNO

HABITANTES POR LOCALIDADE

Port-de-Paix 933
Cap-Français 15000
Le Môle-Saint-Nicolas 1200
Fort-Dauphin 904
DOMÍNIO FRANCÊS
DOMÍNIO ESPANHOL
Les Cayes 4550
Port-au-Prince 6200

63 km

N O L S

Brancos
Negros escravizados
Negros e mestiços livres
15000 População total

Durante o reinado de Luís XIV, houve uma tentativa de regulamentar as práticas escravistas das colônias francesas. *O Código Negro*, elaborado por Jean-Baptiste Colbert (1616-1683), ministro das finanças, foi promulgado em 1685 e estabelecia, por exemplo, que:

- Deveriam ser dados aos cativos, todas as semanas, dois potes e meio de mandioca, três de farinha, um quilo de carne salgada ou um quilo e meio de peixe.
- Era permitida a punição do cativo com cem chicotadas, utilizando-se para isso a cana ou corda tecida.
- Era permitido o casamento entre o branco e a escrava que tinha filhos dele. A cerimônia libertava a mãe e os filhos.
- Mestiços e negros libertos tinham os mesmos direitos que os colonos brancos.

No entanto, o Código foi deliberadamente ignorado pelos fazendeiros brancos de São Domingos. A ração oferecida, por exemplo, era tão pequena que na última parte da semana os escravizados praticamente não tinham o que comer. O cativo que cometia falta poderia ser açoitado com mais de cem chicotadas e, com frequência, era surrado até a morte. Há relatos de diversas torturas e atrocidades cometidas contra eles. Os casamentos mistos dificilmente aconteciam e, conforme a população branca aumentava, muitos pais brancos vendiam ou escravizavam seus filhos mestiços.

O Código Negro, frontispício. Edição de 1735.

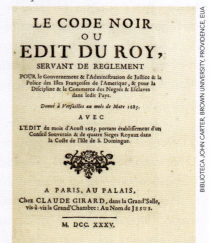

BIBLIOTECA JOHN CARTER, BROWN UNIVERSITY, PROVIDENCE, EUA

Existem duas versões de *O Código Negro*. A primeira foi elaborada pelo ministro Jean-Baptiste Colbert e promulgada em 1685 por Luís XIV. A segunda foi redigida pelo duque de Orleans e promulgada em 1724.

MESTIÇOS E NEGROS

Havia um setor expressivo da sociedade composta de mestiços livres. Em geral eram hostilizados pelos brancos. O crescimento econômico da colônia facilitou a ascensão social dessa população, que podia dedicar-se a algum ofício. Sem direitos políticos, podiam comprar propriedades e escravizados, administrar seus negócios e até enviar seus filhos para estudarem na metrópole. Essa situação provocou reações da minoria branca.

A partir de 1758, diversas proibições foram legisladas na colônia a fim de retirar dos mestiços os mesmos direitos dos colonos franceses: foram proibidos de usar armas e roupas europeias, de se reunirem sob pena de multa e utilizar os títulos de Senhor ou Senhora. Se um branco comesse na casa de um mestiço, este não poderia sentar-se à mesa com ele.

Em relação aos negros livres, os mestiços tendiam a reproduzir preconceitos semelhantes àqueles com os quais eram tratados pela elite branca.

Imensa massa de cativos oprimidos, mestiços discriminados, negros livres marginalizados e minoria branca intolerante. Tal composição social fazia de São Domingos um verdadeiro barril de pólvora.

TÁ LIGADO?

2. Aponte a composição da população das Índias Ocidentais de São Domingos.

3. Explique o que era *O Código Negro*.

Entre os negros escravizados havia uma pequena parcela encarregada dos trabalhos domésticos (guardadores de gado, cocheiros, criados e arrumadeiras). Alguns aproveitavam tal condição para se educar.

Foi o caso de François-Dominique Toussaint L'Ouverture, que até 1776 trabalhou como escravizado doméstico, quando foi alforriado.

Pierre Baptiste, um velho instruído, alfabetizou-o e orientou seus estudos de geometria, desenho, latim e francês. Até então Toussaint falava o *creóle*, uma simplificação do francês desenvolvida pelos escravizados no Haiti.

Durante esse período, Toussaint teve contato com escritos de dois autores que iriam influenciá-lo profundamente: o padre francês Guilherme Raynal, crítico feroz da escravidão, que afirmava faltar apenas uma liderança para ter início uma rebelião contra um regime tão desumano; e os escritos do imperador romano Júlio César sobre a guerra contra os gauleses. Com os comentários do imperador sobre operações militares, Toussaint aprendeu técnicas de manobras e confrontos militares.

Esta imagem foi usada posteriormente em um selo comemorativo do bicentenário do herói, no Haiti.

Toussaint L'Ouverture, Séraphin Delpech. Litografia colorida, século XIX.

Quando decidiu aderir ao movimento, em 1794, Toussaint já estava com 45 anos de idade e conseguiu reunir um Exército de combatentes sob sua liderança.

Com um Exército disciplinado e organizado, os revoltosos derrotaram franceses, espanhóis e britânicos e fundaram o primeiro Estado negro da América. Outros companheiros de Toussaint L'Ouverture também se destacaram no movimento de emancipação do Haiti, como Henri Christophe e Jean-Jacques Dessalines, ex-escravo nascido na Guiné, África ocidental.

No entanto, Toussaint não assistiu à independência de seu país. Morreu antes, em 1803, um ano após ter sido preso e encaminhado para a França, em um momento de derrota para os rebeldes.

Antes de ser levado, teria dito a um capitão francês:

Ao me depor, cortastes em São Domingos apenas o tronco da árvore da liberdade. Ela brotará novamente pelas raízes, pois estas são numerosas e profundas!

A REVOLUÇÃO

As revoltas e resistências entre os escravizados eram cotidianas. Muitos acabavam fugindo para as florestas e montanhas, onde organizavam quilombos. Desses quilombos emergiu a primeira revolta organizada contra os brancos antes da Revolução Francesa (1789), conduzida por **François Mackandal**, cujas forças rebeldes aterrorizaram os fazendeiros brancos durante seis anos.

Em 1791, iniciou-se uma rebelião sem precedentes em toda a ilha, motivada pela notícia de que o governo revolucionário francês estendera a igualdade de direitos a todos os **cidadãos livres** das colônias. Sem uma liderança definida, a situação na ilha era de caos e desordem. A organização da luta ocorreria apenas três anos depois, em 1794, sob a liderança de Toussaint L'Ouverture e seus companheiros.

Entre 1791 e 1804, os negros (cativos e libertos) e mestiços da ilha enfrentaram a elite branca local, os soldados da monarquia francesa, uma invasão espanhola, uma expedição britânica com cerca de 60 mil integrantes e uma expedição francesa enviada por Napoleão Bonaparte. Esta última, derrotada em 1803, permitiu a fundação do **Estado do Haiti**, nome indígena utilizado para designar toda a ilha antes da chegada dos europeus. A revolução negra era bem-sucedida. Um exemplo que assustaria as elites escravistas de outras colônias europeias na América. Em 1804, a escravidão era oficialmente abolida no Haiti.

Canto de Guerra: a participação popular na luta

Além dos líderes letrados influenciados pela Ilustração e pelos ideais da Revolução Francesa, a Revolução Haitiana foi levada a cabo por uma população em sua maioria analfabeta.

Dois elementos culturais colaboraram para a realização da independência haitiana: o **vodu** e o **creóle**. O vodu, como religião, uniu e reuniu os negros africanos de diferentes etnias. No vodu os negros escravizados integraram crenças, ritos, músicas, danças de diferentes origens africanas com o catolicismo. Pela religião mantiveram acesas suas heranças ancestrais.

O mesmo aconteceu com o *creóle*, língua falada pelos escravizados, a partir da simplificação do francês e da influência de línguas africanas e de outros idiomas como o português e o espanhol. O *créole* não se limitou a uma forma de comunicação comum, mas funcionava como uma espécie de código entre os negros, muitas vezes inacessível à compreensão do colonizador branco.

Bandeira vodu. Seda, veludo e miçangas, s/d.

MUSEU ETNOGRÁFICO, BERLIM, ALEMANHA

A presença das bandeiras (*drapo*) é essencial nos rituais, pois refletem o processo de síntese cultural do vodu, que incorpora elementos de divindades africanas e católicas. Geralmente feita de cetim, veludo ou tecido sintético e bordada com lantejoulas, miçangas e fios brilhantes, cada bandeira incorpora as cores sagradas e os símbolos de uma divindade específica.

TÁ LIGADO?

4. Explique por que o Haiti é importante na História das revoltas e rebeliões de escravizados no continente americano.

DIOMEDIA

Banho ritual durante Festival anual de vodu *Saut D'eau Voodoo*. Haiti, 2008.

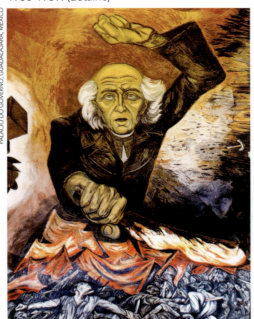

Hidalgo incendiário, José Clemente Orozco. Afresco, 1936-1939. (detalhe)

Orozco representou Hidalgo como um padre vigoroso lutando contra a opressão do povo.

MÉXICO

A primeira tentativa de independência do vice-reinado de Nova Espanha foi iniciada por indígenas e mestiços que lutavam contra o sistema colonial e também contra os setores dominantes da região. Além da pobreza a que estavam submetidos, a legislação da Nova Espanha impunha sérias limitações aos indígenas, como a proibição do acesso aos cargos públicos e eclesiásticos, além do pagamento de tributos específicos.

Em 1810, iniciava-se o movimento contra a dominação espanhola que contou com a adesão de cerca de 80 mil indígenas, liderados pelo padre Miguel Hidalgo. Em julho de 1811, Hidalgo foi capturado e fuzilado. Reorganizados sob a direção do padre José Maria Morelos, os rebeldes voltaram-se novamente contra o governo espanhol e contra os **criollos**, os grandes proprietários de terras, descendentes de espanhóis nascidos na América. A rebelião durou até novembro de 1815, quando foi definitivamente vencida.

A derrota foi resultado da aliança entre as tropas espanholas e a elite *criolla*, receosa com relação ao movimento indígena que colocava em xeque a sua dominação social, a propriedade da terra e a exploração do trabalho nativo.

Como aconteceria também no Brasil, a elite da Nova Espanha acalentava o projeto de conquistar autonomia administrativa e liberdade de comércio. Tais reivindicações poderiam ser atendidas sem necessariamente romper os laços com a metrópole espanhola.

A REVOLTA DAS ELITES

A deposição do rei espanhol por Napoleão Bonaparte em 1808 havia intensificado o descontentamento das elites *criollas* e seus anseios por maior autonomia política e administrativa. Nem mesmo a restauração do absolutismo espanhol com Fernando VII, após o período napoleônico, bastou para atender aos interesses desses setores sociais.

Em 1820, uma revolta liberal na metrópole impôs uma monarquia constitucional. No entanto, os novos dirigentes espanhóis não lhes concederam autonomia política nem liberdade comercial.

O descontentamento acabou culminando em um movimento de independência dirigido pelos proprietários de terras do México. Os indígenas já haviam sido derrotados e os questionamentos sobre os privilégios sociais, políticos e econômicos da sociedade mexicana haviam sido afastados temporariamente.

Liderados pelo general Augustín Iturbe, o movimento de independência tornou-se vitorioso em 1821. Coroado imperador, com o nome de Augustin I, em 1823, Iturbe foi derrubado com a instauração da República e fuzilado em 1824.

TÁ LIGADO ?

5. Aponte quem eram os *criollos*.

Sob o manto da Virgem de Guadalupe

A devoção à Virgem de Guadalupe é um dos aspectos centrais da cultura mexicana. Antes do hino nacional e da bandeira do México, a imagem de Nossa Senhora de Guadalupe já era um símbolo de unidade entre os mexicanos. Nela estão presentes aspectos expressivos do universo cultural do colonizador junto com elementos tradicionais dos colonizados.

A história da santa, que é carinhosamente chamada de "*Morenita Del Tepeyac*", inicia-se em 1531, dez anos depois da conquista do Império Asteca pelos espanhóis. Segundo a tradição, a virgem teria aparecido a Juan Diego, um nativo da nação *nahua*, recém-convertido ao cristianismo, e pedido que o indígena orientasse o bispo na construção de uma pequena igreja na colina de Tepeyac. Como o bispo duvidou da palavra de Juan Diego, a Senhora teria feito crescer flores em uma colina semidesértica em pleno inverno. O indígena colheu as flores e as envolveu com seu manto humilde. Ao entregá-las ao bispo, a imagem estaria impressa no manto. A crença nesse milagre estimulou a construção da igreja.

Segundo algumas versões, a virgem teria pronunciado a palavra *coatlaxopeuh*, na língua *nahua*, que em português significa "Aquela que esmaga a serpente" e em espanhol soa como Guadalupe.

Entretanto, a colina de Tepeyac era tradicionalmente um lugar sagrado e de culto à Tonantzin, deusa--mãe dos povos mexicanos. Assim, Tonantzin passou a integrar-se à imagem da Virgem cristã, igualmente mãe. A virgem mestiça, cultuada em todo o México, representa a possibilidade de sobrevivência da cultura indígena por meio da forma europeia cristianizada.

Retábulo da Independência, Juan O'Gorman. Pintura mural, 1960-1961. (detalhe)

PALÁCIO DO GOVERNO, CASTELO DE CHAPULTEPEC, CIDADE DO MÉXICO, MÉXICO

A DIFUSÃO DA CONTESTAÇÃO COLONIAL

A partir de 1810, os movimentos pela independência espalharam-se pela América espanhola. Apenas o vice-reino do Peru permaneceu fiel à Espanha e de lá as forças metropolitanas organizaram a contraofensiva, apoiados, sobretudo, nos **chapetones**, colonos nascidos na Espanha e que ocupavam os principais postos da administração colonial.

Tais movimentos eram dirigidos pela elite *criolla* de suas respectivas regiões que desejava se separar da Espanha, mas, ao mesmo tempo, evitar que o movimento assumisse as feições do que ocorreu no Haiti e no México, na fase inicial da independência. Ou seja, impedir que ocorresse uma mobilização popular que colocasse em risco seus privilégios.

A GUERRA DE INDEPENDÊNCIA

Em Caracas, o movimento foi liderado por **Francisco de Miranda**, que havia participado da guerra da independência dos Estados Unidos e da Revolução Francesa. De volta à terra natal, Francisco liderou o movimento de independência que, em 1810, fundava a República da Venezuela.

No Chile, a junta organizada em 1810 enfrentou a oposição dos monarquistas que não aceitavam a República. Em 1811, um golpe militar levou ao poder **José Miguel Carrera**, oficial ligado a grandes famílias de proprietários. O novo governo contava com o apoio de importantes lideranças chilenas, entre elas **Bernardo O'Higgins**, também ele um grande proprietário.

Derrotas

Em Nova Granada, a declaração de independência foi seguida pela luta entre as elites de diversas províncias que não aceitavam a unidade sob um único governo. Em Bogotá, um dos líderes do movimento, **Nariño**, tomou o poder e declarou-se presidente de uma nova República, a Cundinamarca. Seu governo recusou a unificação com as demais províncias, que formavam a Confederação de Nova Granada, declarando-lhes guerra.

Tropas leais à Espanha, vindas do Peru, invadiram o Chile em 1813 e Nova Granada em 1814. Na Venezuela, desde 1811 o novo governo enfrentava a oposição dos monarquistas, que se transformou em uma guerra civil. Em 1815, a região era reconquistada pelas tropas metropolitanas.

A Espanha havia retomado o controle da situação. No México, Hidalgo e Morelos haviam sido fuzilados. Na Venezuela, Miranda foi preso. Outro líder importante do movimento pela independência, **Simón Bolívar**, foi obrigado a se exilar. No Chile, O'Higgins e Carrera também haviam sido derrotados. No vice-reinado do Rio da Prata, os revolucionários da independência controlavam apenas o norte do território.

Em 1815, parecia que o governo espanhol havia conseguido brecar as tentativas de separação. Mesmo assim, a guerra tomava conta da América espanhola.

Reprodução proibida. Art. 184 do Código Penal e Lei 9.610 de 19 de fevereiro de 1998

TÁ LIGADO ?

6. Aponte o principal temor das elites *criollas* com respeito ao processo de independência da Espanha.

7. Defina *chapetones*.

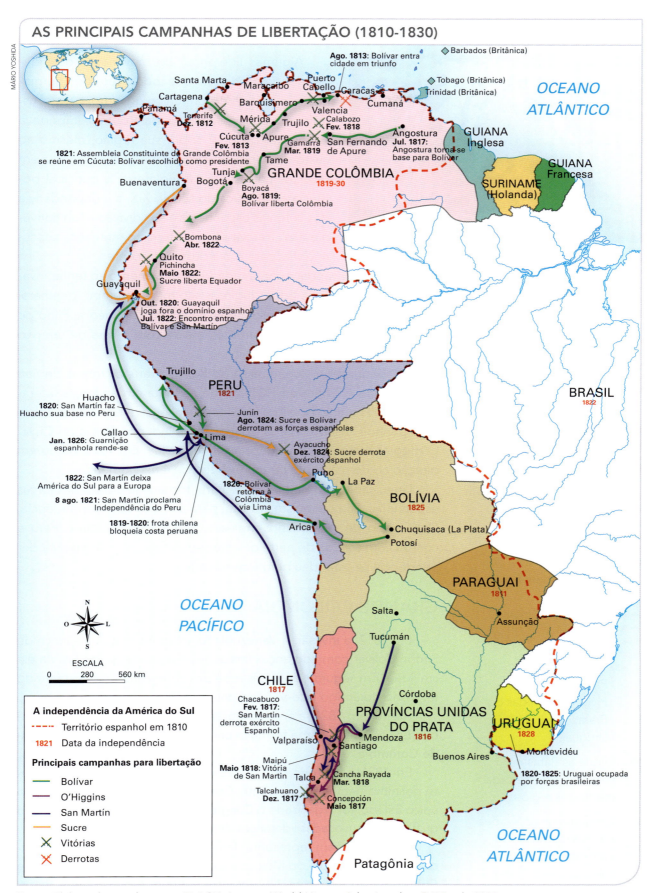

AS PRINCIPAIS CAMPANHAS DE LIBERTAÇÃO (1810-1830)

◇ Barbados (Britânica)

◇ Tobago (Britânica)
Trinidad (Britânica)

Ago. 1813: Bolívar entra cidade em triunfo

Santa Marta
Maracaibo
Puerto Cabello
Caracas
Cumaná

Cartagena
Barquisimero
Valencia

Panamá
Tenerife
Dez. 1812
Mérida
Trujilo
Calabozo
Fev. 1818

Cúcuta
Fev. 1813
Apure
Gamarra
Mar. 1819
San Fernando de Apure

1821: Assembleia Constituinte de Grande Colômbia se reúne em Cúcuta: Bolívar escolhido como presidente

Angostura
Jul. 1817:
Angostura torna-se base para Bolívar

GUIANA Inglesa

GUIANA Francesa

SURINAME (Holanda)

Tame
Tunja
Bogotá
GRANDE COLÔMBIA
1819-30

Buenaventura
Boyacá
Ago. 1819:
Bolívar liberta Colômbia

Bombona
Abr. 1822

Quito
Pichincha
Maio 1822:
Sucre liberta Equador

Guayaquil

Out. 1820: Guayaquil joga fora o domínio espanhol
Jul. 1822: Encontro entre Bolívar e San Martín

Trujillo

PERU
1821

Huacho
1820: San Martín faz Huacho sua base no Peru

Junín
Ago. 1824: Sucre e Bolívar derrotam as forças espanholas

Callao
Jan. 1826: Guarnição espanhola rende-se

Lima

Ayacucho
Dez. 1824: Sucre derrota exército espanhol

1822: San Martín deixa América do Sul para a Europa

Puno
La Paz

8 ago. 1821: San Martín proclama Independência do Peru

1820: Bolívar retorna à Colômbia via Lima

BOLÍVIA
1825

1819-1820: frota chilena bloqueia costa peruana

Arica

Chuquisaca (La Plata)
Potosí

BRASIL
1822

OCEANO ATLÂNTICO

OCEANO PACÍFICO

PARAGUAI
1811

Salta
Assunção

Tucumán

N
O   L
S

ESCALA
0   280   560 km

CHILE
1817

Chacabuco
Fev. 1817:
San Martín derrota exército Espanhol

Córdoba

PROVÍNCIAS UNIDAS DO PRATA
1816

URUGUAI
1828

Valparaíso
Mendoza

Santiago

Maio 1818: Vitória de San Martín

Maipú
Talca

Cancha Rayada
Mar. 1818

Buenos Aires
Montevidéu

1820-1825: Uruguai ocupada por forças brasileiras

Talcahuano
Dez. 1817

Concepción
Maio 1817

A independência da América do Sul

- - - - Território espanhol em 1810

1821 Data da independência

Principais campanhas para libertação

― Bolívar
― O'Higgins
― San Martín
― Sucre
✕ Vitórias
✕ Derrotas

Patagônia

OCEANO ATLÂNTICO

Fonte: Elaborado com base em BLACK, Jeremy. *World History Atlas*. London: DK Book, 2008.

MÁRIO YOSHIDA

AMÉRICA ESPANHOLA UNIDA

Batalha de Araure, Tito Salas. Óleo sobre tela, 1927-1928.

Algumas lideranças do movimento de independência desejavam que todo o território permanecesse unido, sob um único governo, para construir uma poderosa nação. Para outros, importava conquistar o poder sobre sua região, mesmo ao custo da fragmentação da América espanhola em diversos países. Para a Inglaterra, a principal potência econômica do século XIX, a independência das colônias espanholas e sua divisão eram convenientes. Tratava-se de potenciais mercados consumidores para sua indústria nascente.

Em 1816, Simón Bolívar dava continuidade ao movimento ao tentar invadir a Venezuela, com apoio de tropas inglesas. Ao mesmo tempo, o general **José de San Martín** enfrentava os espanhóis ao sul do continente. Filho de um alto funcionário espanhol, San Martín casara-se com a filha de um rico proprietário de terras de Buenos Aires.

Depois de conquistar o vice-reinado do Rio da Prata, as tropas de San Martín partiram para o Chile, em 1817, onde se juntaram às forças lideradas por O'Higgins. A vitória das forças chilenas e argentinas sobre os espanhóis resultou na consolidação da independência do Chile. O'Higgins assumiu a presidência da República. Em 1820, partiu em direção ao Peru à frente de um exército de 4 mil homens.

Lima, capital do vice-reino do Peru, tornara-se a base das forças espanholas. Sua conquista era vital para a vitória da independência. Com apoio de mercenários ingleses, San Martín invadiu o Peru e contou com a ajuda de parte da elite separatista. A guerra pela independência se estendeu pelo vice-reinado.

GRANDE COLÔMBIA

Em 1817, a invasão à Venezuela foi possível graças à aliança de Simón Bolívar com lideranças indígenas e a promessa do fim da escravidão. Em seguida, as forças rebeldes conquistaram o restante do território do antigo vice-reinado de Nova Granada.

Assim, em 1821, a área compreendida pela Venezuela, Colômbia, Equador e Panamá formava um único país, denominado **Grande Colômbia**.

Em 1826, o território, que se estende da Venezuela até o Chile estava definitivamente independente. Com o objetivo de unificá-lo em um único Estado, foi organizado o **Congresso do Panamá**, em 1826, para o qual foram convocadas lideranças de toda a América espanhola.

Compareceram representantes da Grande Colômbia, da América Central, do Peru e do México, que firmaram o **Tratado de União e Confederação Perpétua**. No entanto, nenhum representante da região do Rio da Prata e do Chile esteve presente.

TÁ LIGADO

8. Identifique quais eram os interesses ingleses com respeito à independência da América espanhola.

9. Com base no mapa da página 125 identifique e localize:
   a) Grande Colômbia;
   b) Peru;
   c) Bolívia;
   d) Chile;
   e) Paraguai;
   f) Províncias Unidas do Prata;
   g) Uruguai.

10. Indique as datas de independência de cada uma dessas regiões.

11. Identifique quais regiões foram percorridas pelos quatro principais comandantes militares da independência.

A AMÉRICA FRAGMENTADA

O projeto de unidade da América espanhola idealizado por Simón Bolívar foi derrotado pelos interesses regionais. Em 1828, governos fiéis a Bolívar foram destituídos no Peru e na Bolívia, que se consolidaram como países independentes.

A ideia de unidade do Congresso do Panamá, de 1826, pode ser comparada à visão de James Monroe, presidente dos Estados Unidos. Para Bolívar, a unidade visava fortalecer os laços dos latino-americanos contra a dominação estrangeira.

Para Monroe, tratava-se de afastar a influência das potências europeias e seria a base para o chamado **pan-americanismo**, que defendia que as nações americanas tinham elementos históricos em comum, como a origem colonial e os processos de independência. No entanto, ao final do século XIX, tal doutrina acabou por justificar a influência e a intervenção dos Estados Unidos em países do continente.

Ainda em 1828, tropas do Peru e da Grande Colômbia entraram em conflito pela disputa do território de Quito. Em 1830, a elite da região declarou sua independência, organizando um novo Estado denominado **Equador**.

Setores da elite venezuelana rejeitavam sua integração à Grande Colômbia e declararam independência em 1830. Nesse mesmo ano morria Bolívar.

A REGIÃO DO PRATA

Em 1810, a elite de Buenos Aires, capital do vice-reino do Prata, declarava a independência em relação à Espanha e pretendia unificar todo o vice-reinado em um único Estado com sede em Buenos Aires.

No entanto, interesses regionais levaram à constituição de vários Estados independentes. Em 1811, era fundada a **República do Paraguai**.

As elites de Entre-Rios e Corrientes, por sua vez, aceitavam a unidade desde que sob a forma de uma Confederação que garantisse a elas autonomia para governar suas regiões. Junto com Buenos Aires, fundaram, em 1816, as **Províncias Unidas do Rio da Prata**, que correspondem à atual Argentina.

Tal unidade não agradava ao governo português, que temia que o movimento de independência contaminasse sua colônia. Além disso, a capitania de São Pedro do Rio Grande (Rio Grande do Sul) tinha como principal atividade a criação de gado. Nas terras vizinhas, da Banda Oriental (atual Uruguai), estavam as melhores pastagens para o gado rio-grandense.

Por essas razões, o governo português invadiu a Banda Oriental em 1816, anexada ao Brasil em 1821, com o nome de **Província de Cisplatina**.

Setores uruguaios liderados por **José Artigas** rebelaram-se contra Portugal, apoiados por tropas militares do governo de Buenos Aires. Em 1824, depois de já realizada a independência brasileira (1822), tinha início uma guerra contra o Brasil. Em 1828, a paz era selada com o surgimento de um novo Estado independente denominado **Uruguai**.

O projeto de unidade da região do Prata também foi prejudicado pelos conflitos com as elites da região de Entre-Rios. Apenas em 1862 estabeleceu-se o projeto de centralização política a partir de Buenos Aires.

Estancieiro portenho, Adolfo d'Hastrel de Rivedoux. Litografia colorida extraída do manuscrito *Provinces du Rio de la Plata-Moeurs et Costumes*, 1845.

Observe que a figura revela as diferentes heranças culturais. O cabelo trançado, as sandálias de couro e o chiripá (espécie de saia, constituída por um retângulo de pano enrolado na cintura que chega até os joelhos) são heranças indígenas. As ceroulas rendadas, camisa, jaqueta e chapéu são de tradição ibérica.

AMÉRICA CENTRAL

A Capitania Geral da Guatemala era composta de diversas unidades administrativas: Guatemala, Chiapas, El Salvador, Honduras, Nicarágua e Costa Rica.

Não obter autonomia e liberdade de comércio levou as elites centro-americanas a acompanharem o México no movimento pela independência. Porém, no processo de independência, cada grupo dominante local também procurou se separar da Guatemala. Sucessivamente, organizaram-se juntas de governo e declarou-se a independência em cada uma das suas antigas unidades administrativas.

No entanto, na cidade de Guatemala a elite local optou pela unificação com o México. Diante da resistência das demais regiões, o governo mexicano enviou exércitos que anexaram toda a América Central.

Cinco de Julho, Juan Lovera. Óleo sobre tela, 1838. (detalhe)

O artista representou os deputados, entre eles Francisco de Miranda, no primeiro Congresso Federal em Caracas, para assinatura da declaração de independência da Venezuela.

Províncias Unidas da América Central

Aproveitando as turbulências que marcaram o fim do governo de Iturbe e a proclamação da República no México em 1823, ocorreu uma nova mobilização. Em julho do mesmo ano foi organizado um Congresso na cidade de Guatemala com representantes de toda a América Central, onde se decidiu formar as Províncias Unidas da América Central. Apenas a região de Chiapas continuou a fazer parte do México. Procurava-se manter unida a região, garantindo a autonomia de cada uma de suas partes por meio de uma federação.

A solução não obteve sucesso. A distância entre as províncias e a capital e as disputas pelo poder entre as elites regionais tornavam difícil a convivência.

O descontentamento nas províncias era provocado por diversos motivos. Em primeiro lugar, a diferença da concentração populacional em cada região, que resultava em desigualdade na representação política. A bancada de cada uma no Congresso Federal tinha um número de deputados proporcional à sua população. Assim, a populosa Guatemala tinha 18 deputados, enquanto El Salvador, nove, Honduras e Nicarágua, seis cada, e a Costa Rica tinha apenas dois. Outro problema era a resistência das elites locais em aceitar a cobrança de impostos na sua região pelo governo central, pois entendiam que, dessa forma, Guatemala, onde ficava a capital, apropriava-se de suas riquezas.

Rebeliões e revoltas provinciais marcaram a curta existência da federação. Em 1840, ocorreu a fragmentação das Províncias Unidas da América Central em cinco países: Guatemala, El Salvador, Honduras, Nicarágua e Costa Rica.

O CAUDILHISMO

Após a fragmentação política em diversas repúblicas independentes, a maior parte dos novos países da América atravessou períodos de instabilidade política. As disputas entre setores das elites de cada Estado, somadas às pressões sociais das camadas mais pobres, possibilitaram o surgimento do **caudilhismo**.

Os caudilhos eram chefes políticos locais, em geral grandes proprietários de terras ou militares, que tomaram parte nas lutas pela independência. Com discursos autoritários e paternalistas, os caudilhos assumiam a condução desses novos Estados em que a participação política era restrita ao jogo de elites.

A emancipação política não foi acompanhada de uma profunda mudança estrutural das sociedades americanas. Os camponeses permaneceram socialmente explorados e a estrutura das propriedades não se alterou. Ao mesmo tempo, a economia manteve-se baseada na exportação de produtos para o mercado externo. A divisão política da América favoreceu aos interesses ingleses e a sua poderosa indústria no século XIX. Apesar dos intensos combates militares, a independência não foi uma revolução social.

TÁ LIGADO ?

12. Defina o caudilhismo.

A ABOLIÇÃO DA ESCRAVIDÃO

Ao longo do século XIX, os Estados latino-americanos tiveram de enfrentar a questão da abolição da escravidão. Aliás, essa foi uma questão-chave na construção política dos países da América, incluindo Estados Unidos e Brasil.

Na América de herança espanhola a escravidão foi abolida em 1811 no Paraguai, 1821 na Colômbia e no Equador, em 1823 no Chile, em 1824 no México e na maior parte da América Central, em 1842 no Uruguai, em 1843 na Argentina, em 1854 no Peru e na Venezuela, em 1873 em Porto Rico e em 1886 em Cuba.

EM DESTAQUE

 OBSERVE AS IMAGENS

Generais

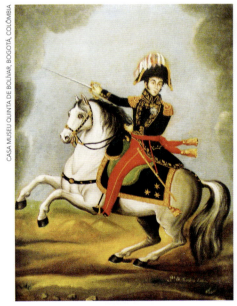

Simón Bolívar, José Hilarión Ibarra. Óleo sobre tela, c. 1826.

Napoleão cruzando os Alpes, Jacques-Louis David. Óleo sobre tela, 1801. (detalhe)

1. No seu caderno, registre e organize as características de cada uma das imagens.

2. Por que a imagem heroica de Napoleão serviu de modelo para a elaboração de imagens de outras lideranças políticas no século XIX, como, por exemplo, a de Simón Bolívar?

Corrida de *sortijas*: o jogo de argolas

O gaúcho é um camponês típico das planícies da Argentina, Uruguai, Paraguai, sul do Chile e do Brasil. Os gaúchos se caracterizavam pela habilidade e destreza com os cavalos e pelos seus vínculos à cultura do gado, o consumo de carne e o uso de utensílios de couro.

"A corrida de argolas" ou "jogo de argolas" é um dos jogos mais tradicionais da região do Rio da Prata e praticado pelos gaúchos até os dias de hoje.

O jogo tem suas origens na Idade Média, na Espanha, e era praticado por cavaleiros mouros e cristãos. Entre os mouros, o jogo era essencialmente militar, realizado em praça fechada. Os melhores cavaleiros tinham de pegar, com uma lança de guerra, uma argola pendurada sob um arco, colocada a certa distância.

MUSEU NACIONAL, MONTEVIDÉU, URUGUAI

Entre os cristãos, esse jogo era praticado nos torneios, durante as festas e sob o arco era pendurado um anel, que o cavaleiro deveria agarrar com sua lança e oferecê-lo à sua dama, em sinal de devoção.

Nas planícies da América do Sul, no período colonial, os gaúchos praticavam o jogo em campo aberto e a lança se transformou em uma ponteira de madeira de cerca de 15 cm de comprimento.

Em um arco de dois a três metros de altura se pendurava uma pequena argola (do tamanho de um anel de noivado). Em uma distância de aproximadamente 100 metros, o cavaleiro, de pé nos estribos e a galope, deve capturar a argola com o ponteiro que carrega em uma das mãos.

QUEBRA-CABEÇA

1. Leia o quadro complementar "Toussaint L'Ouverture: o General de Ébano" (p. 120). Identifique as influências intelectuais de Toussaint L'Ouverture e como elas se combinaram na atuação política do líder negro.

2. Defina cada um dos conceitos abaixo e organize um pequeno dicionário conceitual em seu caderno:
   - *O Código Negro*
   - *criollos*
   - pan-americanismo
   - caudilhismo
   - *chapetones*

3. No seu caderno, elabore uma linha do tempo com as datas acerca da abolição da escravidão na América de herança espanhola (p. 129).

4. No seu caderno, apresente com suas palavras o projeto de Bolívar para a América Espanhola.

5. Identifique os fatores que levaram à derrota o projeto de Bolívar.

6. No seu caderno, explique o significado da frase do quadro complementar "Sob o manto da Virgem de Guadalupe" (p. 123):

   Nela estão presentes aspectos expressivos do universo cultural do colonizador junto com elementos tradicionais dos colonizados.

7. Compare as semelhanças e as diferenças do processo de Independência do Haiti e do México.

8. Vamos construir nossos *tags*. Siga as instruções do *Pesquisando na internet* na seção **Passo a passo** (p. 7) utilizando as palavras-chave abaixo:

   Virgem de Guadalupe

   creóle

   vodu

MUSEU NACIONAL, MONTEVIDÉU, URUGUAI

Corrida de sortijas, Horácio Espondaburu. Óleo sobre tela, século XIX. (detalhe e imagem)

LEITURA COMPLEMENTAR

Leia com atenção o seguinte texto escrito pelo historiador argentino Halperin Donghi:

SIMÓN BOLÍVAR

Bolívar era o único líder em escala nacional, em contraste com os vários líderes regionais, surgidos em grande número no curso das repetidas insurreições venezuelanas. Rompera com o ambiente aristocrático da capital, demasiadamente tímido do ponto de vista revolucionário, e havia demonstrado a possibilidade de obter adesões entre as populações de cor do litoral de Cumaná e Margarita, que haviam outrora participado da revolução; [...] Na expedição de 1816, demonstrara nova atitude de audácia ao prometer a emancipação dos escravos, que constituíam a base econômica das plantações do litoral.

DONGHI, Halperin. *História da América Latina*. 2. ed. Rio de Janeiro: Paz e Terra, 1975. p. 72.

1. Esclareça a afirmação a seguir:

   Bolívar era o único líder em escala nacional, em contraste com os vários líderes regionais, surgidos em grande número no curso das repetidas insurreições venezuelanas.

2. Relacione a frase do exercício anterior com a fragmentação ocorrida na Grande Colômbia.

3. No seu caderno, aponte a estratégia de Bolívar apresentada pelo texto para tornar vitoriosa a independência.

4. Por que prometer a emancipação dos escravizados era uma atitude audaciosa?

👁 OBSERVE AS IMAGENS

A epopeia de Bolívar

A epopeia de Bolívar (Bolívar quando menino, O libertador, A morte de Bolívar), Fernando Leal. Aquarela sobre papel, 1930.

COLEÇÃO FERNANDO LEAL AUDIRAC, MÉXICO

PERMANÊNCIAS E RUPTURAS

Leia o texto abaixo com atenção e depois responda às questões propostas.

Brasil é o 10º país a entregar ratificação do tratado da Unasul

Da EFE – 15 jul. 2011

O governo brasileiro entregou nesta sexta-feira ao Equador a ratificação do tratado da União de Nações Sul-Americanas (Unasul), após se tornar o 10º país a aprovar a carta magna da organização.

"É uma ocasião histórica para o Brasil", disse seu ministro de Relações Exteriores, Antonio Patriota, após a cerimônia, realizada perante a presença da secretária-geral da Unasul, a colombiana María Emma Mejía, na chancelaria do Equador, porque o país andino é o depositário do acordo.

O Tratado constitutivo entrou em vigência em 11 de março, após sua ratificação por parte do Uruguai, com o que se completaram as nove nações que entraram com o requerimento.

Patriota disse em espanhol que a Unasul é "um projeto que une todos de forma fraterna e hoje em dia já não há ninguém mais no Brasil que imagine que nosso destino não esteja muito em breve associado ao de todos nossos vizinhos".

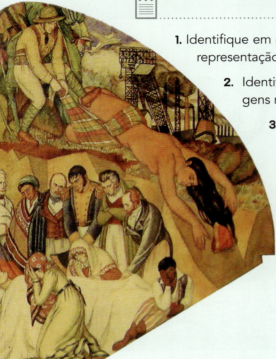

Composta em três partes, essa pintura, de autoria de Fernando Leal, chama-se *A epopeia de Bolívar*. A primeira parte é denominada *Bolívar quando menino*; a segunda, *O libertador*; e a terceira, *A morte de Bolívar*.

1. Identifique em cada uma das três partes a representação de Simón Bolívar.

2. Identifique os outros personagens representados na aquarela.

3. No alto de cada parte existe uma mulher representando a América. Esclareça o que acontece com a mulher em cada uma das cenas.

4. Associe cada uma das partes da aquarela representando a vida de Bolívar a um momento da história da América espanhola.

Por sua parte, o chanceler equatoriano, Ricardo Patiño, disse que seu país convidou a presidente Dilma Rousseff para visitar o Equador e anunciou que o ministro de setores estratégicos, Jorge Glas, estará no Brasil entre 25 e 29 de julho para atrair empresas brasileiras.

Disponível em: <http://goo.gl/89A3mm>.
Acesso em: 29 set. 2018.

1. Faça uma pesquisa sobre a Unasul e levante as seguintes informações:
a) O que é a Unasul e quando foi formada?
b) Qual o objetivo da Unasul?

2. Estabeleça a relação entre o objetivo da Unasul e o projeto de Simón Bolívar para a América espanhola depois da guerra de independência.

TRÉPLICA

 Filmes

Luar sobre parador
EUA, 1988.
Direção de Paul Mazursky.
A morte do presidente de um país latino faz com que seu chefe de gabinete convença um sósia a assumir o lugar dele.

Walker
EUA, 1987.
Direção de Alex Cox.
Em meados do século XIX, William Walker, americano bastante popular por ter tentado anexar o México aos Estados Unidos, alia-se a uma das facções da guerra civil que assolava a Nicarágua. Aos poucos, as intenções e os objetivos de Walker vão ficando mais claros, quando ele mesmo promove um golpe de estado e se declara presidente.

 Livros

As guerras de independência da América Latina
TEIXEIRA, Francisco M. P. São Paulo: Ática, 1996.

Explorando a América Latina
MACHADO, Ana Maria. São Paulo: Ática, 1997.

 Sites

(Acessos em: 29 set. 2018)
<http://goo.gl/nrA6v2>
Página da Biblioteca John Carter Brown (EUA), que disponibiliza em versão digital a edição de 1735 de *O Código Negro*. Versão em francês.

<http://goo.gl/WbqK8Z>
Página da Biblioteca Digital John Carter Brown (EUA) que disponibiliza livros raros, cartografia e iconografia sobre a História do Haiti. Versão em inglês.

A Independência do Brasil

PORTAS ABERTAS

OBSERVE AS IMAGENS

1. Siga as instruções da *Análise de documentos visuais* na seção **Passo a passo** (p. 6) para analisar o quadro *Independência ou Morte*, de Pedro Américo, de 1888 **3**. Anote as observações no seu caderno.

2. Compare a cena retratada por Pedro Américo com o quadro *Batalha de Friedland*, de Ernest Meissonier, de 1875 **4**. Que conclusões podem ser obtidas?

3. Identifique os grupos sociais das pessoas em volta de Dom Pedro nas imagens **1**, **2** e **3**.

4. Compare as visões de Independência representadas nas imagens **2** e **3**.

O Grito do Ipiranga, anônimo. Litografia, c. 1860.

Proclamação da Independência, François-René Moreaux. Óleo sobre tela, 1844.

Independência ou Morte, Pedro Américo. Óleo sobre tela, 1888.

Batalha de Friedland, Ernest Meissonier. Óleo sobre tela, 1875.

AGITAÇÕES NA AMÉRICA E NA EUROPA

Apesar de sufocadas as revoltas nas capitanias de Minas, Rio de Janeiro e Bahia, a insatisfação colonial ainda se mantinha. O interesse das elites coloniais não era necessariamente provocar um movimento que levasse à separação de Portugal, mas crescia o desejo por mudanças ao final do século XVIII.

Para os proprietários de terras da colônia, o pacto colonial se tornara um obstáculo para o seu enriquecimento. Liberdade de comércio e o direito de participar dos cargos de governo eram suas principais reivindicações.

Ao mesmo tempo, na Europa, transformações importantes colocavam em xeque o **sistema colonial**. A Revolução Industrial na Inglaterra trouxera mudanças profundas. A principal forma de produção passou a ser a indústria e, para os donos dessas indústrias, interessava ampliar os mercados para seus produtos. O sistema colonial, com a exclusividade da metrópole de praticar comércio com a colônia, tornava-se um obstáculo para os industriais ingleses venderem seus produtos na América.

O governo português era, dessa forma, pressionado pelos colonos e pela Inglaterra, onde estavam concentradas as indústrias, para abolir os privilégios metropolitanos em relação à colônia.

O BLOQUEIO CONTINENTAL E A AMÉRICA PORTUGUESA

Os conflitos entre Inglaterra e França atingiram diretamente a metrópole lusitana. O governo português não aceitou a imposição francesa do chamado **Bloqueio Continental**, de 1806, que pretendia impedir os demais Estados europeus de comercializarem com a Inglaterra.

Como punição, o Exército francês preparou-se para invadir Portugal. Diante da impossibilidade de resistir à invasão, o príncipe regente Dom João optou pela fuga para sua colônia americana. As tropas napoleônicas entraram pela fronteira leste – isto é, pela Espanha –, enquanto, a oeste, a Corte portuguesa escapava pelo mar.

A Corte portuguesa transferia-se para a América e o **Rio de Janeiro** tornava-se, a partir de 1808, a capital de todo o Império Lusitano. Como veremos a seguir, esse fato inesperado e inédito acabou se tornando a solução para o impasse em que vivia a elite colonial. Tinha início um processo que acabaria resultando na construção de um novo Estado independente.

A TRANSFERÊNCIA DA CORTE

A transferência da Corte não era uma ideia nova. Já tinha sido defendida no final do século XVII por membros do governo, como forma de proteger a capital do Império Português, diante de uma possível ameaça da vizinha Espanha. A Corte estaria mais segura do outro lado do Atlântico. Além disso, no século XVIII, a América tornara-se a parte mais rica e dinâmica do Império e, por isso, deveria ser a base dos domínios portugueses.

TÁ LIGADO ?

1. Quais eram os interesses dos proprietários de terras na Colônia ao final do século XVIII?

2. Explique como o sistema colonial tornou-se um obstáculo para os industriais ingleses.

3. Esclareça a relação entre o Bloqueio Continental e a vinda da família real portuguesa para o Brasil em 1808.

4. Aponte as consequências dessa transferência.

Com a vinda da Corte portuguesa para o Rio de Janeiro, o governo luso se transferia para um território que até então era sua colônia. Portugal era governado por **Dona Maria I, a Louca**, que, devido a uma doença mental, havia sido substituída por seu filho Dom João, nomeado príncipe regente.

Embarcaram para a América cerca de 15 mil pessoas, entre elas ministros, juízes, altos funcionários, oficiais do Exército e da Marinha, membros do alto clero e criados. Também eram transferidos para a América o Tesouro Real, arquivos do governo e a Real Biblioteca. Em 1818, foi fundado o Museu Nacional.

No início do século XIX, parte dos dirigentes do governo lusitano continuava envolvida com projetos para modernizar o Império, tal qual acontecera antes, durante a gestão do marquês de Pombal. Influenciados pela **Ilustração**, tais reformadores eram agora liderados por Dom Rodrigo de Sousa Coutinho, que propunha a reforma do pacto colonial para deixar livre a economia americana, que poderia assim prosperar, enriquecendo todo o império. Estimular o desenvolvimento da América, retirando os entraves coloniais e transformando-a em sede do Império, poderia ser o melhor caminho.

Em 1801, foi formulada oficialmente a proposta de transferência da Corte para o Brasil. Quando os soldados franceses invadiram Portugal, a ideia foi reconsiderada pelo príncipe e seus assessores. Quem ganhava com isso era a elite colonial, que passava a habitar a capital do império. Mais precisamente, ganhava a elite da região Centro-Sul, cujo núcleo era o Rio de Janeiro.

Transformada em sede da monarquia, a cidade cresceu subitamente. Em 1799, a população do Rio de Janeiro era de cerca de 40 mil habitantes; em 1808, elevou-se para cerca de 60 mil. Um crescimento de 50%! Em 1819, já eram 80 mil e, em 1821, cerca de 120 mil habitantes.

Tucanos e araras, Emil August Goeldi. Litografias aquareladas extraídas do manuscrito Die Vogelwelt Amazonenstromes, Zurich, 1900.

A ABERTURA DOS PORTOS

A instalação da Corte no Brasil significava inevitáveis mudanças nas relações entre colônia e metrópole. A primeira delas foi a **abertura dos portos** brasileiros às nações amigas, medida assinada por Dom João logo que ele desembarcou na Bahia, em janeiro de 1808. Como condição para ajudar na travessia do oceano, os ingleses exigiram a concessão do direito de comercializar diretamente com a colônia americana.

Além disso, não fazia sentido que a nova capital do império (o Rio de Janeiro) mantivesse relações exclusivamente com a antiga metrópole, ocupada por tropas inimigas. Assim, acabavam-se séculos de monopólio comercial. Uma das principais reivindicações dos grandes proprietários da colônia, o fim do exclusivo comércio metropolitano, foi assim atendida antes da Independência.

Os produtos ingleses inundaram os portos brasileiros. Com eles, chegavam viajantes de várias partes da Europa. Ingleses, franceses, suecos, alemães, espanhóis transitavam agora pela América lusitana, até então fechada a todos que não fossem portugueses (o monopólio da metrópole impedia não só que estrangeiros comercializassem com a colônia, mas também que a visitassem).

TÁ LIGADO ?

5. Aponte as consequências econômicas da abertura dos portos em 1808.

Índio Camacã e plantas aquáticas, Jean-Baptiste Debret. Litografias aquareladas extraídas do manuscrito Voyage Pittoresque et Historique au Brésil, Paris, 1835.

Alguns vieram para se estabelecer, a maior parte deles exercendo atividades urbanas: sapateiros, alfaiates, marceneiros, padeiros, relojoeiros, taverneiros.

Outros estavam apenas de passagem, ávidos por estudar aquela parte do mundo que permanecera tanto tempo inacessível aos não portugueses. Eram os cientistas e naturalistas europeus que viajavam para conhecer a flora e a fauna brasileiras, a paisagem natural e os habitantes da colônia portuguesa. Muitos desses viajantes escreveram livros que até hoje são importantes relatos sobre o Brasil do início do século XIX.

A INTEGRAÇÃO DA COLÔNIA

O governo português, uma vez instalado na colônia, empenhou-se em integrar o território e criar condições para que o governo de cada capitania pudesse se reportar ao Rio de Janeiro sempre que necessário. Por isso foram feitos investimentos em estradas e correios.

Os investimentos em estradas foram destinados especialmente para fazer a ligação entre o Rio de Janeiro e as regiões agrícolas mais próximas.

A pequena aglomeração urbana não estava preparada para receber repentinamente uma grande quantidade de pessoas.

Era preciso construir moradias e instalações para os órgãos governamentais e seus funcionários. Sobretudo, era necessário providenciar alimentação para toda aquela gente.

Por meio de uma medida denominada **aposentadoria**, um nobre que quisesse para si uma determinada casa procurava o juiz aposentador. Este determinava que os moradores da casa tinham um prazo de 24 horas para desocupá-la e entregá-la ao novo morador.

Os franceses foram expulsos de Portugal em 1810. No entanto a Corte não retornou a Lisboa. A transferência que deveria ser passageira tornou-se permanente. A família real e os nobres instalados no Rio de Janeiro começaram a fazer negócios na nova capital, alguns se casaram com membros de ricas famílias de fazendeiros locais. O governo parecia disposto a transformar o Rio de Janeiro em capital definitiva do império.

Reino Unido a Portugal e Algarves

O Rio de Janeiro tornara-se a capital do Império Lusitano. Os portos foram abertos a todas as nações amigas. Mudavam irreversivelmente as relações entre colônia e metrópole. Graças a essa nova situação, a elite colonial não mais precisava reivindicar sua independência.

O fim do monopólio comercial e a nova condição política de capital do império significavam a emancipação do Brasil, que permanecia ligado a Portugal, mas em pé de igualdade com a antiga metrópole. Essa parecia ser a solução ideal tanto para o governo português instalado no Rio de Janeiro quanto para a elite nativa. Em 1815, a antiga colônia foi elevada a **Reino Unido de Portugal, Brasil e Algarves**. Isso significava que, oficialmente, não mais existia a colônia. Brasil e Portugal eram partes iguais do Império.

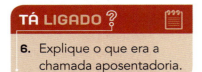

TÁ LIGADO

6. Explique o que era a chamada aposentadoria.

A REVOLTA PERNAMBUCANA DE 1817

O governo do Rio de Janeiro deu continuidade à política centralizadora da metrópole. Todas as regiões da colônia, antes governadas por Lisboa, passaram a ser dirigidas a partir do Rio de Janeiro.

Somava-se à antiga carga de tributos outros novos, que visavam sustentar a Corte no Rio de Janeiro, criados após 1808, como por exemplo o dízimo do algodão e a cobrança sobre a destilação da aguardente.

A instalação da Corte portuguesa no Rio de Janeiro resultou em medidas consideradas positivas pelas elites das diversas regiões da América lusitana, como, por exemplo, o fim do monopólio comercial da metrópole. No entanto, o impacto das transformações ocorridas a partir de então foi diferente para as várias partes da América. A principal beneficiada foi a região Centro-Sul, onde se concentrou o maior volume de investimentos.

Os pernambucanos ressentiam-se por pagarem impostos que eram utilizados para realizar benfeitorias na nova capital do império. Além dos tributos, o recrutamento militar recaía sobre a população pobre. O acesso aos cargos públicos também permanecia controlado pela burocracia sediada no Rio de Janeiro, que facilitava seu acesso às elites do Centro-Sul.

Por essas razões, eclodiu em Pernambuco um movimento de independência em 1817. Inspirados pela experiência dos EUA, seus líderes tinham como projeto a fundação de uma república independente do Império Português.

O tempo da pátria republicana

Em março de 1817, o governo de Pernambuco ligado à Coroa portuguesa foi tomado de assalto. O novo governo refletia a composição social do movimento: um fazendeiro, um comerciante, um magistrado, um clérigo e um militar. Todos eles do alto escalão de seus respectivos grupos sociais.

A revolta espalhou-se para Alagoas, Paraíba e Rio Grande do Norte. Pela primeira vez na História do Império Português o poder monárquico deixava de existir. Em seu lugar, um novo ordenamento político estabelecia-se: uma República baseada nos princípios da Revolução Francesa.

Dividida por divergências entre os seus dirigentes, a revolta foi sufocada pela ação de tropas leais ao governo do Rio de Janeiro.

Porém, em seus 74 dias de duração, difundiram-se as oposições políticas explosivas no vocabulário dos habitantes das regiões rebeladas: patriotas e monarquistas, brasileiros e portugueses. A revolta demonstrava, também, a possibilidade da fragmentação da América portuguesa, como ocorrera no lado espanhol do continente.

Esses foram alertas importantes para o jogo político que se estabelecia no Brasil às vésperas da independência.

	Pernambuco até 1817
	Área de adesão à República
■●	Centro revolucionário de 1817
■●	Centro de conspiração 1800-1818
✕	Combate

Ação repressiva:
→ A partir de Salvador
→ A partir do Rio

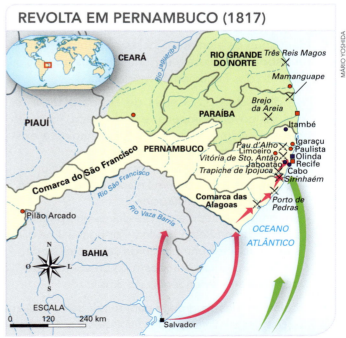

REVOLTA EM PERNAMBUCO (1817)

Fonte: Elaborado com base em JOFFILY, Bernardo. *Isto é Brasil 500 anos. Atlas Histórico*. São Paulo: Grupo de Comunicação Três, s/d.

A REVOLUÇÃO DO PORTO DE 1820

A insatisfação avançava em Portugal. Após a expulsão das tropas francesas em 1810, o país encontrava-se arrasado pela guerra. Lisboa não era mais capital do Império. Não havia mais privilégios de exploração colonial e os comerciantes ainda sediados em Lisboa enfrentavam a concorrência dos ingleses.

Setores da sociedade portuguesa reclamavam que haviam se tornado colônia de sua própria colônia e por isso desejavam que a corte voltasse a Lisboa. Além disso, começava a tomar corpo o projeto de instauração de uma **monarquia constitucional**, em que o rei estivesse submetido ao Parlamento. Foi com esse objetivo que eclodiu a **Revolução na cidade do Porto**, em 1820, liderada por comerciantes portugueses.

A Revolução do Porto foi bem-sucedida. O Parlamento português (denominado Cortes) reuniu-se para escrever uma nova Constituição, na qual seria consagrada a monarquia constitucional.

Os rebeldes vitoriosos exigiram e obtiveram o retorno de Dom João VI a Portugal, o que ocorreu em 1821. Dom João deixava no Brasil seu filho e herdeiro, **Dom Pedro**, como príncipe-regente.

EM DESTAQUE

As Cortes

Nesta pintura, Oscar Pereira da Silva representou a reunião das Cortes em Lisboa.

OBSERVE A IMAGEM

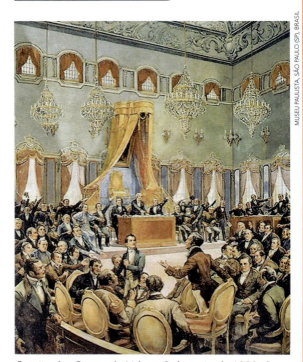

Sessão das Cortes de Lisboa, 9 de maio de 1822, Oscar Pereira da Silva. Óleo sobre tela, década de 1920.

1. Identifique os elementos nessa sessão das Cortes de Lisboa que possam ser encontrados no funcionamento dos Parlamentos modernos.

2. Nas discussões das Cortes de Lisboa o tema da sede do governo imperial e a chamada "questão brasileira" dominaram os debates. Imagine a existência de três grupos de deputados:
   • uma maioria de portugueses que defendia um governo centralizado em Lisboa, sob a forma de uma monarquia constitucional.
   • um grupo de deputados brasileiros que defendia a condição de Reino Unido a Portugal e uma divisão de poderes entre o Rio de Janeiro e Lisboa.
   • um terceiro grupo composto de brasileiros que defendia a independência do Brasil.

3. Escolha um desses grupos para tomar parte e escreva uma defesa da sua posição, com base nas informações deste capítulo e dos capítulos 3 e 7, que abordam a independência na América.

4. Sob a forma de um Parlamento, organize um debate, com discursos e apartes.

A EMANCIPAÇÃO POLÍTICA DO BRASIL

A elite brasileira recebeu com entusiasmo a notícia da Revolução do Porto. A maioria acreditava que a monarquia constitucional permitiria maior participação aos brasileiros no governo.

Em cada província foram realizadas eleições para deputados, que se dirigiram para Portugal, com o objetivo de tomar parte na elaboração da nova Constituição do Império Português.

A elite brasileira aceitava o retorno da sede da monarquia a Lisboa, desde que houvesse um governo com autonomia na América. Sob a direção de Dom Pedro, esse governo deveria ter condições de decidir sobre os problemas específicos da América.

Os deputados portugueses, contudo, pretendiam organizar uma monarquia na qual as decisões estivessem centralizadas em Lisboa. Por isso ordenaram que Dom Pedro retornasse a Portugal.

Os deputados brasileiros recusaram-se a aceitar o que propunham os portugueses, mas, em minoria nas Cortes, nada podiam fazer. A ideia de separar-se de Portugal tornou-se cada vez mais forte.

A iniciativa partiu dos setores cujos interesses estavam entrelaçados ao governo do Rio de Janeiro. Os membros das elites de São Paulo, Minas e Rio articularam-se para impedir o retorno de Dom Pedro a Lisboa, selando assim a aliança que conduziria à Independência.

TEMOR DE UMA MOBILIZAÇÃO POPULAR

A preocupação central era evitar o confronto armado e a mobilização popular. A liderança do príncipe-regente seria a garantia disso. Temerosos diante de uma população negra e mestiça, fazendeiros, comerciantes e traficantes de escravizados buscaram em Dom Pedro a liderança que faria da Independência uma ruptura sem confrontos. Se o herdeiro do trono português declarasse a emancipação da antiga colônia, isso tornaria menos provável uma guerra com Portugal.

Para a burocracia portuguesa liderada por Dom Pedro, a adesão à Independência era a maneira de preservar seus interesses já enraizados na América.

Em 9 de janeiro de 1822, Dom Pedro anunciou que desobedeceria às Cortes e ficaria no Brasil, atendendo, assim, aos abaixo-assinados entregues pelas elites do Rio de Janeiro, São Paulo e Minas Gerais. Selava-se, dessa forma, no que ficou conhecido como Dia do Fico (porque Dom Pedro decidira ficar), a aliança entre Dom Pedro e a elite brasileira.

Durante alguns meses foram feitas tentativas de obter nas Cortes um arranjo satisfatório para as elites brasileiras, sem sucesso. O grupo da elite brasileira reunido em torno de Dom Pedro e seu ministro José Bonifácio articulou então a Independência, proclamada em 7 de setembro de 1822.

TÁ NA REDE!

180 ANOS DO BRASIL INDEPENDENTE

Digite o endereço abaixo na barra do navegador de internet: ‹http://goo.gl/PgoqED›. Você pode também tirar uma foto com um aplicativo de *QrCode* para saber mais sobre o assunto. Acesso em: 29 set. 2018. Em português.

Exposição virtual do Arquivo Nacional em comemoração aos 180 anos do Brasil independente.

TÁ LIGADO

10. Aponte os motivos da insatisfação política que levaram à Revolução do Porto.

11. Aponte as medidas aprovadas pela Revolução do Porto.

12. Explique como se deu a aliança entre as elites do Centro-Sul, a burocracia portuguesa estabelecida no Rio de Janeiro e Dom Pedro.

13. Aponte os significados do Dia do Fico.

A ASSEMBLEIA CONSTITUINTE

Primeira Constituição brasileira, Impressão Régia. Rio de Janeiro, 1824.

Feita a Independência, não havia consenso sobre a organização do novo Estado que se formava. Havia, entretanto, concordância em alguns pontos centrais. A Independência fora feita exclusivamente pela elite branca e ela queria um país à sua imagem e semelhança, apesar da população negra e mestiça, do passado colonial e das especificidades tropicais.

Vários projetos estavam em discussão: República, monarquia, descentralização, centralização. Grande parte defendia a manutenção da escravidão. Outros acreditavam que, para o país ser viável, seria necessário libertar os escravizados.

Para os novos dirigentes do novo país, o desafio agora era redigir uma **Constituição**, ou seja, estabelecer as regras do jogo político.

A **Assembleia Constituinte** foi instalada em março de 1823. Quase todas as províncias mandaram seus representantes. Em pouco tempo ficou clara a divergência que separava esses deputados do imperador Dom Pedro. Os deputados queriam organizar o Estado de modo que o Parlamento fosse a instância mais poderosa, já que assim eles seriam mais influentes. Dom Pedro, por sua vez, procurava impor sua autoridade como imperador em um regime controlado pelo Poder Executivo.

Fechamento da Assembleia

A divergência entre os antigos aliados acirrou-se de tal modo que, em novembro, Dom Pedro decretou o fechamento da Assembleia Constituinte, exilando alguns de seus principais líderes. Meses depois, no início de 1824, outorgava-se a primeira Constituição do país, elaborada por um grupo de 10 homens escolhidos pelo próprio Dom Pedro.

A CONSTITUIÇÃO DE 1824

França e Inglaterra eram os Estados europeus nos quais a elite brasileira se espelhava para organizar as estruturas políticas do Brasil. Tais Estados contavam com três poderes independentes, de acordo com as propostas desenvolvidas pelo pensamento ilustrado, especialmente pelo Barão de Montesquieu: **Legislativo**, **Executivo** e **Judiciário**.

No entanto, a Constituição brasileira de 1824 previa que, além desses poderes, existiria um quarto, o **Poder Moderador**. Esse poder teria a função de decidir sobre possíveis confrontos entre os outros três. O Poder Moderador era exercido pelo imperador, que também era chefe do Poder Executivo, mas este era exercido pelo ministério.

Como chefe do Executivo, Dom Pedro podia nomear e demitir os integrantes dos ministérios. No exercício do Poder Moderador, podia dissolver a Câmara dos Deputados. O imperador apenas utilizava essa atribuição quando havia impasse entre ministério e Câmara. Por exemplo, quando a maioria dos deputados se recusava a aprovar um projeto de lei considerado fundamental pelo ministério. Nesse caso, o imperador deveria decidir entre demitir o ministério e nomear outro ou dissolver a Câmara e convocar novas eleições para deputados.

TÁ LIGADO?

14. Explique a divergência entre os deputados reunidos na Assembleia Constituinte e Dom Pedro I.

15. Aponte a diferença entre a proposta da Assembleia Constituinte e a Constituição de 1824 promulgada por Dom Pedro I.

16. Explique o funcionamento do Poder Moderador.

Em várias regiões do Brasil, tropas lusitanas e divisões entre os grupos dominantes provocaram resistências à Independência, como no **Grão-Pará e Maranhão**.

No **Piauí**, a Junta de Governo defendia os interesses da Metrópole. Em agosto de 1822, devido ao movimento pela Independência que crescia na província, o governo português empossou o major José da Cunha Fidié como Governador das Armas do Piauí. Mesmo com a sua presença ocorreram ataques às guarnições militares e manifestações separatistas. Em janeiro de 1823, com a chegada das notícias da proclamação em 7 de setembro, ampliou-se a adesão ao movimento no Piauí.

A batalha decisiva aconteceu às margens do Rio Jenipapo, a 13 de março de 1823. Cerca de 2 mil combatentes precariamente armados eram liderados por militares que haviam aderido à causa da Independência. As tropas leais à coroa reuniam mais de 11 mil soldados.

Apesar da vitória das forças portuguesas, os embates contra as tropas do major Fidié ocorreram até a derrota do comandante português em 1823.

Na província **Cisplatina**, a situação era diversa. Invadida em 1816 e anexada à América portuguesa em 1821, a Independência brasileira acirrou ainda mais a disputa pelo controle da região com a elite de Buenos Aires. Em 1828, após a guerra entre Brasil e Argentina, surgia a República do Uruguai.

Mas a principal guerra ocorreu na **Bahia**, entre junho de 1822 e julho de 1823. A contestação à dominação portuguesa manifestada pela Revolta dos Alfaiates de 1798 ainda estava presente. Tropas compostas de portugueses leais a Dom Pedro I e voluntários de diversos grupos sociais (homens livres pobres, libertos e escravizados) ofereceram aos combates contra as forças portuguesas o ca-

INDEPENDÊNCIA E CONFLITOS

Fonte: Elaborado com base em CAMPOS, Flavio de; DOLHNIKOFF, Miriam. *Atlas Histórico do Brasil*. São Paulo: Scipione, 1993.

ráter popular ausente no "Grito do Ipiranga" de 7 de setembro de 1822. Apesar da precariedade dos equipamentos das forças baianas, as tropas portuguesas foram definitivamente derrotadas e na madrugada de 2 de julho de 1823 um desfile da vitória tomou as ruas de Salvador. Uma vitória popular festejada todos os anos na Bahia.

O artista representou os movimentos iniciais das lutas pela Independência da Bahia ocorridos na vila de Cachoeira em junho de 1822.

O primeiro passo para a Independência da Bahia, ocorrido em Cachoeiras, Antônio Parreiras. Óleo sobre tela, c. 1931.

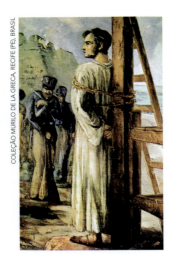

Execução de frei Caneca, Murilo de la Greca. Óleo sobre tela, s/d. (detalhe)

Centralização política

Ficava também sob responsabilidade do imperador a nomeação dos senadores, cujos cargos eram vitalícios, escolhidos a partir de uma lista tríplice. Os três nomes que compunham essa lista eram escolhidos através de eleições na província que o senador deveria representar.

As províncias eram administradas por conselhos provinciais totalmente vinculados ao governo central. Todas as decisões tomadas nas províncias tinham de ser aprovadas pelo governo do Rio de Janeiro.

Exclusão e controle sociais

A escravidão foi preservada, garantindo a manutenção das antigas estruturas coloniais: os latifúndios e a agricultura de exportação. A Constituição implementava o voto censitário, ou seja, o direito de voto dependia da condição econômica do cidadão. Assim, para votar e ser candidato era necessário uma renda mínima, além de outras exigências como ser homem e ter 24 anos de idade.

A exigência de renda excluía grande parte da população. Mas, no caso dos votantes, a renda exigida era relativamente baixa, de modo que muitos homens livres pobres participavam das eleições, controladas pelos grandes proprietários.

A Constituição de 1824 determinara eleições em duas fases: os votantes escolheriam os eleitores e estes, os deputados e senadores. Exigia-se, para ser votante, renda líquida anual equivalente a 100 mil-réis. Os eleitores deveriam ter 200 mil-réis de renda, com exceção dos libertos que, mesmo desfrutando de tal rendimento, poderiam ser apenas votantes. Para deputados era requerida uma renda de 400 mil-réis e, para senadores, 800 mil-réis.

A CONFEDERAÇÃO DO EQUADOR

O fechamento da Assembleia Constituinte e a promulgação da Constituição geraram descontentamentos entre as elites das diversas partes do país. Sem autonomia para gerir suas províncias, sem influência no governo central, uma vez que o Parlamento estava fechado, estas elites ficaram marginalizadas do jogo político.

A reação mais uma vez começou em **Pernambuco**. Logo após a promulgação da Constituição pelo imperador, em julho de 1824, a elite pernambucana iniciou uma revolta contra o governo. Sua proposta era separar-se do resto do país e criar uma Confederação republicana, reunindo as províncias do Nordeste: a **Confederação do Equador**.

A participação de frei Caneca

Rabelo, conhecido por frei Joaquim do Amor Divino Caneca, ordenou-se padre em 1801, quando contava 22 anos. Filho de um fabricante de barris, demonstrou por meio de seus textos a imensa erudição que adquiriu no decorrer dos longos anos de estudo. Nunca saiu de Pernambuco, a não ser quando esteve preso na Bahia, e seus conhecimentos foram adquiridos na leitura dos livros disponíveis nas bibliotecas da província.

Em 1803, tornou-se professor de geometria, retórica e filosofia. Envolveu-se com a política apenas quando tinha 38 anos, ao aderir à Revolta Pernambucana de 1817. Foi então preso e enviado a uma prisão na Bahia, da qual retornou em 1821. Passou a ter participação ativa na política pernambucana, e assumiu a liderança da Confederação do Equador em 1824. Derrotada a rebelião, Caneca foi preso e executado em 1825.

O frei **Joaquim do Amor Divino Caneca**, que participara da revolta de 1817, assumiu a liderança do movimento. Seu modelo político era os Estados Unidos, com a adoção de uma República federativa, em que cada parte do país teria um governo com liberdade para tomar decisões. Para frei Caneca, um dos principais problemas da Constituição de 1824 era justamente o Poder Moderador.

Os rebeldes conquistaram a adesão das elites da Paraíba, do Rio Grande do Norte, Ceará e Piauí. Em poucos meses as tropas do governo do Rio de Janeiro derrotaram os rebeldes nas cinco províncias. Frei Caneca foi condenado à morte e executado. Mas o fim da revolta não encerrou as disputas entre o imperador e as elites das diversas províncias.

Ao final de 1824, como represália ao movimento, o governo central subtraiu de Pernambuco a região da Comarca do São Francisco, área situada à margem esquerda do rio. Inicialmente o território foi incorporado a Minas Gerais. Em 1827, essa região passava a fazer parte da província da Bahia, situação que se mantém até hoje. Observe essa região nos mapas das páginas 103, 139 e 143.

Bandeira da Confederação do Equador. Século XIX.

MUSEU DO ESTADO, RECIFE (PE), BRASIL

Observe que a bandeira da Confederação trazia os ramos de cana-de--açúcar (esquerda) e algodão (direita), as riquezas do nordeste.

ABDICAÇÃO DE DOM PEDRO

Em 1826, a Câmara dos Deputados voltou a se reunir. O imperador estava cada vez mais isolado. Dom Pedro I havia também perdido muita popularidade por causa da Guerra da Cisplatina, iniciada em 1824 e que se estendeu até 1828. A Cisplatina era uma região de colonização espanhola, que corresponde ao Uruguai atual, que fora anexada ao Brasil em 1821 por Dom João VI.

Impopular e sem apoio, em abril de 1831, Dom Pedro I abdicou ao trono em favor de seu filho, Dom Pedro de Alcântara, retornando a Portugal, onde se tornaria rei em 1834. As elites brasileiras, apesar de divididas, chegavam ao poder.

A ÁFRICA E O IMPÉRIO DO BRASIL

A Independência do Brasil provocou fortes reações em determinadas regiões africanas. Os primeiros reconhecimentos diplomáticos foram realizados em 1823 pelos reis do Benin (atual Nigéria) e de Onim (atual Lagos).

Mercadores e traficantes de escravizados de Luanda e Benguela eram favoráveis à incorporação de Angola ao Brasil. Muitos desses comerciantes eram brasileiros e desejavam manter a continuidade das vendas de escravizados. Diante disso, a Coroa portuguesa intensificou o controle sobre suas possessões africanas. Sem apoio diplomático ou militar e, divididos entre si, não conseguiram reunir forças para resistir ao governo metropolitano.

O governo britânico também temia a influência do Brasil no continente africano e a formação de um império sul-atlântico sob o domínio brasileiro. Desde 1823, a Grã-Bretanha exercia forte pressão contra a anexação de qualquer das possessões africanas de Portugal ao Brasil.

No tratado de reconhecimento da Independência por Portugal de 1825, foi incluída uma cláusula proibindo o Império do Brasil de incorporar qualquer colônia ou território luso no continente. A medida foi uma imposição britânica, já envolvida na campanha para abolir o tráfico negreiro e ampliar sua presença na África.

TÁ LIGADO

17. A Constituição de 1824 previa eleições em diversos níveis. Podemos considerar que por meio dela o Brasil se tornou uma democracia? Justifique.

18. Aponte o projeto político da Confederação do Equador.

19. Explique os interesses dos mercadores de escravizados estabelecidos na África portuguesa em relação ao Império brasileiro.

A CONSTRUÇÃO DO ESTADO BRASILEIRO

Com a abdicação de Dom Pedro I em 1831, os grupos dominantes nas diversas regiões que compunham o Brasil assumiram a direção do jogo político.

O funcionamento do Estado Nacional, a definição da cidadania e as relações que se estabeleceriam entre as diversas províncias e o governo central seriam decididas no período compreendido entre 1831 e 1850.

Na verdade, podemos pensar o processo de formação do Estado brasileiro em três fases:

Formação do Estado brasileiro

Dom Pedro I, S. R. de Sá. Óleo sobre tela, século XIX.

1 Primeiro Reinado

De 1822 a 1831, a proclamação da Independência até a abdicação de Dom Pedro I em 1831.

Juramento da Regência Trina, M. A. Porto-Alegre. Óleo sobre tela, século XIX.

2 Período Regencial

De 1831 a 1840, com o período regencial e a organização do jogo político entre os grupos dominantes das diversas províncias brasileiras.

Fala do Trono (Dom Pedro II), Pedro Américo. Óleo sobre tela, 1872.

3 Segundo Reinado

De 1840 a 1850, com o início do Segundo Reinado e a consolidação do arranjo político brasileiro. O Segundo Reinado, com Dom Pedro II como imperador, durou até 1889.

Dom Pedro II, menino, Armand J. Palliere. Guache sobre papel, c. 1830.

Dom Pedro II, aos 4 anos, representado junto ao trono imperial brincando com o tambor do Regimento.

Naquela sociedade escravista, as elites pretendiam controlar as ações governamentais e a direção do país. Mas os demais setores sociais excluídos não aceitaram a situação passivamente.

Em algumas províncias, trabalhadores livres pobres e escravizados se rebelaram para também ter suas reivindicações atendidas. Além disso, outras revoltas aconteceram, lideradas por setores da própria elite, que expressavam discordâncias com a forma como estava sendo organizado o Estado nacional brasileiro. De 1831 até aproximadamente 1850, a história do Brasil foi marcada por essas disputas sociais e políticas.

Dom Pedro I abdicou em favor de seu filho, que recebia assim o título de Dom Pedro II. No entanto, o herdeiro tinha apenas cinco anos de idade. Em seu lugar deveria governar uma junta composta de três regentes, até que o jovem imperador completasse 18 anos, segundo previa a Constituição do Império.

A REGÊNCIA E AS REFORMAS LIBERAIS

Representantes das elites das diversas províncias que haviam pressionado Dom Pedro I a abdicar articularam-se em um grupo político denominado **liberais moderados**. Após a abdicação, os liberais moderados empenharam-se em modificar as regras constitucionais de modo a obter um novo arranjo político, com a manutenção do regime monárquico.

A partir de 1831, estabeleceu-se intenso debate em torno das reformas necessárias à reorganização do poder no Brasil. A principal intenção das elites regionais era obter autonomia em relação ao governo central, sediado no Rio de Janeiro, para governar suas províncias. As alterações aprovadas a partir de então ficaram conhecidas como **reformas liberais**.

Pedro II aos 12 anos, Félix Émile Taunay. Óleo sobre tela, 1837.

A Guarda Nacional

Uma das principais medidas implementadas foi a criação da **Guarda Nacional**, em 1831, encarregada de manter a ordem no interior do Estado. Todo cidadão passaria a ser obrigado a pegar em armas para defender seu país. No lugar do soldado profissional, a Guarda Nacional era composta pelo soldado-cidadão. Eram membros da Guarda Nacional todos aqueles que tinham direito a voto e seus oficiais eram, em geral, grandes fazendeiros.

A nova instituição correspondia melhor ao projeto de Estado tal como era pretendido pelas elites regionais. Embora vinculada ao Ministério da Justiça, a Guarda Nacional apresentava uma organização descentralizada, organizada por província.

Com a criação da Guarda Nacional, a elite dirigente esperava contar com um instrumento repressivo eficaz contra as revoltas dos demais setores sociais.

Durante todo o império, a Guarda Nacional agiu como principal força repressiva em defesa do governo central. Na maior parte das revoltas que agitaram a Regência, ela foi mobilizada e em muitas delas foi chefiada por Luís Alves de Lima e Silva, o **duque de Caxias**, que serviu como uma espécie de braço armado da monarquia.

O Exército deixava de figurar como a principal força militar e passava a desempenhar um papel secundário entre as instituições do Estado brasileiro. Esse quadro só seria alterado na década de 1860 devido aos conflitos militares na região Platina.

> **TÁ LIGADO?**
> **20.** Explique o que era o soldado-cidadão e como se organizava a Guarda Nacional.

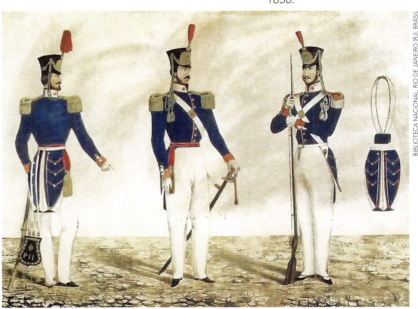

Batalhão de fuzileiros da Guarda Nacional, anônimo. Litografia aquarelada, c. 1850.

Chegada dos desembargadores ao Palácio da Justiça, Jean-Baptiste Debret. Litografia aquarelada, c. 1839.

Debret representou os desembargadores vestidos de "beca", traje tradicional associado aos magistrados.

O Código de Processo Criminal

Em 1832 foi promulgado o Código de Processo Criminal, que organizava a justiça criminal de forma descentralizada.

Com o novo Código, grande parte das atribuições judiciais passavam à competência dos chamados **juízes de paz**, eleitos no interior de cada comunidade. Como os grandes fazendeiros controlavam as eleições por meio de fraudes, intimidações e violências, os juízes de paz eram, em geral, submissos aos seus interesses.

Dessa forma, a aplicação da Justiça tornava-se mais uma arma dos grandes proprietários de terras no controle da sua localidade. Seus inimigos eram impiedosamente julgados e condenados, enquanto os aliados podiam escapar da aplicação das leis.

O Código determinava também que os criminosos deveriam ser julgados pelo Tribunal do Júri. Mais uma vez, os fazendeiros garantiam para si o controle da Justiça. Os jurados tendiam a seguir a vontade dos fazendeiros mais poderosos.

Em vez de julgarem segundo a lei, os júris muitas vezes acompanhavam os costumes locais, apesar de protestos de magistrados, juízes e promotores cuja formação era toda baseada nos códigos jurídicos, e não nas regras costumeiras.

O Ato Adicional de 1834

Em 1834, através do chamado **Ato Adicional** eram criadas as **Assembleias Legislativas Provinciais**, órgãos legislativos que tinham a função de administrar as respectivas províncias.

Com liberdade para criar impostos, decidir sobre a aplicação dos recursos da província, definir obras públicas e controlar a força policial, as Assembleias conferiam significativa autonomia às províncias. No entanto, para garantir os vínculos com o governo central, este nomeava o presidente da província.

O Ato Adicional modificou também as regras sobre a **Regência**. No lugar de uma junta composta de três regentes, ela passaria a ser exercida por um único representante, escolhido por meio de eleições nacionais. A realização de eleições para regente não significava que o Brasil passava a ser uma democracia. Na verdade, entregava-se a escolha do regente para os grupos regionais que controlavam o processo eleitoral.

As eleições aconteceram em 1835. **Diogo Antônio Feijó** foi vitorioso e, nesse mesmo ano, tomou posse como regente. A Regência, que era Trina, passou a ser Una.

TÁ LIGADO ?

21. Explique como os fazendeiros controlavam a justiça em suas localidades.

22. Aponte as determinações do Ato Adicional de 1834.

A REVISÃO DAS REFORMAS

A partir de 1834, quando foi aprovado o Ato Adicional, o país mergulhou em grande instabilidade. Revoltas sacudiram várias regiões, a Justiça tornou-se definitivamente uma arma nas mãos dos fazendeiros. Em algumas províncias, setores no interior do grupo dominante disputavam ferrenhamente o controle das Assembleias recém-criadas. Membros da elite dirigente passaram a defender uma nova revisão do Ato Adicional e do Código de Processo Criminal, desta vez para centralizar o exercício da Justiça.

Rua Direita, Rio de Janeiro, Johann Moritz Rugendas. Litografia aquarelada, c. 1835.

Aqueles que defendiam essa centralização reuniram-se em torno do **Partido Conservador**. Os que resistiam a qualquer mudança da situação do país reuniram-se no **Partido Liberal**. Surgidos em 1837, esses partidos se tornaram as principais agremiações políticas do Império. Até a proclamação da República, eles se revezaram no poder, através do controle do ministério.

O regente Diogo Antônio Feijó pertencia ao Partido Liberal. Mas a maioria dos deputados e senadores estava no Partido Conservador. Por isso, Feijó passou a sofrer uma intensa oposição. Em 1837, Feijó se viu obrigado a renunciar à Regência Una em favor do conservador **Pedro de Araújo Lima**.

O golpe da maioridade

Os conservadores conseguiram aprovar, na Câmara, em 1840, a **Lei de Interpretação do Ato Adicional** que centralizava o aparato judiciário. Procurando impedir a aprovação de novas revisões, os liberais tentaram obter o apoio do imperador. Para isso, iniciaram uma campanha pela antecipação da maioridade de **Dom Pedro II**.

O jovem monarca contava então com apenas 15 anos e os liberais conseguiram aprovar na Câmara dos Deputados que sua maioridade fosse decretada. Tinha fim, desse modo, o período regencial. Começava, em 1840, o **Segundo Reinado**.

No entanto, a estratégia liberal não foi suficiente para brecar os conservadores. Em 1841, era aprovada a reforma do Código de Processo Criminal. As atribuições dos juízes de paz passaram a ser exercidas por magistrados, ou seja, juízes de direito, e por delegados nomeados pelo governo central.

Além disso, foram impostas restrições para a escolha dos jurados, entre elas a exigência de serem alfabetizados. O delegado tornou-se responsável pela escolha dos jurados, antes atribuição dos juízes de paz. Dessa forma, procurava-se limitar a influência dos fazendeiros.

A reforma aprovada pelos conservadores a partir de 1840 fortalecia o **governo central** ao aumentar seu poder de fiscalização e dava a ele instrumentos para se impor em todo o território. O governo tinha meios, agora, para evitar a eclosão de novas revoltas e para submeter toda a população.

REVOLTAS E REBELIÕES

A criação da Guarda Nacional, a aprovação do Código de Processo Criminal, o estabelecimento das Assembleias Provinciais, a instituição da Regência eletiva e a representação que esses grupos tinham na Câmara dos Deputados garantiram aos grupos regionais o controle sobre o jogo político brasileiro.

Apesar de todo o esforço em estabelecer as regras de funcionamento do Estado de maneira a garantir a autonomia regional, explodiram revoltas em diversas províncias brasileiras a partir de 1832.

Ocorreram basicamente dois tipos de rebeliões. De um lado, revoltas dirigidas por grupos dominantes nas províncias, ansiosos por conquistar maior espaço no governo central. De outro, os movimentos populares, em que a população livre pobre e os escravizados levantavam-se contra a dominação social a que estavam submetidos.

Das rebeliões coordenadas pelas elites provinciais destacam-se a **Farroupilha** ou **Guerra dos Farrapos**, no Rio Grande do Sul (1835-1845), o início da **Balaiada**, no Maranhão (1838-1839), e a **Revolução Praieira**, em Pernambuco (1848). Já as revoltas populares foram a **Cabanada**, em Pernambuco e Alagoas (1832-1835); a **Sabinada**, em Salvador (1837-1838); a **Cabanagem**, no Pará (1835-1840), e a segunda fase da Balaiada (1839). Por fim, entre os escravizados, houve duas revoltas importantes, a dos **Malês**, em Salvador (1835), e a terceira fase da Balaiada (1839-1841).

A CABANADA (1832-1835)

Em 1817 e 1824, durante o processo de Independência do Brasil, haviam ocorrido duas importantes revoltas em Pernambuco. Em ambas, parte da elite da província mobilizara-se contra o governo centralizador do Rio de Janeiro em nome da República. Derrotados esses movimentos, seus participantes foram afastados dos cargos políticos locais e substituídos por homens de confiança de Dom Pedro I.

A abdicação do imperador em 1831 promoveu uma reviravolta no quadro político da província. Antigos rebeldes foram reabilitados e nomeados pelo governo regencial para ocupar cargos e assumir o governo em lugar dos antigos aliados de Pedro I. Nos quartéis ocorreram motins exigindo a demissão de autoridades civis e militares consideradas leais ao ex-imperador. Reivindicação logo atendida, com a exoneração de líderes da repressão à Confederação do Equador, em 1824.

Além disso, em Pernambuco, como em outras províncias, havia grande insatisfação entre a população livre pobre. É nesse contexto, em que se misturavam proprietários rurais e militares afastados do cenário político e uma população pobre descontente, que se deu a Cabanada.

Exoneração
Demissão, destituição.

Vista do Recife tomada do salão do Teatro de Santa Isabel, Luís Schlappriz. Litografia em sépia, 1863.

MUSEU DO ESTADO, PERNAMBUCO, BRASIL

Alagoas

A revolta aconteceu nas matas da fronteira entre Pernambuco e Alagoas. É importante lembrar que Alagoas era uma província com grande concentração de proprietários leais a Dom Pedro, dada a sua própria origem. A província havia sido criada, desmembrando-se de Pernambuco, como uma espécie de premiação à elite local pelo trabalho a favor da repressão contra a revolta de 1817.

As matas dessa região eram, por sua vez, povoadas por uma população composta de indígenas, escravizados aquilombados e pequenos posseiros que tiveram uma grande piora nas suas condições de vida após a abdicação. Aquelas terras, que antes pertenciam à Marinha, foram invadidas por grandes proprietários para o plantio de cana e a criação de gado. Os moradores locais que tentaram resistir foram punidos com o recrutamento forçado para o Exército.

O estopim da Cabanada foi justamente o recrutamento forçado, em julho de 1832. Iniciada como uma revolta da população pobre, contou com apoio das elites locais ex-aliadas de Dom Pedro I, lideradas por **Torres Galindo**, que chegou a distribuir armas para os rebeldes. A piora nas condições de vida e a aliança com membros da elite local explicam por que os rebeldes cabanos acabaram por adotar como principal reivindicação o retorno do imperador.

Fase popular

Diante da repressão do governo, os membros da elite local logo abandonaram a rebelião, que se tornou exclusivamente popular: posseiros pobres, escravizados aquilombados e indígenas enfrentaram as tropas governistas. Entre eles surgiu como líder um homem chamado **Vicente de Paula**, que tinha sob seu comando cerca de mil rebeldes. Empregando táticas de guerrilhas, os cabanos conseguiram manter o confronto até 1835, quando foram definitivamente derrotados.

A REVOLTA DOS MALÊS (1835)

Ao longo da primeira metade do século XIX, a Bahia foi agitada por sucessivos levantes (1807, 1809, 1813, 1823, 1828, 1830, 1835) envolvendo escravizados de diversas etnias e grupos.

Planejadas ou não, na capital, nas vilas do Recôncavo, nos engenhos e fazendas, os escravizados deixaram os senhores brancos e as autoridades em constante estado de tensão. Todos os levantes foram derrotados, em alguns casos com violência brutal, mas essa insubmissão estabeleceu uma reputação de rebeldia aos escravizados da Bahia.

No caso baiano, os levantes tiveram uma característica: a importância do papel da religião muçulmana nas revoltas.

Malê, muçurumim, muçulmi eram os nomes pelos quais ficaram genericamente conhecidos os escravizados muçulmanos no Brasil. O termo *malê*, mais conhecido, está associado à expressão iorubá para muçulmano: *imale*. Por sua vez, o termo se refere à "gente do Mali" (povos Mandinga), poderoso império africano islamizado, que teve seu apogeu entre os séculos XIII e XVI.

Negra da Bahia usando amuleto, Jean-Baptiste Debret. Litografia aquarelada, c. 1839. (detalhe)

BIBLIOTECA NACIONAL, RIO DE JANEIRO (RJ), BRASIL

TÁ LIGADO

25. Aponte as alterações políticas em Pernambuco com a abdicação de Dom Pedro I.

26. Aponte os grupos participantes da Revolta da Cabanada.

27. Aponte os objetivos da Revolta dos Malês.

Luísa Mahin

A primeira descrição de Luísa Mahin de que se tem notícia consta de uma carta escrita pelo poeta Luís Gama, em 25 de julho de 1880. Luís descrevia a própria mãe como uma africana livre, altiva, geniosa e nagô (como os africanos de origem iorubá eram chamados na Bahia colonial). Ainda de acordo com os escritos do poeta abolicionista, Luísa deve ter nascido por volta de 1812, no antigo Reino do Daomé (Benin), na Costa da Mina, um dos portos que viveu intenso tráfico negreiro entre os século XVI e XIX. Chegou à Bahia escravizada, mas na África, era uma princesa. Alforriada, trabalhava como vendedora de quitutes pelas ruas do centro de Salvador e morava no Solar do Gravatá, onde hoje funciona a Casa de Angola.

Maria Felipa de Oliveira

A história de Maria Felipa de Oliveira, presente na cultura e no imaginário popular da Ilha de Itaparica, foi citada pela primeira vez em 1905, em um documento do historiador Ubaldo Osório, avô do escritor João Ubaldo Ribeiro. Pescadora e marisqueira, ela liderou outras mulheres negras e indígenas Tupinambás em batalhas contra os portugueses que atacavam a Ilha de Itaparica, a partir de 1822. Um dos feitos do grupo de Maria Felipa de Oliveira foi ter queimado 40 embarcações portuguesas que estavam próximas à Ilha. Conhecida por ser uma mulher muito alta, de grande força física, Maria Felipa teria liderado um grupo de 200 pessoas, que usavam facas de cortar baleia, peixeiras, pedaços de pau e galhos com espinhos como armas. Mesmo após a independência, Maria Felipa de Oliveira continuou exercendo sua liderança sobre a população pobre da Ilha de Itaparica.

Jovem negra nagô com pano da costa, anônimo. 1860-1865. (detalhe)

As diferentes etnias africanas na Bahia

A população de escravizados na Bahia era composta de diferentes grupos étnicos. Durante as primeiras duas décadas do século XIX, predominavam os povos Haússa. A partir de 1820 passaram a ser desembarcados, principalmente, prisioneiros do Reino de Bornu. Posteriormente povos de origem iorubá começariam a aparecer em grande número na província baiana.

No levante de 1835, a maioria dos revoltosos, muçulmanos ou não, eram de origem iorubá, conhecidos na Bahia como **nagô**. Porém, independentemente da etnia a que pertenciam, todos os muçulmanos eram designados por malês.

Com certo grau de conhecimento da escrita e experiência militar, esses africanos transmitiam aos que aqui estavam informações sobre o que se passava na África. Apesar de apoiados por africanos não muçulmanos, que também entraram na luta, os africanos islamizados foram os responsáveis por planejar e mobilizar os rebeldes.

As conspirações e a revolta

O movimento envolveu escravizados e negros libertos da cidade e dos engenhos do Recôncavo baiano, visando à tomada do poder e, principalmente, a liberdade de culto.

Seus líderes eram chamados de *alufás* ou *marabus* e eram também sacerdotes. Vestiam-se com túnicas brancas, chamadas de abadás e gorros vermelhos, os *filás*. Seus discípulos usavam um anel, o *kendé*, e um gorro branco como sinais de identificação.

O levante teve a participação da negra **Luísa Mahin**, mãe de **Luís Gama**, que posteriormente se tornou um dos grandes líderes do movimento abolicionista.

As reuniões eram feitas nas casas de libertos, em lugares de trabalho e misturavam conspirações, rezas e aulas sobre o Corão. O levante foi marcado para acontecer no dia 25 de janeiro de 1835, um domingo, data que coincidia com o final do mês sagrado muçulmano, o Ramadã, e com os tradicionais festejos cristãos dedicados à Nossa Senhora da Guia. Os rebeldes sabiam que nos dias de festas estariam mais livres da vigilância dos senhores brancos, ocupados naquelas celebrações religiosas.

No dia 23 de janeiro, uma sexta-feira, os líderes da revolta reuniram-se na casa do negro liberto **Manuel Calafate**. A casa também servia como depósito para as armas e esconderijo de escravizados fugidos.

Na África, os antigos impérios da savana ocidental (Gana, Mali, Songhai) dominaram a cena até o século XVI. No século XVII os Estados da savana central como o Reino de Bornu (a oeste do Lago Chade) e as cidades Haússa atingiram seu apogeu. Na costa, o centro de gravidade do comércio negreiro se desloca para leste (da costa do ouro para a costa dos escravos), favorecendo diversos reinos.

Mas, no século XVIII, a ideia de renovação da religião muçulmana propagou-se entre duas populações de tradição nômade até então marginalizadas: os Tuaregue e os Fula. Estes últimos conduziram vitoriosas guerras santas (*jihad*) na savana ocidental e central; expandindo para a costa, formaram o Estado mais poderoso da África tropical: o Califado de Sokoto.

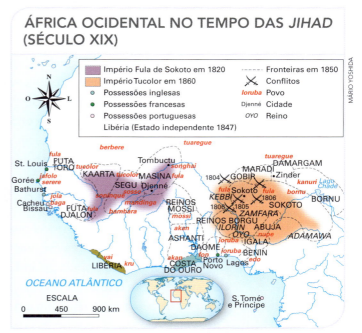

ÁFRICA OCIDENTAL NO TEMPO DAS *JIHAD* (SÉCULO XIX)

Fonte: Elaborado com base em JOLLY, Jean. *L'Afrique et son environnement européen et asiatique.* Paris: L'Harmattan, 2002.

Mandinga, patuá e capoeira

Não se sabe ao certo quando os primeiros muçulmanos desembarcaram no Brasil. Entre os séculos XVI e XVIII, a desagregação do Império do Mali e os diversos conflitos envolvendo a sucessão do trono transformaram grandes contingentes de povos mandinga em prisioneiros de guerra trazidos para as Américas como escravizados.

Esses povos, na Bahia, se diferenciavam pela religião (muçulmana), por conhecerem a escrita e por usarem uma espécie de amuleto pendurado ao pescoço, uma bolsinha de couro com trechos do Corão escritos num pedaço de papel.

Os Mandinga eram temidos por causa dos amuletos, conhecidos como "bolsas de mandinga" ou simplesmente mandinga, pois acreditava-se que continham poderes mágicos e feitiçarias. Entre os povos iorubá os amuletos, conhecidos como patuás, eram feitos de tecido da cor do orixá e gravados com o nome da divindade. No jogo de capoeira, mandinga quer dizer a habilidade de surpreender o oponente.

Observe que eles trazem o cordão (ou bolsas) pendurados ao pescoço.

Grupo Mandinga (malinké). Libéria, 1893.

Os confrontos

Entretanto, o plano fora descoberto e a polícia, avisada. Durante mais de três horas houve confrontos e mortes em diversas partes de Salvador. Um grupo armado dirigiu-se para a sede do governo provincial enquanto outros pequenos grupos espalharam-se pelas ruas da cidade em busca de novas adesões.

Derrotado o levante, iniciaram-se as prisões e os julgamentos. Foram condenados mais de 200 envolvidos, dos quais cerca de metade eram escravizados. Sob as ordens dos juízes, rondas formadas pela Guarda Nacional, policiais e cidadãos ocuparam as ruas, invadiram casas de libertos. Nem as igrejas escaparam da devassa.

As consequências da rebelião ultrapassaram os limites da cidade. Seis meses depois, o governo publicava uma lei que punia com a pena de morte qualquer rebelião de escravizados.

A revolta colocava na ordem do dia o principal temor da elite dirigente, a possibilidade de acontecer no Brasil o mesmo que ocorrera no Haiti entre 1791 e 1804: uma rebelião escrava vitoriosa.

A CABANAGEM (1835-1840)

O Grão-Pará, província que compreendia os atuais estados do Amazonas e Pará, tinha como uma de suas características a presença, além da elite branca, de uma imensa população indígena, escravizados africanos e uma população livre e pobre que sofria com as péssimas condições de vida.

A elite paraense nutria um forte sentimento autonomista e se ressentia com o fato de que a presidência da província era exercida por homens nascidos em outras partes do Brasil e indicados pelo governo central sediado no Rio de Janeiro. Dessa conjunção de fatores, surgiu a revolta conhecida como Cabanagem, que teve início em janeiro de 1835.

Os problemas começaram anos antes, em 1833, quando o cônego Batista Campos passou a pregar no púlpito contra o presidente da província, Bernardo Lobo de Souza, incitando a população pobre a revoltar-se. Perseguido pelo presidente, Batista Campos refugiou-se na fazenda de Félix Clemente Malcher, que passou a organizar a oposição armada a Lobo de Souza. No final de 1834, a fazenda de Malcher foi invadida e destruída por forças leais ao presidente da província. O fazendeiro foi preso e Batista Campos morreu ao tentar fugir. Dois arrendatários das terras de Malcher, Francisco Vinagre e Eduardo Angelim, conseguiram escapar e assumiram a liderança dos rebeldes.

As ações dos rebeldes

Em janeiro de 1835, os rebeldes invadiram Belém, mataram Lobo Souza e libertaram Malcher, que foi aclamado presidente da província. A partir desse momento ficou clara a diferença entre as pretensões da elite e dos setores populares. Malcher comunicou ao governo do Rio de Janeiro que estava disposto a pôr fim à revolta, desde que fosse nomeado um presidente paraense para a província.

Para a população de indígenas, negros, mestiços e escravizados, no entanto, isso não era suficiente. Lutavam pela melhoria de suas condições de vida, desejo que não seria atendido apenas entregando-se a presidência a um paraense. Recusaram-se a depor as armas, conforme ordenara Malcher, e a revolta continuou, com a perseguição de oficiais do Exército, comerciantes e proprietários de terra. Em fevereiro, Francisco Vinagre depôs Malcher e assumiu o seu lugar.

Catedral, Paulo Meyer. Belém, Pará, 1889.

Estrada de São José, Paulo Meyer. Belém, Pará, 1889.

Cais do Reduto, Paulo Meyer. Belém, Pará, 1889.

TÁ LIGADO ?

28. Aponte as razões do clima de insatisfação na província do Pará com relação ao governo central sediado no Rio de Janeiro.

29. Explique as divergências entre os rebeldes no decorrer da Cabanagem.

Mas sua posição não era diferente da do seu antecessor. Aceitou entregar o governo ao novo presidente nomeado pelo Rio de Janeiro, o marechal Manoel Jorge Rodrigues.

A pressão popular, contudo, não diminuiu e contava com a adesão de Eduardo Angelim, um jovem de apenas 21 anos, que, em agosto de 1835, conquistou pelas armas a presidência da província. Tropas mandadas do Rio de Janeiro sitiaram Belém, impedindo a entrada de mantimentos. Angelim acabou fugindo e, em maio de 1836, a cidade foi invadida e a população, violentamente reprimida. Centenas de prisioneiros foram mortos. Angelim e Vinagre foram capturados e deportados para Fernando de Noronha, onde permaneceram presos por dez anos.

TÁ LIGADO ?

30. Identifique os grupos participantes da Sabinada.

31. Aponte as propostas dessa revolta.

A SABINADA (1837-1838)

Dois anos depois da Revolta dos Malês, Salvador era novamente sacudida por uma rebelião. A 7 de novembro de 1837 tinha início a **Sabinada**, nome tirado de um dos seus líderes, o médico Francisco Sabino Álvares da Rocha.

Tratou-se de um movimento tipicamente urbano. Dele participaram soldados, trabalhadores livres pobres e profissionais liberais.

A intenção era separar a Bahia do resto do país e fundar uma República. Embora reconhecessem o valor das reformas liberais de 1834, os rebeldes as consideravam insuficientes. Queriam maior autonomia para a província e melhores condições de vida para a população.

Igreja de Nossa Senhora da Piedade (Salvador), Johann Moritz Rugendas. Litografia aquarelada, c. 1835.

Os rebeldes rapidamente se apossaram de Salvador. As tropas do governo cercaram a capital para impedir que nela entrassem os alimentos necessários para a sobrevivência de seus habitantes. Em dezembro, a cidade começou a sentir os efeitos do cerco. Sem comida, os rebeldes enfraqueciam-se dia a dia. Aproveitando-se disso, as tropas deram início aos seus ataques. Em fevereiro, conseguiram, finalmente, acabar com a rebelião, com um saldo de perto de 1 200 mortos e 3 000 prisioneiros.

A BALAIADA (1838-1841)

No Maranhão, em desembro de 1838, teve início a revolta conhecida como Balaiada. Na sua **primeira fase**, ela foi resultado da reação dos criadores de gado do interior contra a Lei dos Prefeitos. A Assembleia provincial era controlada pelos grandes proprietários do litoral, que votaram uma lei criando os prefeitos, homens nomeados pelo presidente da província para governar os municípios. Para os criadores de gado, isso significava perder parte do seu poder político sobre a vida municipal no interior.

Na sua **segunda fase**, a partir de 1839, os líderes rebeldes perderam o controle da revolta e ela se transformou em uma revolta dos homens livres

Carregador de balaio, Felipe Augusto Fidanza. Pará, c. 1870.

TÁ LIGADO?

32. Identifique as características das três fases da Balaiada.

33. Indique as razões que desencadearam a Farroupilha.

34. Aponte as características da República Rio-Grandense.

pobres. Estes, liderados pelo vaqueiro Raimundo Gomes, assumiram o controle da rebelião, que se espalhou pela província. Um dos seus líderes era um vendedor de balaios de palha, Manuel dos Santos Ferreira, cujo apelido, **Manuel Balaio**, deu nome à revolta. A principal demanda era o fim do recrutamento forçado para o Exército.

Os rebeldes conquistaram várias cidades. O governo central encarregou o general Luís Alves de Lima e Silva da repressão. Este reorganizou a Guarda Nacional e a utilizou para combater a rebelião.

Antes de ser totalmente derrotada, a Balaiada ainda passou por uma **terceira fase**, mais radical. Escravizados fugidos organizaram-se liderados pelo negro **Cosme**, ex-escravo que promoveu invasões de fazendas e fugas de escravizados. A radicalização do movimento rearticulou os grupos dominantes que até então vinham se enfrentando e facilitou a derrota da Balaiada. A repressão comandada pelo general Lima e Silva voltou-se contra os quilombos e as milícias formadas por negros e mestiços. Em março de 1839, os rebeldes foram derrotados na cidade de Caxias. No entanto, alguns revoltosos só foram definitivamente vencidos no Piauí em 1841.

Revolta Farroupilha
Vídeo

A FARROUPILHA (1835-1845)

Das revoltas de grandes proprietários, a Farroupilha, que aconteceu no Rio Grande do Sul, foi de longe a que causou maior impacto, até porque foram dez anos de guerra civil, que acabaram por estabelecer uma República separada da monarquia brasileira. Farroupilha era o nome dado a quem se vestia com farrapos. Nessa época acabou assumindo também o significado de grupo radical, porque o médico **Cipriano Barata** costumava desfilar pelas ruas de Lisboa com chapéu de palha e trajes simples e típicos, renegando assim a tradição europeia e afirmando sua brasilidade.

Os gaúchos rebelaram-se basicamente por duas razões. Em primeiro lugar porque o Ato Adicional não lhes deu toda a autonomia que desejavam. Reclamavam dos pesados tributos cobrados pelo governo central na província e do fato de que o governo não protegia a principal atividade econômica da região: a produção de charque (carne salgada). Reclamavam por exemplo das altas taxas cobradas sobre o sal importado, necessário para a produção da carne salgada. Em contrapartida era cobrado um pequeno imposto do charque vindo do Uruguai e que concorria com o charque gaúcho. Em consequência, o produto rio-grandense tinha grande dificuldade para competir com o uruguaio.

Representação da cavalaria farroupilha preparando-se para o ataque às tropas imperiais.

MUSEU JÚLIO CASTILHO, RIO GRANDE DO SUL, BRASIL

Carga da cavalaria farroupilha, Guilherme Litran. Óleo sobre tela, 1893.

A revolta teve início em setembro de 1835. Em 1836, os rebeldes declararam a separação do Rio Grande do Sul e fundaram a **República Rio-Grandense**. Uma República que, no entanto, mantinha a escravidão e estabelecia o voto censitário – regras semelhantes às da monarquia brasileira no mesmo período. Entre seus principais líderes encontravam-se **Bento Gonçalves** (proprietário de terras e deputado provincial, escolhido como o presidente da República), o marinheiro italiano **Giuseppe Garibaldi** (conhecido como "o herói dos dois mundos" por ter participado também do processo de unificação da Itália) e **Davi Canabarro** (proprietário de terras e sucessor de Bento Gonçalves no comando farroupilha a partir de 1843).

Em 1839, os revoltosos conseguiram expandir seu movimento à vizinha província de Santa Catarina. No entanto, com a pacificação da maior parte das províncias em 1840, as forças imperiais puderam concentrar seus esforços contra a Farroupilha. Após dez anos de guerras, com alternâncias de derrotas e vitórias, a revolta foi enfraquecida pelas tropas imperiais lideradas pelo barão de Caxias, que negociou as bases do acordo de paz. Entre elas, o pagamento de dívidas do governo republicano a cargo da monarquia, a incorporação de oficiais rebeldes ao Exército imperial com os mesmos postos de comando e a anistia aos prisioneiros farroupilhas.

A PRAIEIRA (1848-1849)

A revolta ocorrida em Pernambuco em 1848 foi resultado do confronto entre setores distintos da elite pernambucana. Em primeiro lugar essa divisão era geográfica. Os grandes fazendeiros da província, dedicados à produção de açúcar para exportação, dividiam-se entre aqueles que tinham suas propriedades na **mata norte**, de ocupação bem mais antiga, e os que tinham propriedade na **mata sul**, de ocupação recente.

A partir de 1837, quando os confrontos políticos no Rio de Janeiro deram origem ao surgimento de dois partidos, o Liberal e o Conservador, em Pernambuco, a divisão também se tornou partidária. *Grosso modo*, ela correspondeu à divisão geográfica. O Partido Conservador passou a controlar a mata sul, enquanto a norte era de predomínio do Partido Liberal.

A nomeação do **barão da Boa Vista**, conservador pernambucano, para a presidência da província, em 1837, foi o ponto de partida para o acirramento da disputa entre esses grupos. O barão procurou implementar um projeto modernizador que incluía reformas urbanas na capital e investimentos na rede viária para tornar mais eficiente o escoamento da produção agrícola. Neste último ponto privilegiou sua região, a mata sul, em detrimento dos proprietários da mata norte.

Além disso, o barão concedeu a correligionários conservadores empregos e favores. Os liberais, que lhe faziam oposição, eram liderados por **Joaquim Nunes Machado**, proprietário da mata norte. Em 1840, a oposição fundou o

Mulheres guerreiras

Anita Garibaldi
Entre as diversas personagens da Farroupilha destaca-se também Ana Maria de Jesus Ribeiro (1821-1849), conhecida como Anita Garibaldi. Nascida em Laguna (SC), tornou-se companheira de Garibaldi, participando com ele em combates e campanhas militares no Brasil, Uruguai e na Itália.

ISTITUTO MAZZINIANO/SCALA

Retrato de Anita Garibaldi, Gaetano Gallino. Óleo sobre tela, 1845.

Bolsa de Pernambuco, Luís Schlappriz. Litografia aquarelada, 1863.

Os rebeldes se reuniam na redação do Jornal *Diário Novo*, que ficava na rua da Praia em Recife, por isso ficaram conhecidos como "os praieiros".

Partido Nacional de Pernambuco e passou a publicar o jornal *Diário Novo*. Como a sede do jornal ficava na rua da Praia, o partido ficou conhecido como Praieiro.

As disputas entre os dois grupos permaneceram no campo político e eleitoral durante vários anos. Em 1844, os liberais assumiram o ministério e no ano seguinte os praieiros eram contemplados com a substituição do barão da Boa Vista na presidência por um aliado, **Manoel de Souza Teixeira**, e depois por **Antonio Chichorro da Gama**. Estes dois presidentes demitiram os homens nomeados pelo barão da Boa Vista e nomearam em seu lugar gente de confiança dos praieiros que, até 1848, controlaram o governo provincial.

Durante todo esse período, tanto de domínio conservador, como o de predomínio liberal, as disputas eleitorais para eleger deputados para a Assembleia Legislativa provincial e a Câmara dos Deputados foram acirradas. Em algumas localidades as eleições acabavam em confronto armado.

No entanto, quando o liberal Chichorro da Gama foi demitido da presidência e substituído por Herculano Ferreira Pena, como consequência da queda dos liberais no ministério, os praieiros resolveram realizar um movimento armado contra o novo presidente, que teve início em novembro de 1848.

Além de Nunes Machado, a revolta foi liderada também por Antônio Borges da Fonseca. Para se fortalecer contra seus inimigos, os praieiros buscaram uma aliança com a população de homens livres e pobres do Recife, assumindo algumas das suas reivindicações, como a nacionalização do comércio. Essa reivindicação era comum entre os homens livres pobres de várias províncias, uma vez que o comércio era em geral praticado por portugueses e a população tendia a culpá-los pelos altos preços dos produtos. A revolta foi derrotada pelas tropas legalistas em fevereiro de 1849.

A REPRESSÃO AOS MOVIMENTOS REBELDES

Todas as revoltas foram reprimidas e derrotadas pelo governo central. O tratamento dispensado aos rebeldes variou conforme sua origem social.

Os líderes dos movimentos de grandes proprietários foram presos e acabaram sendo anistiados. No caso das rebeliões populares, entretanto, a história foi bem diferente. O governo agiu com extrema violência. Muitos foram executados. Os sobreviventes foram condenados a penas severas.

De um lado, as revoltas manifestaram interesses e reivindicações num momento de constituição do Estado brasileiro. De outro, a vitória do governo central afastou o risco de fragmentação do território nacional, como havia ocorrido na América espanhola. A partir do final da década de 1840, o imenso território brasileiro submetia-se ao controle do governo sediado no Rio de Janeiro.

TÁ LIGADO

35. Identifique os dois grupos políticos de Pernambuco em torno de 1848 e 1849.

36. Explique os critérios utilizados para a repressão aos movimentos rebeldes.

A ECONOMIA BRASILEIRA

A economia brasileira era essencialmente agrícola no século XIX. Predominavam *plantations*, as grandes propriedades escravistas, com especialização em um único gênero (monocultura), e a produção voltada para o mercado externo. O mercado interno ganhou impulso com o estabelecimento da Corte portuguesa no Rio de Janeiro, estimulando, sobretudo, a economia do Centro-Sul. E, nas mais diversas regiões, o comércio interno também se tornava um elemento dinâmico da economia.

Mesmo assim, o modelo **agroexportador** ainda predominava.

A AMAZÔNIA E OS POVOS INDÍGENAS

Até a metade do século XVIII, eram retirados da Amazônia consideráveis carregamentos de cacau, gengibre, canela, pimenta, cravo, castanha, guaraná, noz-moscada, anil, baunilha, salsaparrilha, pimenta e ervas medicinais, estas últimas chamadas drogas do sertão. Por meio das missões jesuíticas ou pela escravização, os nativos recolhiam as riquezas da floresta e eram portadores de informações sobre a utilidade medicinal de determinadas plantas e raízes.

Em 1757, o governo português decretou o fim da escravidão dos indígenas na região. Mas eles não deixaram de ser escravizados. Pelo contrário, com a expulsão dos jesuítas do Império Português, em 1759, a administração dos aldeamentos indígenas passou para os colonos, interessados na exploração da mão de obra nativa.

A Independência do Brasil não alterou muito a situação dos povos indígenas. Enquanto os brancos discutiam o que fazer com os nativos e como incluí-los na sociedade brasileira, as fronteiras eram desbravadas, as terras indígenas tomadas e seus ocupantes escravizados e combatidos.

A borracha

A partir de 1840, os interesses dos brancos começaram a se alterar. A exploração da mão de obra passou a ser colocada em segundo plano. Mais importante era a tomada das terras indígenas e de suas riquezas. Se a origem do extermínio dos povos indígenas do Brasil remonta a 1500, a devastação da Amazônia principia em torno de 1840, com a exploração da borracha.

ATIVIDADES ECONÔMICAS (SÉCULO XIX)

Legenda:
- Borracha
- Café
- Algodão
- Tabaco
- Mineração
- Pecuária
- Cana-de-açúcar
- Estrada de ferro

ESCALA
0   450   900 km

Fonte: Elaborado com base em ALBUQUERQUE, Manoel Maurício de et al. *Atlas histórico escolar*. 8. ed. Rio de Janeiro: FAE, 1991.

TÁ LIGADO ?

37. Com base no mapa acima, identifique e localize no seu caderno:
a) A principal região de extração da borracha.
b) A principal região de cultivo de cana-de-açúcar.
c) A principal região de cultivo de café.
d) A principal região de cultivo de algodão.
e) As atividades econômicas predominantes na Região Sul.
f) As regiões onde se construíram ferrovias.

Bola de futebol. Século XIX.

Bola de rúbgi. Século XIX.

Bola de beisebol. Século XIX.

Vulcanização da borracha

Utilizada para impermeabilização, para a fabricação de bolas, tochas e flechas inflamáveis, a borracha era extraída das seringueiras da Amazônia. Em 1839, **Charles Goodyear** desenvolveu a técnica de **vulcanização da borracha**, que permitiu maior resistência do produto ao calor e ao frio. Antes disso, o material amolecia sob temperaturas elevadas e ficava muito rígido sob temperaturas baixas.

Com pigmentos escuros, a borracha passaria a fazer parte do cotidiano da vida moderna, sendo utilizada na fabricação de mangueiras, capas e tecidos impermeáveis, calçados, borrachas escolares, pneus, bonecas e bolas.

No início, a extração da borracha era feita por métodos aprendidos com os indígenas. Apertava-se o tronco das seringueiras com um cipó e faziam-se alguns cortes transversais, de onde escorria o látex (leite) até uma vasilha onde era recolhido, formando uma massa que os nativos chamavam *caoutchouc* (lágrimas de madeira). Depois esse látex era defumado e transformado em grandes bolas de borracha que eram guardadas em barracões para serem exportadas.

As árvores de seringueiras encontravam-se espalhadas pela floresta, distantes umas das outras. A extração da borracha era lenta. Como lentos são o extrativismo vegetal e a velocidade do Rio Amazonas.

A cada nova utilidade para a borracha, desenvolvida na Europa e nos Estados Unidos da América, maior se tornava a procura pelo látex das seringueiras. O preço dessa matéria-prima não parava de aumentar no mercado internacional. Os lucros da extração tornavam-se altíssimos.

Devastação

A lentidão da extração não combinava com a velocidade dos novos interesses econômicos. O ritmo passou a ser alterado. Em 1853, iniciou-se a navegação a vapor pelo Rio Amazonas. Mais veloz e com capacidade para maiores carregamentos e deslocamentos de pessoas. Em 1908, foi inaugurada a primeira estrada de ferro da região, ligando Belém a Bragança, no estado do Pará. Passou-se à derrubada de árvores e à extração de todo o seu látex. Destruídas as seringueiras próximas, avançava-se mais e mais pelo interior da Floresta Amazônica, até alcançar as fronteiras com os países vizinhos.

Tal ação modificou a paisagem da região. Verdadeiros desertos formaram-se em plena floresta, castigada pelos desmatamentos e assolada pelas queimadas. A aceleração do ritmo de ocupação da Amazônia provocou dores irreversíveis, e, nessa velocidade, talvez a floresta viesse a desaparecer.

A produção da borracha no Sudeste asiático

A partir de 1905, ingleses e holandeses retiraram sementes de seringueira do Brasil e desenvolveram sua produção na Malásia, Ceilão (atual Sri Lanka) e Indonésia. Com o plantio organizado, conseguiram dominar o mercado e baixar o preço do produto. Em 1919, menos de 10% da produção mundial comercializada era brasileira. A atividade entrou em decadência.

TÁ LIGADO

38. Explique o que é o processo de vulcanização da borracha.

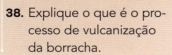

MARANHÃO

Ao iniciar o século XIX, o Maranhão contava com duas atividades econômicas igualmente importantes em volume de rendimentos: a **pecuária** e a **agricultura de exportação**.

No litoral, plantava-se açúcar e algodão. Embora rentável, a exportação maranhense não gerava tantos lucros quanto outras regiões, como a Bahia e Pernambuco. Mais distante da Europa, a província não conseguia competir com os principais núcleos açucareiros do Brasil.

No interior, dominava a pecuária, que atendia às necessidades dos habitantes da região. À medida que a criação de gado ia ocupando novas terras, o sertão maranhense ia sendo povoado.

Diferentes atividades, diferentes trabalhadores. Na agricultura de exportação do litoral prevalecia a mão de obra escrava, enquanto a pecuária utilizava os trabalhadores livres pobres. A divisão da província gerava duas realidades que acabariam se contrapondo. O litoral dependia inteiramente do mercado consumidor externo e do tráfico negreiro, enquanto o interior encontrava no território americano seus trabalhadores e seus consumidores.

CEARÁ

Na província do Ceará, a agricultura de exportação também foi a atividade mais importante. Destacava-se, sobretudo, a produção de algodão. Contudo, a concorrência dos Estados Unidos, grande produtor, nunca permitiu que a produção cearense alcançasse significativa rentabilidade, a não ser durante o período da Guerra Civil (1861-1865), quando os estadunidenses tiveram dificuldades de abastecer o mercado externo.

Além disso, o Ceará sofria com os períodos de grandes secas que afetavam drasticamente sua economia, não apenas a agricultura de exportação, mas toda a produção de alimentos, levando à miséria a população.

PERNAMBUCO

O cultivo da cana-de-açúcar continuou a se expandir em Pernambuco no século XIX. Novas plantações surgiram, incorporando regiões até então inexploradas (sul da província), e a produção representava mais de 50% do volume total de exportação de açúcar do Brasil.

No entanto, o aumento do volume não correspondeu ao aumento dos rendimentos. Em primeiro lugar, porque a concorrência externa forçou a queda dos preços no mercado externo. Em segundo lugar, porque o açúcar pernambucano perdia em qualidade para o açúcar das Antilhas, obtendo preços menores nas negociações.

Trabalhadores no porto, anônimo. Fortaleza, Ceará (Brasil), 1889.

MUSEU IMPERIAL, RIO DE JANEIRO, BRASIL

A principal concorrente de Pernambuco era a produção cubana, que empreendera a modernização do beneficiamento do açúcar, por meio da construção de grandes engenhos centrais, que utilizavam tecnologia moderna, permitindo o barateamento do produto e uma melhor qualidade.

No lugar de os engenhos localizarem-se nas diversas propriedades, como acontecia no Brasil, os fazendeiros cubanos especializavam-se apenas no plantio da cana, vendendo-a para os engenhos centrais onde ela era transformada em açúcar. Tal modernização necessitou de grandes investimentos, possíveis devido à entrada do capital estadunidense em Cuba no século XIX.

BAHIA

Na Bahia quase todas as atividades econômicas eram voltadas para o **mercado externo**. Na década de 1820, o açúcar ainda era o principal produto de exportação, mas já não rendia o mesmo que no passado. Um mercado saturado de açúcar e a concorrência de outras regiões, que também passaram a produzi-lo, explicam a queda nos rendimentos.

Apesar da queda nos ganhos, Salvador continuou a ser uma das mais importantes cidades do país no século XIX. Como antiga capital da colônia, Salvador ganhou dimensões que faziam dela a segunda maior cidade brasileira, atrás apenas do Rio de Janeiro.

Sua população numerosa estava dividida em diferentes grupos sociais e raciais. Proprietários de terras, comerciantes, escravizados, trabalhadores livres pobres, negros e mestiços. A grande quantidade de pessoas vivendo em liberdade, mas em condições precárias, e de escravizados fazia com que, em Salvador, as revoltas fossem frequentes. A decadência da produção açucareira e a pobreza que dela resultava tornavam a população da capital baiana propensa a rebeliões.

RIO GRANDE DO SUL

Nesta pintura do século XIX, Debret retrata os gaúchos dedicando-se à sua principal atividade, a pecuária.

Escravizado conduzindo tropas na Província do Rio Grande, Jean-Baptiste Debret. Aquarela sobre papel, 1823.

O povoamento do Rio Grande do Sul se deu basicamente em torno de duas atividades: a **defesa** das fronteiras com a América espanhola e a **pecuária**. Os constantes atritos e guerras com os vizinhos dificultaram o desenvolvimento da agricultura. A criação de gado prestava-se melhor para a situação de constantes guerras na fronteira por ser itinerante e demandar menos cuidados. A província fornecia ao restante da América lusitana mulas para o transporte de cargas. A partir do século XVIII desenvolveu-se na região a produção do charque, importante item na alimentação dos escravizados. Assim, a economia do Rio Grande do Sul era voltada para o mercado interno.

A economia rio-grandense era quase uma extensão de regiões vizinhas, especialmente do Uruguai. Esse país também tinha como atividade principal a pecuária e a indústria do charque. As grandes famílias proprietárias, de um lado e de outro da fronteira, controlavam a vida política local através dos **caudilhos**, líderes políticos-militares que tinham sob seu comando grandes milícias particulares.

Rio Grande do Sul e Uruguai tinham em comum não apenas a economia, mas também vários aspectos culturais, a começar pela figura do gaúcho.

SÃO PAULO E O CAFÉ

Durante os primeiros séculos de colonização, a produção de São Paulo se destinava ao **consumo interno**. Apenas no século XVIII o plantio de cana se estendeu pela capitania, depois da construção de estradas que ligavam a região do planalto ao porto de Santos.

O estabelecimento da Corte no Rio de Janeiro em 1808 permitiu que muitos fazendeiros e comerciantes paulistas passassem a se dedicar ao abastecimento da capital. Na mesma época, Sorocaba se firmava como posto de distribuição do gado proveniente do Rio Grande do Sul. Dessa forma, São Paulo articulava-se a outras regiões. Sua economia dependia, em parte, das atividades de outras províncias, da mesma forma que dependia da iniciativa do governo para construir estradas que permitissem o transporte da sua produção.

Mas foi a cafeicultura que marcou a economia paulista. Entre todas as atividades econômicas, a **expansão cafeeira** foi a mais importante no século XIX e teve início ao mesmo tempo que o Brasil se tornava um país independente. Rapidamente o produto assumiu o primeiro lugar na pauta de exportações nacionais e tornava-se prioridade na política econômica da monarquia.

O café começou a ser plantado nos arredores do Rio de Janeiro, no final do século XVIII. Naquela época, a bebida trazida do Oriente já era muito popular na Europa, cujo mercado era abastecido pelas plantações do Haiti. Entretanto, a revolução haitiana (1791-1804) interrompeu o seu fornecimento. Abriu-se, desse modo, uma brecha no comércio internacional que foi aproveitada pelos cafeicultores fluminenses.

A produção de café se concentrou, de início, no Vale do Paraíba, perto da cidade do Rio de Janeiro e foi, aos poucos, se expandindo em direção a São Paulo. No mapa abaixo, a expansão da cafeicultura no Sudeste, no século XIX.

EXPANSÃO CAFEEIRA

MÁRIO YOSHIDA

Legenda:
- Até 1850
- De 1850 a 1900
- De 1901 a 1950
- Depois de 1950

1. Vale do Paraíba fluminense e paulista
2. Zona da Mata mineira
3. Região de Campinas
4. Centro-Oeste paulista
5. Norte do Paraná-Vale do Ivaí
6. Sudeste do Mato Grosso do Sul

ESCALA
0   113   226 km

Fonte: Elaborado com base em RODRIGUES, J. A. *Atlas para estudos sociais*. Rio de Janeiro: Ao Livro Técnico, 1977.

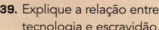

Escravizados em terreiro de café no Vale do Paraíba, Marc Ferrez. São Paulo, c. 1885.

O Vale do Paraíba

A possibilidade de enormes lucros levou os proprietários de terras no Vale do Paraíba a se interessarem pelo plantio do café. Na década de 1830, a região já era a mais rica do país, suplantando o Nordeste açucareiro.

A produção do Vale do Paraíba mantinha as mesmas características do modelo agroexportador: grandes extensões de terra compunham os imensos latifúndios, monocultura e mão de obra escrava.

As técnicas empregadas na cafeicultura eram extremamente rudimentares. As florestas eram queimadas, abrindo um descampado onde o café era plantado sem nenhuma preocupação com a preservação do solo, que, por isso, se esgotava rapidamente. A plantação era então mudada para terras virgens, onde as árvores seriam queimadas para dar lugar ao novo plantio do café. Isso provocava a erosão e o esgotamento do solo.

Os fazendeiros não tinham o menor interesse em utilizar tecnologia mais moderna, embora ela fosse acessível. Nem mesmo o arado podia ser encontrado nessas plantações. A razão disso era a utilização do trabalho escravo.

A tecnologia tem como vantagem economizar trabalho. Mas isso não interessava aos fazendeiros escravistas. O trabalho incessante, juntamente com o castigo físico, era um meio de garantir a disciplina dos escravizados. Um escravizado ocioso poderia ser um escravizado com tempo livre para pensar em fuga.

A utilização de máquinas e ferramentas mais eficazes para o plantio permitiria comprar menos escravizados, mas então não haveria braços suficientes para a colheita. Além disso, na sociedade escravista, o *status* social era determinado, entre outras coisas, pela quantidade de escravizados que um homem livre possuía. Nesse aspecto, a produção cafeeira do Vale do Paraíba não se diferenciava significativamente das plantações de cana nordestinas.

TÁ LIGADO ?

39. Explique a relação entre tecnologia e escravidão.

Colhedores de café em fazenda no Vale do Paraíba, Marc Ferrez. São Paulo, c. 1885.

O Oeste paulista

O mesmo não se pode dizer da agricultura de café no **Oeste paulista**. Na década de 1830, o café começou a ser plantado na região Centro-Oeste de São Paulo, nos arredores de Campinas. Ali, as condições eram bem diferentes das encontradas no Vale do Paraíba.

Para chegar a **Santos**, o principal polo exportador dos produtos de São Paulo, o café era transportado durante dias no lombo de mulas, que tinham de percorrer um caminho acidentado e difícil, na descida da Serra do Mar. O resultado era que parte do café estragava-se no percurso. Além disso, esse tipo de transporte era muito caro e lento. Mesmo assim, a lucratividade da produção paulista estimulou sua expansão. Novas fazendas eram montadas em direção ao interior, cada vez mais para Oeste e distante do porto de Santos, agravando-se o problema do transporte que só viria a se resolver com a construção de estradas de ferro, como veremos no capítulo 12.

MINAS GERAIS

Após o declínio da mineração no final do século XVIII, a economia de Minas Gerais passou a se fundamentar na lavoura e na pecuária. Mantiveram-se as atividades extrativas, de ouro e diamante, embora em pequenas quantidades, e passou-se também a extrair minério de ferro.

No século XIX, houve um esforço do governo em promover atividades metalúrgicas no Brasil, com a Fábrica de Ferro de Ipanema em São Paulo e fábricas em Minas Gerais, como a Real Usina de Ferro do Morro do Pilar, a Usina da Prata em Congonhas do Campo e a Fábrica de São Miguel de Piracicaba, em Caeté. No entanto essas iniciativas acabaram frustradas em função de dificuldades técnicas que impediram que os produtos saídos dessas fábricas concorressem com o ferro e o aço importados.

A existência dessas fábricas aponta para uma característica importante da economia da província: sua diversificação. Enquanto outras províncias concentravam prioritariamente (embora não exclusivamente) suas atividades em um tipo de produção, em Minas Gerais houve o que se poderia chamar de especialização de cada área, em atividades distintas.

A zona de extração, denominada Central-Metalúrgica, abrangia Mariana, Ouro Preto, Caeté, entre outras cidades. No sul de Minas prevaleceu a agricultura alimentícia com caráter mercantil, organizando-se em grandes latifúndios com mão de obra escrava.

Com a vinda da Corte para o Rio de Janeiro em 1808, a capital se tornou, com o grande aumento da população, um importante mercado de gêneros alimentares, que passaram a vir de Minas Gerais, principalmente da região de São João del-Rei. Já na Zona da Mata expandiu-se a agricultura cafeeira para exportação. Dada a alta lucratividade da exportação do café, então principal atividade econômica do país, a Zona da Mata tornou-se a partir da década de 1870 a região mais rica da província.

Essa diversidade econômica gerava frequentes conflitos no interior da elite mineira, representada na Assembleia Legislativa provincial. Cada região reivindicava investimentos públicos para beneficiar suas atividades e não havia recursos para contentar todo mundo. Por essa razão, em vários momentos, elites de algumas localidades reivindicaram sua separação de Minas Gerais e a criação de novas províncias.

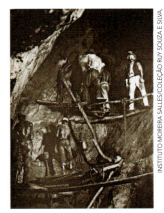

Primeira foto do trabalho no interior de uma mina de ouro, Marc Ferrez. Minas Gerais (Brasil), 1880.

TÁ LIGADO

40. Apresente a diversidade econômica de Minas Gerais no século XIX.

Mercado e Igreja de São Francisco, Marc Ferrez. Ouro Preto, Minas Gerais (Brasil), c. 1880.

O futebol, a tecnologia da bola e a esportização da sociedade

O século XIX foi marcado pela Revolução Industrial, que permitiu grandes desenvolvimentos tecnológicos. Surgiram a ferrovia, o telégrafo, a lâmpada elétrica, o cinema, o navio a vapor, o automóvel e a borracha vulcanizada.

Nesse mesmo período desenvolveram-se também os grandes esportes coletivos: voleibol, basquetebol, rúgbi e o futebol.

O que esses esportes têm em comum? Em primeiro lugar: a bola! Os seres humanos jogam bola há muitos séculos. Chutavam, arremessavam e socavam bolas de couro recheadas de crinas, pelos, sementes, bolas de madeira, bolas de cerâmica, bolas de algodão, bolas de bexiga de boi. Na América e na África, faziam-se bolas de borracha com a seiva da seringueira. Eram as melhores, mas deformavam com facilidade durante os jogos e com as variações de temperatura.

A vulcanização da borracha permitiu o desenvolvimento de novas e modernas bolas. Feitas de couro, costuradas à mão, essas bolas tinham câmaras de ar no seu interior. Uma pequena válvula permitia que a bola fosse enchida de ar. Resistentes, macias e com o peso ideal para cada modalidade esportiva, as novas bolas permitiram o desenvolvimento de novos esportes.

O futebol começou a ser organizado na Inglaterra no século XIX. O país mais rico e poderoso do mundo e o lugar onde a tecnologia mais se desenvolvia.

O jogo era praticado, principalmente, entre estudantes, nas suas horas de recreação e nas aulas de esportes e educação física. No entanto, cada colégio ou universidade tinha regras próprias. Número de jogadores, tempo de jogo, tipo da bola, tamanho do campo, marcação de pontos, penalidades, enfim, todos os elementos teriam de ser padronizados. Para que pudesse se desenvolver, era necessário estabelecer regras. E essas regras não poderiam mudar durante os jogos ou variar em cada região.

Partida de futebol entre as universidades de Oxford e Cambridge, anônimo. Litografia colorida, 1895.

Em 1848, em uma cidade inglesa chamada Cambridge, organizou-se o primeiro conjunto de regras para o futebol. Na verdade, criaram-se regras para dois esportes: futebol e rúgbi (semelhante ao futebol americano). Ambos nasceram praticamente juntos.

O rúgbi era um esporte praticado no colégio *Rugby*, em Warwickshire. Cada time tem 15 jogadores (ou 13), a bola é oval, e todos os jogadores, além de chutar, podem pegar a bola com as mãos. O jogo tem dois tempos de 40 minutos. O objetivo é levar a bola até a linha de fundo e ao gol do adversário.

Estabeleceu-se para o futebol que os jogadores não podem usar as mãos (com exceção dos goleiros), a bola é redonda, e os times têm 11 jogadores. O futebol tornou-se muito popular entre os ingleses, que passaram a organizar campeonatos entre os times do país. Rapidamente, as regras inglesas para o futebol foram adotadas em vários países do mundo. Como outros costumes ingleses.

Em 1904, foi fundada a Fifa (Fédération Internationale de Football Association), entidade responsável por organizar as práticas do esporte que acabou se tornando o mais conhecido e praticado no mundo.

Além da bola, esses esportes desenvolvidos no século XIX representavam uma decisiva mudança de comportamentos. Estava em curso uma modernização dos corpos, o que envolvia disciplina, condicionamento físico, busca de recordes e o estabelecimento de regras em escala mundial. De certo modo, a competição capitalista contagiou as atividades recreativas.

A violência e a intensidade da força física dos antigos jogos passavam agora a ser controladas e limitadas. As regras estabeleciam igualdade de oportunidades e o mesmo número de participantes nas disputas dos esportes coletivos.

Esse processo estabelecido ao longo do século XIX ficou conhecido como **esportização da sociedade** e representava a adequação dos jogos à lógica das sociedades industriais nascentes. Irradiados a partir da Europa e dos Estados Unidos, tais esportes seriam difundidos para todos os demais continentes.

Partida de rúgbi, anônimo. Litografia colorida, século XIX.

1. Releia o quadro complementar "Independência: resistências e guerras" (p. 143). Agora responda ao que se pede:

   a) A partir da leitura do quadro, é possível sustentar que a emancipação política do Brasil foi pacífica? Justifique.

   b) No caso da Bahia, em quais aspectos o processo de emancipação diferencia-se daquele ocorrido no Centro-Sul do Brasil?

2. Compare o processo de emancipação política brasileira aos processos semelhantes ocorridos nos Estados Unidos, no conjunto da América espanhola e no Haiti. Discuta, sobretudo, a questão da participação popular e a direção dos movimentos.

3. No seu caderno, utilizando as palavras-chave abaixo, contextualize a antecipação da maioridade de Dom Pedro II em 1840.
   - Câmara dos Deputados
   - Partido Liberal
   - Partido Conservador
   - maioridade

4. Organize uma tabela comparativa das rebeliões no período regencial a partir dos seguintes critérios: período, lugar, liderança, participantes e propostas.

5. Comente o impacto da Revolta dos Malês para a sociedade brasileira do século XIX.

6. Explique o que é o modelo agroexportador.

7. Utilizando como critérios a região, a mão de obra e o mercado consumidor, aponte as características da produção dos seguintes produtos:
   a) algodão   b) borracha   c) café

8. Defina cada um dos conceitos abaixo e organize um pequeno dicionário conceitual em seu caderno:
   - aposentadoria
   - Poder Moderador
   - voto censitário
   - Guarda Nacional
   - Assembleias Legislativas Provinciais
   - Partido Conservador
   - liberais moderados
   - Partido Liberal
   - vulcanização da borracha
   - esportização da sociedade

9. Vamos construir nossos *tags*. Siga as instruções do *Pesquisando na internet* na seção **Passo a passo** (p. 7) utilizando as palavras-chave abaixo:

   Poder Moderador
   Poder Judiciário
   Poder Executivo
   Poder Legislativo

LEITURA COMPLEMENTAR

Leia o discurso de frei Caneca contra a Constituição de 1824 e responda às questões a seguir.

DISCURSO DE FREI CANECA

Os conselhos das províncias são uns meros fantasmas para iludir os povos; porque devendo levar suas decisões à Assembleia Geral e ao Executivo conjuntamente, isto bem nenhum pode produzir à província; pois que o arranjo, atribuições e manejo da assembleia geral faz tudo em último resultado depender da vontade e arbítrio do Imperador, que arteiramente avoca tudo a si e de tudo dispõe a seu contento, e pode oprimir a nação do modo mais prejudicial, debaixo das formas da lei. Depois, tira-se aos conselhos o poder de projetar sobre a execução das leis, atribuição esta que parece de suma necessidade ao conselho, pois que este, mais que nenhum outro, deve estar ao fato das circunstâncias, do tempo, lugar, etc. de sua província, conhecimentos indispensáveis para a cômoda e frutuosa aplicação das leis.

CABRAL DE MELLO, Evaldo (Org.). *Frei Joaquim do Amor Divino Caneca*. São Paulo: Ed. 34, 2001. p. 563.

1. Esclareça os motivos de frei Caneca ao considerar os conselhos de província um dos defeitos graves da Constituição de 1824.

2. Aponte a função desejada por frei Caneca para os conselhos.

3. Por que Caneca considerava fundamental os conselhos terem liberdade de decisão?

4. Esse texto pode ser considerado um documento histórico? Justifique.

PONTO DE VISTA

Bandeira imperial

Bandeira Imperial do Brasil, Jean-Baptiste Debret. Litografia aquarelada, século XIX.

BIBLIOTECA NACIONAL, RIO DE JANEIRO (RJ), BRASIL

Observe acima a reprodução da bandeira do Império brasileiro que entrou em vigor em 1822. Dentro do losango amarelo, no lado esquerdo, há um ramo de café.

Com base no que você estudou neste capítulo, como você explicaria a presença do ramo de café na bandeira imperial?

PERMANÊNCIAS E RUPTURAS

Regência, Monarquia e República

No século XIX, o regime vigente no Brasil era a monarquia. Naquele período, como foi visto, houve uma fase em que o governo foi exercido por regentes eleitos pelos mesmos eleitores que elegiam deputados e vereadores. Hoje vivemos em uma República presidencialista, na qual o Poder Executivo é exercido por um presidente eleito pelo voto dos eleitores de todo o país.

1. Embora durante a Regência houvesse eleições até para o chefe do Executivo, quais as diferenças entre o sistema político daquele período e o atual?

2. De acordo com o que você leu no capítulo, o fato de os eleitores escolherem o chefe do Executivo ao votarem para o cargo de regente não significava que houvesse democracia no Brasil. Hoje em dia, vivemos em uma democracia no Brasil? Justifique sua resposta.

Filme

Anahy de las misiones
Brasil, 1997.
Direção de Sérgio Silva.
Arrastando um velho carroção, Anahy, mulher forte dos pampas, mãe de quatro filhos, todos de pais diferentes, luta para sobreviver em plena Revolução Farroupilha.

Livros

A Revolução Farroupilha de (1835--1845)
ALBUQUERQUE, E. S. São Paulo: Saraiva, 2003.

Café e modernização
LUCA, T. R. São Paulo: Atual, 2005.

Nordeste insurgente (1850-1890)
MONTEIRO, H. de M. São Paulo: Brasiliense, 1981.

A economia cafeeira
LAPA, J. R. do A. São Paulo: Brasiliense, 1983.

Sites

(Acessos em: 22 set. 2018)

<https://goo.gl/KDxB1C>
Documentário sobre o ciclo da borracha na Amazônia e suas consequências. Em português.

<https://goo.gl/SWPLbq>
É possível conhecer o Museu do Café, localizado no centro de Santos-SP por meio de um *tour* virtual interativo e bastante completo pela Sala do Pregão. Em português.

Reprodução proibida. Art. 184 do Código Penal e Lei 9.610 de 19 de fevereiro de 1998

CAPÍTULO 9

Nações, nacionalismo e socialismo

PORTAS ABERTAS

OBSERVE AS IMAGENS

1. Explique o tipo de emoção despertada por essas imagens nas pessoas de cada um desses países.

2. No seu caderno, esclareça o significado de nacionalismo.

3. Sempre existiu o nacionalismo como pensamos hoje? Os gregos antigos tinham sentimentos nacionalistas? Os camponeses medievais habitantes da região atual da França se viam como franceses? Os indígenas habitantes do que chamamos hoje Brasil, no período anterior à chegada dos portugueses, sentiam-se brasileiros?

Equipe brasileira de natação no pódio. XIV Jogos Panamericanos, República Dominicana, 2003.

ANTÔNIO GAUDÉRIO/FOLHAPRESS

Gustavo Borges, Fernando Scherer, Jader Souza e Carlos Jayme (da esq. para dir.), equipe brasileira de natação, medalha de ouro na prova de revezamento 4 × 100 dos XIV Jogos Panamericanos em Santo Domingo, na República Dominicana, em 2003.

Seleção italiana comemora tetracampeonato da Copa do Mundo. Estádio Olímpico, Berlim (Alemanha), 2006.

Seleção alemã comemora vitória sobre a seleção brasileira no Campeonato Mundial de Futebol Feminino. Xangai (China), 2007.

Dia Nacional da Bandeira da Etiópia. Adis Abeba (Etiópia), 2000.

FRANÇA: TERRA DAS REVOLUÇÕES

Tradicionalismo, liberalismo e nacionalismo. Até 1848, as lutas políticas europeias desenvolveram-se em torno dessas referências.

As medidas restauradoras do Congresso de Viena (1814-1815) haviam sido motivadas pelo tradicionalismo. Monarquia, hierarquia, religião, família e propriedade eram os principais elementos da ordem social proposta pelos tradicionalistas. Seus discursos e projetos tinham caráter de **reação** às "perigosas ideias" de República – igualdade, liberdade e fraternidade – estimuladas durante a Revolução Francesa.

História e nacionalismo

O nacionalismo havia se vinculado à Revolução Francesa. Defender a pátria, durante o período de guerras, era também defender a revolução. E vice-versa. No Exército Francês, o nacionalismo era um dos principais estímulos aos soldados. Na primeira metade do século XIX, os movimentos nacionalistas confundiam-se muitas vezes com os movimentos liberais, em luta contra os conservadores e absolutistas.

O nacionalismo imprimia uma idealização do passado. Cada povo era apresentado como especial diante dos demais. Com mais virtudes, com uma história mais gloriosa,

Retorno das cinzas de Napoleão a Paris em 15 de dezembro de 1840, Adolphe Bayot/Eugène Guérard. Litografia colorida, século XIX.

A imagem representa o imenso cortejo organizado para o retorno dos restos mortais de Napoleão Bonaparte. Essa cerimônia foi realizada quase vinte anos após sua morte.

até mesmo como uma nação escolhida (ou abençoada) por Deus.

Para muitos dos nacionalistas, o Estado não deveria ser visto como expressão da vontade do seu governante (como nos discursos absolutistas). O Estado-nação deveria ser a incorporação da vontade de seus cidadãos. Não haveria liberdade, se o povo não fosse livre para ter um governo próprio nos seus territórios.

População, povo, indivíduo e cidadão. Tais designações, muitas vezes imprecisas, seriam muito utilizadas nas lutas políticas do século XIX.

Após a derrota de Napoleão Bonaparte, o trono francês foi ocupado por Luís XVIII, irmão do rei Luís XVI, decapitado. A restauração da dinastia dos Bourbon foi marcada pelo estabelecimento de uma **monarquia constitucional** (com eleições para o Legislativo) e pela oposição entre tradicionalistas extremados (conhecidos como **ultras**) e liberais. Durante o reinado de Luís XVIII, jacobinos e bonapartistas (seguidores de Napoleão) foram duramente perseguidos.

A REVOLUÇÃO DE 1830

Os ultras se fortaleceram com a subida de Carlos X ao trono em 1824. Apoiado pela Igreja e pelos conservadores, Carlos X impôs limites à liberdade de imprensa e transferiu o ensino para o poder eclesiástico.

A oposição liberal, defensora do Estado constitucional, do direito de voto e das liberdades individuais, conquistou a maioria das cadeiras da Câmara dos Deputados em 1828. A partir de então, as tensões entre o Parlamento e a monarquia se intensificaram.

Em julho de 1830, aqueles que eram contrários aos decretos do rei Carlos X foram às ruas de Paris. Levantaram barricadas, recebendo a adesão de regimentos do Exército que tinham desertado e das mulheres. Na luta que se seguiu, cerca de 2 mil parisienses foram mortos.

Como resposta, o rei francês impôs a censura completa, dissolveu a Câmara dos Deputados e reformulou a lei eleitoral, de maneira a fortalecer a participação política dos setores aristocráticos.

Liderados pela burguesia liberal e por nacionalistas, milhares de parisienses se rebelaram contra o monarca francês em julho de 1830. Trabalhadores urbanos, estudantes, pequenos e médios comerciantes, industriais e banqueiros participaram ativamente da **Revolução de 1830**.

O rei burguês

No lugar de se proclamar a república, as lideranças da revolução optaram por manter a monarquia. Temia-se a radicalidade dos trabalhadores e classes médias. O trono foi oferecido ao duque de Orléans, Luís Felipe I, que reinaria até 1848.

Durante o reinado de Luís Felipe – o "rei burguês", como ficou conhecido –, a bandeira francesa tricolor voltou a ser adotada como símbolo nacional. Um programa de **reformas políticas** que atendiam aos interesses da alta burguesia foi adotado: Monarquia Constitucional, Poder Legislativo forte, voto censitário (de acordo com o poder econômico dos cidadãos) e fim da censura.

Para os trabalhadores e a pequena burguesia, em grande parte republicanos praticamente excluídos da participação política, as reformas eram insuficientes. Sem reformas sociais e econômicas, a insatisfação entre esses setores ainda se manteria por mais alguns anos.

A Revolução de 1830 na França sepultou os projetos restauradores que orientaram o Congresso de Viena e estimulou uma série de movimentos a Europa: Bélgica, Polônia, Suíça e em partes da Itália e Alemanha. Até mesmo a abdicação de Dom Pedro I e a instauração da Regência no Brasil podem ser compreendidas dentro desse mesmo processo.

TÁ LIGADO?

1. Liste os elementos da ordem social propostos pelo chamado tradicionalismo.

2. Indique quem eram os ultras na França no início do século XIX.

3. O que defendia a oposição liberal a Carlos X?

4. Liste o programa de reformas implementado pelo rei Luís Felipe.

O pintor Eugène Delacroix representou a República francesa personificada na figura de uma mulher, Marianne, simultaneamente enérgica, guerreira, protetora e maternal.

A liberdade conduzindo o povo, Eugène Delacroix. Óleo sobre tela, 1830.

MUSEU DO LOUVRE, PARIS, FRANÇA

1848: A PRIMAVERA DOS POVOS

O levante, Honoré Daumier.
Óleo sobre tela, c. 1860.

"Estamos dormindo sobre um vulcão... Os senhores não percebem que a terra treme mais uma vez? Sopra o vento das revoluções, a tempestade está no horizonte." A frase do deputado e intelectual francês Alexis de Tocqueville exemplifica a situação vivida na França no início de 1848.

Quase ao mesmo tempo, dois pensadores socialistas publicavam um pequeno livro que trazia um diagnóstico semelhante. No *Manifesto Comunista* de 1848, Karl Marx e Friederich Engels afirmavam: "Um espectro ronda a Europa – o espectro do comunismo. Todas as potências da velha Europa [estão unidas] numa Santa Aliança para exorcizá-lo: o papa e o czar, Metternich e Guizot, os radicais franceses e os espiões da polícia alemã".

O governo francês instaurado em 1830 não foi capaz de atender às reivindicações populares. De orientação liberal, Luís Felipe I nomeou ministros que estimularam a industrialização na França, o que viria a fortalecer economicamente a alta burguesia. Transformações no campo pioraram a situação econômica dos camponeses. Em sua imensa maioria, deslocavam-se para as cidades, em busca de trabalho, ampliando ainda mais o número de proletários urbanos.

A crise econômica

Uma grave crise econômica ocorreu em 1846, afetando a produção agrícola e o abastecimento das cidades. A alta do preço dos alimentos e o desemprego tornaram ainda piores as terríveis condições sociais dos trabalhadores urbanos. O clima era de revolução, como advertiria Tocqueville. E François Guizot, citado por Marx no *Manifesto Comunista*, era o primeiro-ministro francês entre 1847 e 1848.

A crise econômica ampliava a insatisfação política com as restrições à participação dos trabalhadores. Voto universal, república, reformas sociais e econômicas e socialismo. Essas palavras e expressões eram utilizadas para mobilizar a população parisiense e para golpear a monarquia francesa.

Em fevereiro de 1848, milhares de estudantes, trabalhadores e até mesmo setores da burguesia tomaram as ruas de Paris formando barricadas, como havia ocorrido em 1830. Na madrugada do dia 24, forças militares abriram fogo contra os manifestantes, matando cerca de 500 revoltosos.

TÁ LIGADO

5. Compare voto censitário e voto universal.

As mulheres e a Revolução de 1848

Marianne tornou-se o símbolo da Revolução Francesa. A República, a Nação, a Liberdade, a Democracia, a Justiça foram personificadas na figura de uma mulher. Apesar da intensa participação feminina na Revolução Francesa, sua organização em clubes e suas reivindicações de igualdade presentes na declaração de Olympe de Gouges, as mulheres foram excluídas da cidadania política, seus clubes foram fechados e Olympe foi guilhotinada.

Entre 1830 e 1848, a França conheceu um novo período de agitação revolucionária que sacudiu as bases da ordem estabelecida. Mais uma vez os clubes femininos se espalharam e as mulheres, além de reivindicarem igualdade jurídica e direito a voto e participação política, também lutavam pelo direito a instrução, trabalho e igualdade de salários. As difíceis condições de trabalho impostas às mulheres conduziram-nas a reivindicações que coincidiram com as da classe operária em geral, estabelecendo uma relação entre o feminismo e os movimentos de esquerda. A palavra **feminismo** começou a ser veiculada em francês (*féminisme*) no mesmo período que a palavra **socialismo**. Nascidas durante a Revolução de 1830 e jovens durante a Revolução de 1848, essa geração de mulheres revolucionárias tornou-se a mais notável até então e a mais importante na luta pela emancipação feminina.

Jeanne Deroin, anônimo. Ilustração extraída do jornal *L'Opinion des femmes*, nº 1, jan. 1849.

Jeanne Deroin (1805-1894) foi uma figura de destaque durante a Revolução de 1848 na campanha pelos diretos da mulher ao voto.

A SEGUNDA REPÚBLICA FRANCESA

Os discursos tornaram-se ainda mais radicais e exigiam a renúncia do rei Luís Felipe I. Integrantes da Guarda Nacional, destacados para reprimir os revoltosos, acabaram aderindo à revolução. O monarca abdicou no mesmo dia. Era instaurada a **Segunda República** na França (a primeira havia sido proclamada em 1792).

Formou-se um governo provisório que reunia liberais, republicanos e socialistas moderados. Na verdade, era um governo de maioria da burguesia liberal. Em abril, com a adoção do voto universal masculino, ocorreram eleições para uma **Assembleia Nacional Constituinte**, resultando em ampla maioria de conservadores, monarquistas e republicanos moderados. Os votos das barricadas de Paris não conseguiram superar os votos da alta burguesia, da velha aristocracia, das outras cidades francesas, dos setores católicos, de camponeses e grupos apreensivos com a radicalidade popular.

TÁ LIGADO?

6. Aponte as reivindicações das revolucionárias francesas entre 1830 e 1848.

Inconformados, em maio, líderes populares tentaram tomar a Assembleia Nacional e forçar a formação de um novo governo provisório, sob o seu controle. Em junho, milhares de trabalhadores foram mortos pelas forças militares governamentais. A movimentação política era intensa na primavera de 1848. E sangrenta.

Promulgada a nova Constituição francesa, estabelecia-se o voto direto para a presidência da República, sem direito a reeleição. A primeira eleição, ocorrida em novembro de 1848, foi vencida por Luís Napoleão Bonaparte, com cerca de 73% dos votos. Sua campanha eleitoral baseou-se em promessas de grandeza nacional, consolidação de direitos aos trabalhadores e ordem social.

A Primavera dos Povos

As revoluções de 1848 não se limitaram ao território francês e espalharam-se pela Europa central. As oposições liberais e nacionalistas rebelaram-se procurando estabelecer regimes republicanos, ampliar direitos políticos ou garantir a independência de determinadas nações.

As intensas lutas políticas forneciam ricas experiências ao movimento operário. Ainda sem estruturas políticas e sindicais bem desenvolvidas, começavam a surgir lideranças ativas entre os trabalhadores. As bandeiras vermelhas começavam a ser identificadas a ideias socialistas e a ser desfraldadas pelo movimento operário.

Mesmo assim, as mudanças foram importantes: na França, o direito de voto foi estendido a todos os homens; na Prússia e em outros Estados alemães, foram estabelecidos os parlamentos, dominados ainda por príncipes e aristocratas. Nas décadas seguintes, as reformas liberais se tornariam mais difundidas.

Fonte: Elaborado com base em DUBY, Georges. *Grand Atlas Historique*. Paris: Larousse, 2008.

Lamartine recusa a bandeira vermelha em 25 de fevereiro de 1848, Henri Félix Emmanuel Philippoteaux. Óleo sobre tela, século XIX.

PRIMAVERA DOS POVOS (1848)

MÁRIO YOSHIDA

Rebeliões de 1848

ESCALA
0   320   640 km

O SEGUNDO IMPÉRIO

O prestígio do sobrenome Bonaparte permitiu que o sobrinho do falecido imperador obtivesse a vitória esmagadora. Se a primavera havia sido dos trabalhadores e setores populares, o inverno marcaria o domínio da burguesia e dos setores mais conservadores da sociedade francesa.

A Segunda República francesa durou pouco mais de 3 anos. Em dezembro de 1851, Luís Napoleão aplicou um golpe de Estado e dissolveu a Câmara dos Deputados. Proclamou-se imperador com o título de **Napoleão III**. Tinha início o **Segundo Império** (1852-1870).

Diante dessa situação, tornou-se célebre e irônica a análise de Karl Marx, escrita em 1852, no texto denominado *O 18 Brumário de Luís Bonaparte*:

> Hegel [filósofo alemão] observa [...] que todos os grandes fatos e personagens da história universal aparecem como que duas vezes. Mas esqueceu-se de acrescentar: uma vez como tragédia e a outra como farsa. Caussidière por Danton, Louis Blanc por Robespierre [...] o sobrinho pelo tio. E a mesma caricatura nas circunstâncias em que apareceu a segunda edição do 18 Brumário.
>
> MARX, K. *O 18 Brumário de Luís Bonaparte*. Lisboa: Avante, 1982. p. 21.

O governo autoritário de Napoleão III permitiu um grande desenvolvimento econômico para a indústria francesa. As proibições às greves operárias e à organização sindical, a manutenção da jornada de 12 horas diárias, a censura e a repressão aos líderes dos trabalhadores garantiram a dominação social burguesa até 1870.

Juntamente com a industrialização, o governo de Napoleão III impulsionou o desenvolvimento financeiro do país e estabeleceu um conjunto de obras de infraestrutura: rede ferroviária, reformas nos portos e estradas.

TÁ LIGADO?

7. Identifique o grupo vitorioso e os derrotados com a eleição de Luís Bonaparte em 1848.

A reconstrução de Paris

Paris deveria tornar-se um símbolo da modernidade industrial europeia. Foram executadas grandes obras de saneamento, construídas grandes avenidas e reconstruídos edifícios. Os novos esgotos percorriam toda a cidade, separando a água limpa que abastecia as residências dos dejetos que eram coletados.

Quarteirões inteiros foram derrubados causando o desaparecimento de casas antigas e ruas estreitas. A população mais pobre foi expulsa de seus lares e teve de deslocar-se para áreas mais distantes do centro. Para as elites, a cidade contaria agora com largas avenidas re-

Boulevard de Clichy. Paris, 1890.

pletas de lojas e cafés, além de grandes parques arborizados. Passarelas para os desfiles elegantes da burguesia parisiense.

8. Relacione a modernização de Paris comandada por Hausmann e as barricadas populares.

9. Aponte os significados históricos representados pelo Rali Paris-Dakar.

Paris também se tornou um imenso canteiro de obras. A modernização da cidade ficou a cargo do barão Georges-Eugene Hausmann. Além de facilitar a circulação e embelezar a cidade, a intenção era também política: dificultar a formação de barricadas em ruas da cidade e, assim, retirar uma tática importante dos trabalhadores em suas lutas e movimentos.

O "artista demolidor", como ficou conhecido, deixou como legado uma cidade ordenada sob formas geométricas e uma imensa dívida pública.

As dívidas da França também aumentaram devido à política externa do governo. A ampliação dos territórios coloniais na África, a participação em diversos conflitos europeus, uma desastrosa intervenção no México e, sobretudo, a **Guerra Franco-Prussiana (1870-1871)** arruinaram as finanças públicas francesas. A captura do imperador Napoleão III na batalha de Sedan pelas forças prussianas ofereceu a ocasião para um golpe de estado que estabeleceria a **Terceira República** francesa.

A África Ocidental Francesa e o Rali Paris-Dakar

O rali é uma competição automobilística que se desenvolve em etapas. A equipe vencedora é aquela que percorre o circuito no menor tempo, levando-se em consideração a tomada de tempo em cada etapa. Desde 2006, além dos carros, motos e caminhões, começou a ser organizada também uma competição de ciclistas.

O Rali Paris-Dakar é praticado desde 1978. No seu percurso, os corredores têm de enfrentar a difícil travessia do Deserto do Saara e a hostilidade de grupos armados. Inúmeros acidentes e algumas mortes marcaram esses mais de 30 anos da competição. A partir de 2009, passou a ser disputado na América do Sul.

A cidade de Dakar foi fundada pelos franceses em 1857, no contexto de ampliação territorial do Império de Luís Bonaparte. A partir da costa do Senegal, os conquistadores franceses penetraram o interior da região que posteriormente passou a ser denominada **África Ocidental Francesa**, composta de oito territórios: Senegal, Mauritânia, Sudão Francês (Mali), Guiné, Costa do Marfim, Níger, Alto Volta (Burkina Faso) e Daomé (Benin).

Em 1903, estabeleceu-se a mais tradicional competição ciclística francesa: a **Volta da França**, na qual os competidores percorrem o território do seu país.

Um importante intelectual francês, Roland Barthes (1915-1980), definiu a Volta da França como o momento em que os franceses revivem seu passado rural, aprendem a geografia de seu país, identificam suas fronteiras e os seus produtos. Para Roland Barthes, todo francês teria um pouco de geógrafo.

Nesse sentido, o Rali Paris-Dakar também permite aos franceses (e aos povos dominados) uma certa lembrança geográfica e histórica: a competição remonta ao território de seu antigo império colonial na África.

Fonte: Elaborado com base em JOLLY, Jean. *L'Afrique Atlas Historique*. Paris: L'Harmattan, 2008.

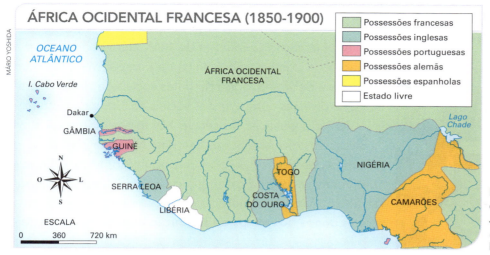

ÁFRICA OCIDENTAL FRANCESA (1850-1900)

Possessões francesas
Possessões inglesas
Possessões portuguesas
Possessões alemãs
Possessões espanholas
Estado livre

OCEANO ATLÂNTICO

I. Cabo Verde

Dakar

GÂMBIA

GUINÉ

SERRA LEOA

LIBÉRIA

ÁFRICA OCIDENTAL FRANCESA

TOGO

COSTA DO OURO

Lago Chade

NIGÉRIA

CAMARÕES

N O L S

ESCALA
0   360   720 km

Fonte: Elaborado com base em JOLLY, Jean. *L'Afrique Atlas Historique*. Paris: L'Harmattan, 2008.

A COMUNA DE PARIS

Com a cidade de Paris sitiada pelos prussianos, foi instituído um governo provisório que tentou resistir à ofensiva militar da Prússia, mas acabou capitulando em janeiro de 1871. Um novo governo, liderado por **Adolfo Thiers**, selou a paz definitiva e permitiu a entrada dos prussianos na capital. Isso provocou fortes reações dos parisienses, que, com a Guarda Nacional, haviam defendido a cidade durante o assédio prussiano.

Em março de 1871, foi desencadeada uma movimentação popular, liderada pelos trabalhadores. Com a fuga das autoridades governamentais, organizou-se a **Comuna de Paris**, um autogoverno oficialmente denominado Federação Republicana da Guarda Nacional. Uma nova "primavera" tinha início em Paris. Dessa vez, a liderança do movimento era fundamentalmente operária e provocou uma fuga da burguesia e dos setores conservadores da cidade.

O governo revolucionário, que durou de 18 de março a 28 de maio de 1871, implementou uma série de medidas anticapitalistas e em defesa dos interesses dos trabalhadores, como a legalização dos sindicatos, a redução da jornada de trabalho e a proibição do trabalho noturno, a desapropriação de casas abandonadas, a socialização de empresas abandonadas por seus proprietários, o fim da pena de morte e a implementação da educação laica, pública e gratuita.

Em maio, tropas do Exército francês retomaram a cidade. Com forças bem treinadas, mais bem armadas e preparadas, milhares de rebeldes foram mortos, aprisionados ou deportados, no episódio que ficou conhecido como a **Semana sangrenta**.

Como a primeira revolução da classe operária, no entanto, a Comuna de Paris representou uma experiência decisiva para o futuro das lutas dos trabalhadores em todo o mundo. As reflexões sobre a possibilidade de uma revolução proletária tornaram-se mais constantes e elaboradas. Na Europa e na América, as classes dominantes sentiram-se ameaçadas.

TÁ LIGADO?

10. Aponte as medidas adotadas pelo governo instalado com a Comuna de Paris de 1871.

Comuna de Paris, Grande Panorama, Charles Castellani. Cartaz, 1871.

SZEPMŰVESZETI MUZEUM, BUDAPESTE, HUNGRIA

As barricadas (guerra civil), Édouard Manet. Nanquim, aquarela e guache sobre papel, 1871.

Durante a Guerra Franco-Prussiana, Manet alistou-se na Guarda Nacional. Nessa obra, Manet representou os conflitos armados com crueza seguindo a linha de representação iniciada em *A execução de Maximiliano*. O pelotão descarrega suas armas ante a barricada popular. O traço rápido e largas pinceladas impressionistas reforçam o efeito de violência.

PENSANDO A REVOLUÇÃO

No *Manifesto Comunista* de 1848, além de identificar a situação de contestação política na Europa, Marx também procurava decifrar a lógica das lutas sociais da classe operária e de diversas outras classes sociais ao longo da história.

As lutas políticas do século XIX foram objeto de suas análises em diversos outros escritos. No lugar das vagas e abstratas definições de povo e população, Marx e Engels preferiram recorrer à categoria **classe social**, ou seja, a posição social que os indivíduos ocupam na produção, seja como **donos dos meios de produção** (terras, máquinas, ferramentas), seja como detentores da força de trabalho. No lugar do apelo nacionalista, formularam uma palavra de ordem **internacionalista**: "Operários de todo o mundo, uni-vos!". No lugar de uma sociedade dividida em ricos e pobres, acreditaram na construção de uma sociedade igualitária, na qual as riquezas seriam divididas entre todos os seus integrantes e sob o controle dos trabalhadores.

O SOCIALISMO CIENTÍFICO

No *Manifesto Comunista* de 1848, Marx e Engels defendiam a construção de uma sociedade igualitária, na qual as riquezas seriam divididas entre todos os seus integrantes e sob o controle dos trabalhadores.

Ao contrário dos grupos que ainda acreditavam que a tomada do poder poderia se realizar pela participação dos trabalhadores nas eleições e por meio de medidas graduais, Marx e Engels apoiavam o assalto do poder através da organização da classe trabalhadora.

As reivindicações econômicas, além de necessárias para a sobrevivência do trabalhador, tinham como objetivo despertar a consciência de classe do proletariado e fazê-lo perceber que seus interesses eram contrários aos interesses da burguesia e que jamais seriam satisfeitos em uma sociedade capitalista.

Seus trabalhos serviram como orientação geral para diversas lideranças do movimento operário, que passaram a se autodenominar **comunistas**. Ao longo do século XIX, ao mesmo tempo em que as lutas operárias eram mais constantes, as análises teóricas sobre o capitalismo tornavam-se mais profundas. Os escritos de Marx acabaram por formar uma importante corrente de pensamento: o **marxismo**.

Para os marxistas, a história da humanidade era movimentada pela luta de classes. Na Antiguidade, os escravizados lutavam contra seus senhores. Na Idade Média, os servos contra os senhores feudais. Na Época Contemporânea, os trabalhadores contra a burguesia.

No capitalismo, de um lado, estaria a burguesia, que concentrava em suas mãos os capitais e a tecnologia; de outro, o proletariado, responsável pela produção e que tomaria o poder.

Reprodução proibida. Art. 184 do Código Penal e Lei 9.610 de 19 de fevereiro de 1998

TÁ LIGADO

11. Defina internacionalismo operário.

Após a derrota da burguesia pela ação política do proletariado, a sociedade seria radicalmente modificada. No lugar da propriedade privada, a propriedade coletiva, nas mãos de um Estado dirigido pelos representantes dos trabalhadores. No lugar da sociedade capitalista, uma sociedade socialista.

O socialismo era encarado como um momento intermediário até se chegar ao comunismo, quando não haveria mais necessidade do Estado. Além disso, no mundo comunista homens e mulheres viveriam livres, em uma sociedade sem classes, em completa igualdade, e poderiam realizar plenamente suas potencialidades. Para Marx, o comunismo marcaria o início da História da humanidade. Até então, os seres humanos teriam vivido na sua Pré-História.

A emancipação proletária marcaria o início de uma nova aurora para os seres humanos. Seria o fim daquele imenso vale de lágrimas em que o mundo se transformara devido aos sofrimentos e violências.

EM DESTAQUE

 OBSERVE A IMAGEM

O Quarto Estado

Il Quarto Stato (O Quarto Estado), Giuseppe Pellizza de Volpedo. Óleo sobre tela, 1895-1896.

1. Aponte elementos que nos ajudariam a compreender a valorização do coletivismo na pintura. Justifique sua resposta tomando como base as teorias socialistas.

2. À direita está representada uma mulher com um bebê nos braços. Identifique o significado dessa cena.

3. Descreva a maneira como o pintor representou as mãos dos trabalhadores. Esclareça a relação das mãos com a importância do trabalhador nas teorias socialistas.

4. Os trabalhadores aparentam força ou fraqueza? Justifique sua resposta baseando-se em elementos da pintura.

TÁ LIGADO ?

12. Liste as propostas políticas dos anarquistas.

13. Aponte a grande diferença entre as propostas dos anarquistas e as dos marxistas.

O ANARQUISMO

Como os marxistas, os **anarquistas** protestavam contra a exploração dos trabalhadores e exigiam a extinção da propriedade privada. Mas, ao contrário dos marxistas, que previam o fim do Estado após a derrubada do capitalismo, eles exigiam sua destruição imediata. "Eu não quero nem dar nem receber ordens." Essa frase, do filósofo iluminista Diderot, inspirou grande parte dos líderes do anarquismo. Os anarquistas propunham uma sociedade igualitária, em que a propriedade fosse coletiva, não houvesse patrões nem operários e todos trabalhassem e se divertissem com liberdade. Para eles, a sociedade capitalista deveria ser transformada por uma revolução que eliminasse as diferenças sociais e a propriedade privada.

O francês **Pierre Joseph Proudhon** (1809-1865), inspirador do movimento anarquista, defendia a criação de uma nova sociedade, que ampliasse a liberdade individual e livrasse o trabalho da exploração do capitalismo industrial. Nessa nova ordem social, constituída pela organização dos operários, as pessoas tratariam com justiça seu próximo e desenvolveriam seu potencial. Uma sociedade assim não requeria um governo que somente alimentasse privilégios e suprimisse a liberdade. Reverenciado pelos anarquistas de todo o mundo, tornou célebre a formulação que viria a ser um dos grandes lemas do movimento operário: "A propriedade é um roubo".

Outro grande representante do anarquismo foi o russo **Mikhail Bakunin** (1814-1876). Enquanto Marx sustentava que a revolução seria feita pelos operários nos países industriais, Bakunin desejava que os oprimidos de todas as classes, incluindo os camponeses, se revoltassem.

Bakunin temia que os marxistas, após terem derrotado o capitalismo e tomado o poder, se tornassem os novos exploradores. Uma vez no poder, eles se converteriam em uma minoria privilegiada de ex-trabalhadores, que, com o poder nas mãos, passariam a representar a si mesmos e a defender seus interesses. Para Bakunin, o Estado deveria ser destruído pelos trabalhadores imediatamente após a revolução.

A UNIFICAÇÃO DA ITÁLIA

As revoluções de 1848 revelaram a força do nacionalismo. Em 1867, a Hungria obteve a autonomia que perseguia desde 1848. Por volta de 1870, a unificação, tanto da Itália como da Alemanha, foi concretizada.

Na primeira metade do século XIX, a península Itálica era constituída de vários Estados separados, nos quais o apego regional era mais forte do que o desejo de unidade nacional. A burguesia italiana, no entanto, via na unificação a possibilidade de construir estradas e ferrovias, de acabar com os numerosos sistemas de cunhagem e de pesos e medidas que complicavam as transações comerciais.

Garibaldi apoiava a emancipação feminina, o direito dos trabalhadores à organização, a igualdade racial e a abolição da pena capital. Mas seu maior sonho era a unidade italiana.

MARKA/DIOMEDIA

Giuseppe Garibaldi com sua esposa Anita Garibaldi. Século XIX.

Depois de muitas tentativas fracassadas em obter a unificação, os nacionalistas italianos, reunidos em torno do **Reino de Piemonte e Sardenha**, um Estado em desenvolvimento industrial e comercial, organizaram um movimento contra os austríacos, que ocupavam a Lombardia e Veneza. O conde **Cavour** (1810--1861), primeiro-ministro de Piemonte e Sardenha, tornou-se o arquiteto da unidade italiana, encorajando um sentimento nacionalista antiaustríaco.

Napoleão III, que esperava que o norte da Itália, unificado, se convertesse em aliado da França, passou a apoiar Cavour na conquista da Lombardia e na ocupação de Milão. Mas Napoleão III, considerando que se o Piemonte se apossasse de qualquer parte do território papal seria pressionado pelos católicos franceses, assinou um armistício com a Áustria. O Piemonte ganharia a Lombardia e nada mais.

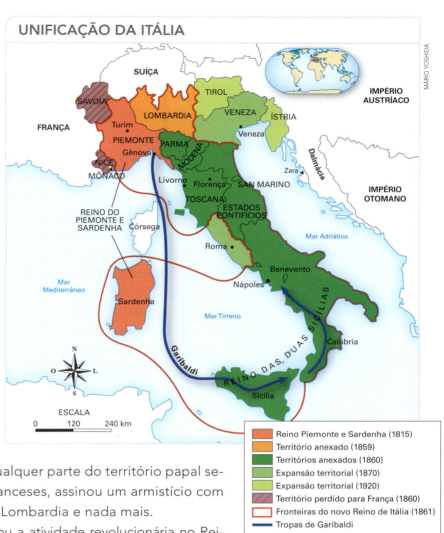

UNIFICAÇÃO DA ITÁLIA

	Reino Piemonte e Sardenha (1815)
	Território anexado (1859)
	Territórios anexados (1860)
	Expansão territorial (1870)
	Expansão territorial (1920)
	Território perdido para França (1860)
	Fronteiras do novo Reino de Itália (1861)
	Tropas de Garibaldi

Fonte: Elaborado com base em DUBY, Georges. *Grand Atlas Historique*. Paris: Larousse, 2008.

O sucesso de Cavour incentivou a atividade revolucionária no Reino das Duas Sicílias. Na primavera de 1860, cerca de mil aventureiros e patriotas, os **camisas vermelhas**, liderados por **Giuseppe Garibaldi** (1807--1882), desembarcaram na Sicília. Garibaldi, forçado a fugir da Península Itálica para evitar ser preso por suas atividades revolucionárias, passara treze anos na América do Sul, onde participara da Revolução Farroupilha.

Garibaldi e Cavour tinham projetos diferentes. Cavour pretendia aumentar os territórios sob controle de Piemonte e Sardenha, sem alterações na estrutura política e social; Garibaldi defendia uma unificação que conduzisse a Península Itálica a uma República democrática. Percebendo que a unificação não se efetivaria se fizesse oposição ao projeto de Cavour, Garibaldi transferiu suas conquistas para o rei de Piemonte e Sardenha, **Vítor Emanuel II**, que foi declarado rei da Itália em 1861.

A cidade de Roma e os Estados Pontifícios (que pertenciam à Igreja Católica), protegidos por soldados franceses, ainda permaneciam fora do controle da nova Itália. Mas, durante a Guerra Franco-Prussiana de 1870, a França removeu suas guarnições de Roma; soldados italianos, para desagrado do papa, marcharam para a cidade, e **Roma** foi declarada a **capital da Itália**.

TÁ LIGADO?

14. Indique as vantagens que a burguesia italiana esperava alcançar com a unificação.

TÁ LIGADO?

15. Aponte o que era o *Zollverein* e os seus efeitos no processo de unificação alemã.

A UNIFICAÇÃO ALEMÃ

Muitos nacionalistas alemães buscavam as lembranças do passado de sua nação e enfatizavam as qualidades especiais de sua gente. Para eles, o Estado alemão seria algo sagrado, a expressão do espírito de um povo, acima dos indivíduos. A Alemanha, àquela altura, era composta de vários pequenos Estados independentes, que faziam parte da chamada **Confederação Germânica**.

A Prússia foi o agente da unificação alemã. Ela era uma monarquia apoiada pelos *junkers*, nobres rurais que não pagavam a maioria dos impostos. Esses *junkers* ocupavam os principais cargos do Estado: eram oficiais do Exército, diplomatas e altos funcionários na burocracia estatal.

Em 1834, sob a liderança prussiana, os Estados alemães estabeleceram o **Zollverein**, uma união de direitos alfandegários que abolia as tarifas entre os Estados do norte. Tal união estimulou a atividade econômica e promoveu o desejo de uma unidade maior.

Em 1858, **Guilherme I** (1861-1888) assumiu o trono da Prússia; ele encarava a Áustria como a principal barreira à ampliação do poder prussiano. **Otto von Bismarck** (1815-1898), defensor da monarquia prussiana e da classe dos *junkers*, tornou-se seu chefe de governo. Bismarck aspirava aumentar o território e o prestígio da Prússia.

Pretendendo alimentar o nacionalismo alemão através de sucessivas guerras, Bismarck deu o primeiro passo contra a Dinamarca, onde desejava obter os dois ducados de Schleswig. Nas negociações que se seguiram à derrota dinamarquesa, a Áustria, sentindo-se ameaçada pelo avanço da Prússia, acabou declarando-lhe guerra.

Em 1866, a Prússia invadiu e devastou o território austríaco com uma rapidez espantosa, na Guerra das Sete Semanas. A Áustria, então, cedeu numerosos Estados alemães à Prússia, que organizou a **Confederação Germânica do Norte** da qual ela própria foi excluída. A Prússia se converteu no poder dominante na Alemanha.

Nações, nacionalismo e socialismo
Jogo

UNIFICAÇÃO DA ALEMANHA

Legenda:
- Fronteira da Confederação Alemã em 1815
- Prússia em 1815
- Prússia em 1866
- Confederação do Norte em 1866
- Outros estados em 1866
- Império Austro-Húngaro em 1867
- Fronteiras em 1866
- Fronteira do Império Alemão em 1871

Fonte: Elaborado com base em DUBY, Georges. *Grand Atlas Historique*. Paris: Larousse, 2008.

Música e nacionalismo

Os anos da reunificação da Itália e da Alemanha coincidiram com a intensa produção musical de óperas de Rossini, Verdi, Puccini e Wagner.

Richard Wagner (1813-1883) é considerado o maior compositor nacionalista da Alemanha. Após o seu envolvimento com anarquistas e líderes dos movimentos de 1848, Wagner representou em sua música elementos que serviriam para estimular o orgulho nacional alemão, no contexto da unificação liderada por Bismarck. Sua obra musical resgatou antigos contos que idealizavam uma Alemanha mítica e predestinada à glória. Em um de seus escritos, criticava a presença judaica no universo musical.

Ludwig e Malvina Schnorr von Carolsfeld como *Tristão e Isolda*, de Wagner. Munique (Alemanha), 1865.

Wagner introduziu o conceito do *drama musical*, em que a ópera deixava de ser composta de diferentes "números" e a música passava a ter um fluxo contínuo, sem divisões em árias, duetos etc. A ópera *Tristão e Isolda* foi a primeira a ser concebida com essa estrutura.

Para completar a unificação alemã, Bismarck teria de conduzir os Estados do sul da Alemanha para a nova confederação. Mas esses Estados, católicos e hostis ao militarismo prussiano, temiam ser absorvidos pela Prússia. Bismarck esperava que uma guerra entre a Prússia e a França inflamasse os sentimentos nacionalistas dos alemães do sul. Se a guerra com a França servia aos propósitos de Bismarck, também não estava fora das cogitações de Napoleão III. A criação da poderosa Confederação da Alemanha do Norte assustara os franceses.

O pretexto para a guerra surgiu com a questão da sucessão ao trono espanhol. Estava sendo cogitado o príncipe **Leopoldo**, parente de Guilherme I, da Prússia, ao qual a França se opunha, pois seu acesso ao trono poderia ampliar a influência prussiana. Buscando manter a paz, Guilherme forçou o príncipe Leopoldo a retirar seu nome como candidato ao trono.

O embaixador francês exigiu que Guilherme I desse uma garantia formal de que nenhum parente seu voltaria a se candidatar à Coroa espanhola. Guilherme recusou-se e enviou um telegrama a Bismarck, informando sobre o ocorrido. Este fez publicar uma versão do telegra-

Nesta imagem, o pintor tentou captar a multidão que acompanhava, nas ruas de Berlim, a partida do rei rumo à guerra contra os franceses.

Partida do rei Guilherme I para a frente do Exército em 3 de julho de 1870, Adolph Erdmannn von Menzel. Óleo sobre tela, 1871.

TÁ LIGADO?

16. Esclareça a importância do nacionalismo alemão para o processo de unificação.

ma que dava a impressão de ter havido troca de insultos entre o rei prussiano e o governo francês. Bismarck desejava inflamar os sentimentos dos franceses contra a Prússia e despertar a opinião pública alemã contra a França. E teve êxito. Tanto em Paris como em Berlim multidões acometidas da febre da guerra exigiram satisfações. Quando a França proclamou a mobilização geral, Bismarck tinha a guerra que queria: a **Guerra Franco-Prussiana**.

O Exército francês não pôde resistir à poderosa máquina militar prussiana. Os Estados do sul da Alemanha, como Bismarck previra, vieram em ajuda da Prússia. Rápida e decisivamente, os prussianos esmagaram as tropas francesas e, depois de capturar Napoleão III, marcharam para sitiar Paris. Em 1871, os franceses renderam-se. A França viu-se obrigada a pagar uma grande indenização e a ceder à Alemanha as províncias fronteiriças de **Alsácia** e **Lorena**.

A proclamação de Guilherme I como *kaiser* (imperador) da Alemanha, no palácio de Versalhes (sede do governo francês), foi considerada humilhante por muitos franceses. O ato ocorreu no dia 18 de janeiro de 1871. Nos anos seguintes, o nacionalismo francês encorajaria um sentimento revanchista contra a Alemanha.

A Guerra Franco-Prussiana completara a unificação. Uma poderosa nação surgia na Europa Central, gerando tensões e rivalidades.

QUEBRA-CABEÇA

1. Leia o quadro complementar "A Primavera dos Povos" (p. 176). Agora atenda ao que é solicitado:
a) Identifique os significados das revoluções de 1848 para o movimento operário europeu.
b) Identifique as regiões europeias nas quais eclodiram as revoluções de 1848.

2. Relacione feminismo e socialismo.

3. Contextualize a situação indicada pelas análises de Alexis de Tocqueville e de Marx e Engels sobre a França e a Europa antes das Revoluções de 1848:

Estamos dormindo sobre um vulcão... Os senhores não percebem que a terra treme mais uma vez? Sopra o vento das revoluções, a tempestade está no horizonte.

Um espectro ronda a Europa – o espectro do comunismo. Todas as potências da velha Europa [estão unidas] numa Santa Aliança para exorcizá-lo: o papa e o czar, Metternich e Guizot, os radicais franceses e os espiões da polícia alemã.

4. Descreva a sociedade projetada por Marx e Engels.

5. Defina cada um dos conceitos abaixo e organize um pequeno dicionário conceitual em seu caderno:
- tradicionalismo
- nacionalismo
- ultras
- feminismo
- classe social
- internacionalismo operário
- comunista
- anarquismo
- *Zollverein*
- *kaiser*

6. A última frase do *Manifesto Comunista* de Marx e Engels é: "Operários de todo o mundo, uni-vos". Em que medida essa frase contrariaria as ideias nacionalistas desse período?

7. Vamos construir nossos *tags*. Siga as instruções do *Pesquisando na internet* na seção **Passo a passo** (p. 7) utilizando as palavras-chave abaixo:

anarquismo

comunismo

marxismo

[NAÇÕES E COMUNIDADES IMAGINADAS]

O que permite distinguir um brasileiro de um argentino? O que faz um dinamarquês ser diferente de um mongol? O que define um egípcio? Foram perguntas como essas que motivaram diversos pesquisadores a buscarem respostas na História do nacionalismo e do desenvolvimento das nações. Essas perguntas, que podem parecer "óbvias" em um primeiro momento, se forem encaradas por bastante tempo, podem levar a conclusões surpreendentes.

Leia, a seguir, a definição proposta pelo historiador Benedict Anderson:

Assim [...] proponho a seguinte definição de nação: é uma comunidade política imaginada e que é imaginada ao mesmo tempo como <mark>intrinsecamente</mark> limitada e soberana.

É *imaginada* porque até os membros da mais pequena nação nunca conhecerão, nunca encontrarão e nunca ouvirão falar da maioria dos outros membros dessa mesma nação, mas, ainda assim, na mente de cada um existe a imagem da sua <mark>comunhão</mark>. [...] De fato, todas as comunidades maiores do que as aldeias primordiais onde havia contato cara a cara (e talvez mesmo essas são imaginadas). As comunidades deverão ser distinguidas, não pelo seu caráter falso/genuíno, mas pelo modo como são imaginadas. [...]

A nação é imaginada como *limitada* porque até a maior das nações, englobando possivelmente mil milhões de seres humanos vivos, tem fronteiras finitas, ainda que elásticas, para além das quais se situam outras nações. Nenhuma nação se imagina a si própria como tendo os mesmos limites que a humanidade. Nem os nacionalistas mais <mark>messiânicos</mark> têm o sonho de um dia todos os membros da espécie humana integrarem a sua nação da forma como era possível, em certas épocas, por exemplo, os cristãos sonharem com um planeta inteiramente cristão.

Intrínseco
Íntimo, interno, interior, profundo.

Comunhão
Ato de realizar alguma coisa em conjunto.

Messiânico
Relativo ao Messias, o escolhido. Aquele que se considera líder, iluminado pela Graça Divina.

É imaginada como *soberana* porque o conceito nasceu numa época em que o Iluminismo e a Revolução destruíram a legitimidade do reino dinástico hierárquico e de ordem divina [...] as nações anseiam por ser livres e, ainda que sujeitas a Deus, por ser diretamente livres. O Estado soberano é o garante e o emblema dessa liberdade.

Por fim, a nação é imaginada como uma *comunidade* porque, independentemente da desigualdade e da exploração reais que possam prevalecer em cada uma das nações, é sempre concebida como uma agremiação horizontal e profunda. Em última análise, é essa fraternidade que torna possível que, nos últimos dois séculos, tantos milhões de pessoas, não tanto matassem, mas quisessem morrer por imaginários tão limitados.

ANDERSON, B. *Comunidades imaginadas: reflexões sobre a origem e a expansão do nacionalismo.* Lisboa: Edições 70, 2005, pp. 25-27.

1. Transcreva a definição de nação proposta pelo texto.

2. Explique, com suas palavras, por que a nação é **imaginada** na visão do autor. Ofereça um exemplo.

3. O fato de elaborarem comunidades imaginadas diferenciaria aldeias, cidades-Estado e nações atuais? Justifique sua resposta.

4. Explique, com suas palavras, por que a nação é **limitada** na visão do autor. Ofereça um exemplo.

5. Explique, com suas palavras, por que a nação é **soberana** na visão do autor. Ofereça um exemplo.

6. Explique, com suas palavras, por que a nação é uma **comunidade** na visão do autor. Ofereça um exemplo.

7. Relacione o conceito de nação do autor à Revolução Francesa.

8. Em sua opinião, o que o autor quis dizer com a frase: "independentemente da desigualdade e da exploração reais que possam prevalecer em cada uma das nações, é sempre concebida como uma agremiação".

9. Milhões de pessoas morreram e/ou estão dispostas a morrer em nome da nação. Como é possível compreender tal comportamento?

A queda dos ídolos

OBSERVE AS IMAGENS

Coluna Vendôme antes de sua destruição, Bruno Braquehais. Paris (França), 1871.

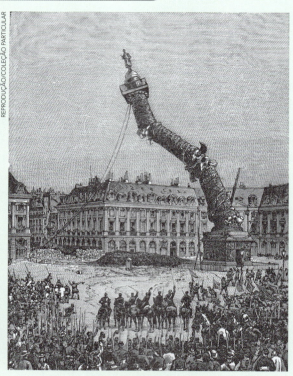

Demolição da Coluna Vendôme, Daniel Urrabieta Vierge. Xilogravura, 1871.

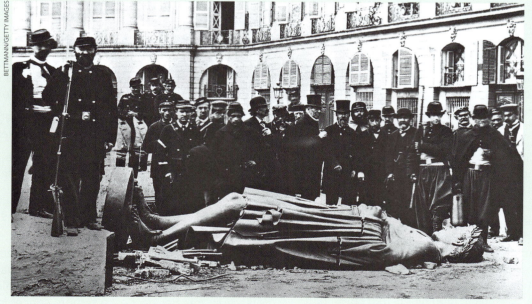

Destruição da Coluna Vendôme durante a Comuna de Paris, André Adolphe Eugène Disdéri. Paris (França), 1871.

Derrubar estátuas que representam o poder ou a tirania é um ato simbólico recorrente na história.

Esclareça o significado da derrubada da estátua de Napoleão para os revolucionários da Comuna de Paris.

PERMANÊNCIAS E RUPTURAS

[Nacionalismo]

Suponha-se que um dia, após uma guerra nuclear, um historiador intergaláctico pouse em um planeta então morto para inquirir sobre as causas da pequena e remota catástrofe registrada pelos sensores de sua galáxia [...] Após alguns estudos, nosso observador conclui que os últimos dois séculos da história humana do planeta Terra são incompreensíveis sem o entendimento do termo "nação" e do vocabulário que dele deriva. O termo parece expressar algo importante nos assuntos humanos. Mas o que exatamente?

HOBSBAWM, E. J. *Nações e nacionalismo desde 1780*. Rio de Janeiro: Paz e Terra, 1991. p. 11.

Este capítulo deu grande ênfase à questão do nacionalismo. Escolha algum acontecimento recente que envolva a discussão do nacionalismo em nossos dias: uma guerra, um evento esportivo, uma cena de um filme, uma fotografia etc.

Faça uma interpretação de como o nacionalismo se expressa hoje em dia. Prepare-se para exibir e explicar sua escolha em sala de aula.

TRÉPLICA

Filmes

Daens. Um grito de justiça
Bélgica, 1992.
Direção de Stinjn Coninx.

O filme conta a história do padre Daens, que se rebela contra os maus-tratos e a miséria dos trabalhadores no final do século XIX. O drama se passa nas tecelagens do norte da Bélgica, momento em que os operários estavam condenados a um estado de pobreza quase absoluta.

Garibaldi
Itália, 1987.
Direção de Luigi Magni.

O protagonista da história é o general Giuseppe Garibaldi, um símbolo do nacionalismo popular do século XIX e da unificação italiana. Ele é mostrado em suas três faces: guerreiro, fazendeiro e político. Suas aventuras na Itália como revolucionário, sua passagem pelo Brasil e suas influências na Europa são retratadas em locações reais que são mantidas até os dias de hoje.

Livros

O que é anarquismo
COSTA, Caio Túlio. São Paulo: Brasiliense, 1986.

O que é socialismo
SPINDEL, Arnaldo. São Paulo: Brasiliense, 1986.

Os nacionalismos
MARTINEZ, Paulo. São Paulo: Scipione, 1996.

O que é nacionalidade
RUBEN, Guilhermo. São Paulo: Brasiliense, 1984.

Manifesto Comunista
MARX, K. e ENGELS, F. Rio de Janeiro: Zahar, 2002. (Edição comentada por David Boyle).

O que é ideologia
CHAUI, Marilena. São Paulo: Brasiliense, 1980.

Memórias de Garibaldi
DUMAS, Alexandre. São Paulo: L&PM, 2000.

Sites

(Acessos em: 28 set. 2018)

<https://goo.gl/ab1pXk>
Vídeo com o desenvolvimento histórico da ocupação dos Bálcãs. Em inglês.

<https://goo.gl/UUgXKa>
Galeria de imagens da Guerra Franco-Prussiana. Em inglês.

<http://goo.gl/8fniht>
Garibaldi e o panorama do *Risorgimento* é um projeto digital organizado pela Universidade Brown (EUA) que disponibiliza material sobre a vida e obra de Giuseppe Garibaldi, bem como um panorama histórico da Europa do século XIX.

<http://goo.gl/3C7U1r>
Museu da unificação italiana (Museo Nazionale del Risorgimento Italiano). O *site*, em italiano, permite acessar inúmeras obras de arte e documentos sobre a Unificação da Itália.

CAPÍTULO
10

A construção dos Estados Unidos da América

PORTAS
ABERTAS

👁 OBSERVE AS IMAGENS

1. No seu caderno, identifique a data, o suporte e o tema de cada uma delas.

2. A imagem **1** retrata a famosa Batalha de Little Big Horn de 1876. Descreva a imagem e procure esclarecer os motivos do ataque indígena aos soldados dos Estados Unidos.

3. Aponte sua hipótese sobre quem teria sido o vencedor dessa batalha.

4. Qual o esporte representado nas imagens **2** e **3**?

5. Você conhece as regras desse esporte?

6. Essa modalidade esportiva pode ser considerada um "jogo de guerra". Por quê?

Campo de Batalha em Little Big Horn, 25 de junho de 1876, anônimo. Litografia colorida, 1889. (imagem e detalhes)

Army × Lafayette College. Estádio de West Point, Nova York (EUA), 1992.

Baltimore Colts × Detroit Lions. Maryland (EUA), c. 1960.

Retrato de Santa em Pé (Standing Holy), filha de Touro Sentado, David Francis Barry. Bismarck, Dakota do Norte, c. 1885.

Retrato do líder Sioux Touro Sentado (Sitting Bull) com seu cachimbo da paz repousado sobre os joelhos, Orlando S. Goff. Bismarck, Dakota do Norte (EUA), c. 1880.

Retrato de Machado Vermelho (Red Tomahawk), Frank B. Fiske, Forte Yates, Dakota do Norte, c. 1890.

PELES-VERMELHAS E CARAS-PÁLIDAS

Nuvem Vermelha. Corvo Pequeno. Cavalo Doido. Touro Sentado. Cauda Pintada. Faca Embotada. Lobo Solitário. Faca Sem Corte.

Na maioria das comunidades indígenas na região norte-americana, os indígenas do sexo masculino só escolhiam seu nome com cerca de 12 anos. Para isso, procuravam um lugar distante e calmo, de preferência no alto de uma montanha, e aguardavam o aparecimento de um animal ou de uma ideia que lhes servisse de inspiração. O nome vinha soprado pelo vento e seria mantido até a morte. Até lá, viveriam em paz com a natureza e em guerra com os homens brancos.

Nos filmes de *cowboy*, os **peles-vermelhas** aparecem geralmente como inimigos hostis a serem vencidos. Adversários que impedem a vida pacífica e honesta dos colonizadores e a marcha do progresso. É verdade que há sempre um ou mais "índios bons", que cumprem os acordos feitos com os colonizadores. Mas, nos filmes, a maioria surge em bandos, ataca fortes, caravanas de colonos, fazendas de criadores de gado. Eles raptam mulheres e crianças. Retiram escalpos de suas vítimas. Incendeiam diligências. E saem em disparada com seus cavalos e seus berros característicos.

Nos filmes, entre os brancos há também alguns que são do mal. Vendem armas de fogo e bebidas aos indígenas. Participam de jogatinas. Roubam peles de animais e pepitas de ouro. Agridem mulheres. Atiram pelas costas.

Mas o mocinho, o caubói, sempre vence no final. Ou então tem uma morte heroica, honrada. Ele é durão, atira bem e monta melhor ainda. Toca boiadas, salva mocinhas. Não provoca ninguém. Apenas reage. É herói das criancinhas. Tem amigos indígenas. "Bons indígenas" que lhe servem de guias ou intérpretes com outras tribos.

Nos filmes, os bandidos e os piores indígenas têm mortes trágicas. E os outros peles-vermelhas morrem como se fossem apenas alvos montados a cavalo. Para provar a ótima pontaria dos melhores atiradores brancos com seus rifles e revólveres.

A MARCHA PARA O OESTE

Os filmes dizem muito a respeito da história dos Estados Unidos da América. A chamada **Conquista do Oeste** é lembrada como um conjunto de feitos heroicos de um povo corajoso, trabalhador, humilde e forte. É a visão dos vencedores. Mas não é a única visão.

Após a Guerra de Independência (1776-1782), os estadunidenses voltaram-se para as terras localizadas a Oeste. Em 1820, povoados, vilas e fazendas já ocupavam o território localizado além do Rio Mississípi. Depois de trinta anos, com a anexação do Texas, Arizona, Novo México e Califórnia, os estadunidenses chegavam ao Oceano Pacífico. Ampliaram suas fronteiras. Mas não foi uma marcha pacífica.

Povos da Planície

Pés Negros, Sioux, Cheyenne, Iowa, Arapaho, Kansa, Kiowa, Apache, Comanche, Tonkawa. Tais eram algumas das muitas nações indígenas que viviam nas planícies situadas no Oeste, além das margens do Rio Mississípi.

As comunidades indígenas eram lideradas por um chefe, escolhido por suas qualidades guerreiras. O chefe era auxiliado por uma espécie de conselho composto de guerreiros experientes e respeitados. Entre as diferentes etnias havia uma **divisão sexual do trabalho**. Os homens caçavam e guerreavam. As mulheres dedicavam-se à agricultura, cuidavam dos filhos, cozinhavam e preparavam as tendas.

As comunidades eram divididas em bandos. Cada bando era composto de um grupo de famílias que se auxiliava durante as caçadas e as atividades agrícolas, dividindo o produto entre seus membros. Não havia, portanto, **propriedade privada** da terra e a apropriação de seus frutos era coletiva.

Algumas dessas comunidades eram nômades e circulavam constantemente pelas planícies. Outras dedicavam-se ao plantio de milho, feijão, abóbora, além de caçarem ursos, raposas, águias, castores, porcos-espinhos, alces e antílopes. Mas o animal mais apreciado era o búfalo, que chegava a medir cerca de 1,50 m de altura e a pesar em torno de 800 kg. Em manadas de centenas de milhares de animais, pastavam pelas extensas planícies. Naquela paisagem semidesértica, os búfalos precisavam de muito espaço e da vegetação rasteira. E os indígenas precisavam muito dos búfalos.

Além da carne e do leite, os búfalos forneciam couros para fazer tendas, mantas, roupas, bolsas, selas, sapatos e escudos. Com os chifres e os cascos eram feitos brinquedos e chocalhos. A crina permitia a fabricação de cordas e rédeas. Os ossos eram transformados em facas, pontas de flechas e pás. Os tendões viravam cordas dos arcos. Para caçar e para guerrear.

Os conquistadores do Oeste logo perceberam a importância desses animais para a sobrevivência das comunidades indígenas. A partir de 1850, milhões de búfalos foram abatidos por caçadores com o objetivo de enfraquecer os grupos indígenas. Praticamente extintos nos EUA, alguns búfalos podem ser encontrados nos modernos zoológicos americanos. Ou em seus diversos parques temáticos.

Caça ao búfalo, Charles Russell. Óleo sobre tela, 1894.

SID RICHARDSON COLLECTION OF WESTERN ART, TEXAS, EUA

Bangue-bangue

No velho Oeste imperava a lei do mais forte. Nos *saloons* de cidades empoeiradas, as mesas de pôquer eram estopins de tiroteios que faziam parar a música, provocavam viradas de mesas, quebras de garrafas e mortes. A chegada de bandidos amedrontava os fazendeiros. O xerife, com sua estrela prateada, estava sempre em desvantagem contra os criminosos. Ou então era mais um deles e acabava por permitir a desordem na cidade.

Os humildes rancheiros que possuíam uma pequena porção de terras ou um rancho sofriam com as ameaças de grandes proprietários, que queriam tomar suas terras, ou com os frequentes ataques de indígenas. Os duelos expunham a vaidade dos gatilhos mais rápidos e transformavam nomes em lendas vivas, até que a morte os enterrasse.

Essas imagens são frequentes nos antigos filmes de caubói. Bastante exageradas, elas consagram a ideia de que, para se ter segurança no Oeste sem lei, era necessário ter uma arma. E saber atirar.

Mas isso não é coisa do passado. Na maioria dos estados, ter armas é um direito do cidadão. Como ter telefone, escola ou assistência médica. Como em várias outras partes do mundo, a violência é um dos maiores problemas da sociedade estadunidense. De acordo com suas leis, a segurança do cidadão é garantida também pelo seu direito de ter uma arma. E atirar em legítima defesa.

Em função disso, 70% das pessoas assassinadas nos Estados Unidos são mortas a tiros. Com frequência, há notícias de massacres em supermercados, *shoppings* e escolas. Muitas vezes, os atiradores são crianças ou adolescentes que aprenderam a manejar armas com os pais e avós.

Apesar disso, aqueles que defendem o desarmamento não conseguem aprovar essas medidas no Congresso Nacional. A indústria de armas dos EUA movimenta bilhões de dólares todos os anos, vendendo equipamentos para seus cidadãos e exportando para quase todos os países do mundo. Influente, patrocina candidaturas de deputados, senadores, governadores e até de presidentes da República. As armas também financiam até filmes de Hollywood, a maior indústria cinematográfica do mundo.

MUSEU AMON CARTER, TEXAS, EUA

Mãos ao alto!, Charles Russell. Óleo sobre tela, 1899.

1. Na maioria dos estados estadunidenses, ter armas é um direito do cidadão. Relacione esse direito à história da expansão para o Oeste.

2. Um ex-ministro da Justiça do Brasil, afirmou, certa vez: "É uma ilusão o cidadão imaginar que está mais seguro porque tem uma arma". Elabore um texto apresentando sua opinião sobre o assunto.

DESTINO MANIFESTO

A expansão territorial rumo à costa oeste do Pacífico era justificada pela expressão **Destino Manifesto**. Essa ideia baseava-se em uma espécie de vocação dos estadunidenses para conquistar a América, que se autodefiniam como os continuadores dos europeus em sua expansão pelo continente.

O governo empenhava-se em convencer a população de que ocupar o Oeste era um direito, pois se consideravam superiores e mais civilizados que os povos que habitavam essas terras.

ANÁLISE DE **IMAGEM** 🔍

Progresso americano

Material: Óleo sobre tela

Dimensão: 32,38 cm × 42,54 cm

Datação: 1872

Autor: John Gast

No século XIX, a jovem nação estadunidense tinha grandes aspirações para o seu futuro. Como resultado, começaram a surgir propagandas retratando a expansão para o Oeste sob uma luz muito positiva.

George Crofutt, editor de um popular guia de viagem, encomendou a obra para o pintor e litógrafo prussiano John Gast (1842-1896). No ano seguinte, Crofutt reproduziu a pintura através de impressão em litografia colorida e publicou nos guias de viagem, alcançando ampla circulação.

1 Primeiro olhar:
A pintura está fixada em uma paisagem estadunidense, com a metade direita da pintura representando a parte oriental, e a metade esquerda representando a parte ocidental.

A borda esquerda representa a escuridão do primitivo e selvagem.

Nesta alegoria do Destino Manifesto, a América é apresentada como uma ninfa, com a estrela do Império na testa, que flutua no sentido leste-oeste carregando na mão direita um livro (Ilustração) e, na esquerda, a linha telegráfica (comunicação).

Rio Mississípi

A borda direita representa a luz do progresso, que vem do leste.

Indígenas, bisões e animais selvagens são expulsos para o lado escuro da tela.

A ninfa é seguida pelo "progresso" (trens, diligências, agricultores, garimpeiros e conquistadores).

Reprodução proibida. Art. 184 do Código Penal e Lei 9.610 de 19 de fevereiro de 1998

TÁ LIGADO ⁇

1. Explique quem eram os pioneiros.

2. Explique o que era definido pela *Homestead Act*.

OS PIONEIROS

Os homens e as mulheres que conquistaram o Oeste ficaram conhecidos como **pioneiros**. Participavam de caravanas compostas de famílias, indivíduos e grupos de homens em busca de uma vida melhor. Pessoas que reuniam tudo o que possuíam em rústicas carroças que cruzavam desertos, atravessavam rios, passavam por planícies e venciam desfiladeiros.

Os pioneiros eram estimulados pela possibilidade de se tornarem proprietários de terras e pelas notícias de descobertas de minas de ouro na Califórnia, em 1848. Desde 1862, estava em vigor a **Homestead Act**, uma lei que garantia a posse da terra para quem nela produzisse durante cinco anos.

Com isso, milhares de estadunidenses e imigrantes europeus, que vinham "fazer a América", dirigiram-se para o Oeste. Primeiro em carroças; depois, em locomotivas. Em seus deslocamentos, os pioneiros atravessavam territórios que havia séculos pertenciam a determinadas nações indígenas e passavam por áreas consideradas sagradas por essas nações e exterminavam suas aldeias.

O território incorporado à nação estadunidense foi retirado, à força, das diversas nações. Além da violação de suas terras, as tribos foram massacradas pela ofensiva dos conquistadores brancos. Cederam terras e firmaram tratados que delimitavam suas áreas. Viram esses tratados desrespeitados pelos brancos. Reagiram atacando caravanas de pioneiros, fazendas de colonos, colunas de militares e até mesmo enfrentando as poderosas locomotivas.

Os grupos indígenas organizavam emboscadas, armavam tocaias, roubavam cavalos e armas de fogo dos pioneiros e da cavalaria estadunidense. Arrancavam escalpos de seus inimigos e os exibiam em festivos rituais em suas aldeias. Faziam guerras. Tentavam resistir.

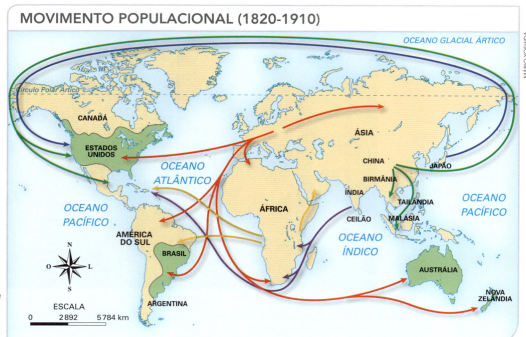

MÁRIO YOSHIDA

Fonte: Elaborado com base em McEVEDY, C.; JONES, R. *Atlas of world population history*. Harmondsworth: Penguin, 1980.

Futebol americano: um jogo de conquista de território

O que os estadunidenses chamam de futebol (*football*) é muito diferente do nosso principal esporte. A bola é oval. Cada time com 11 jogadores tem como objetivo transpor a linha de fundo do adversário com a bola nas mãos. O jogador pode lançar seu corpo sobre o seu oponente e derrubá-lo. Para se proteger, são usados capacetes, ombreiras e joelheiras. É um jogo de forte contato físico, de agilidade e de conquista de território.

Para chegar à linha de fundo é necessário cruzar o campo de jogo, atravessar barreiras humanas, passar rapidamente por espaços vazios e vencer o adversário.

Quando um time consegue ampliar suas fronteiras até a linha de fundo do oponente, ganha seis pontos e tem direito a um chute a gol, que, se convertido, dá direito a uma pontuação extra. No arremate, o jogador tem de conseguir lançar a bola sobre a barra paralela.

Fonte: Elaborado com base em YANS-MCLAUGHLIN, Virginia; LIGHTMAN, M. *Ellis and the peopling of America*. Nova York: The New Press, 1997.

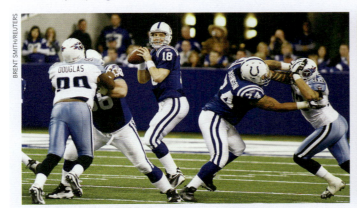

Indianapolis Colts × Tennessee Titans. Indianapolis, 2011.

Army × Lafayette College. Estádio de West Point, Nova York, 1992.

TÁ LIGADO ?

3. Aponte o papel dos fortes e das estradas de ferro na conquista do Oeste.

FORTE APACHE

Além das inúmeras cidades, vilas, ranchos, fazendas e estradas de ferro, os conquistadores brancos organizaram centenas de fortes. Verdadeiras cidades de soldados, os fortes estendiam-se pelas planícies americanas, em meio aos territórios indígenas. Os conquistadores armazenavam provisões, cavalos, armas e munições para os constantes conflitos com os nativos.

Os fortes funcionavam como a ponta da baioneta dos conquistadores brancos que encurralavam as comunidades indígenas e diminuíam-lhes os movimentos. Além disso, davam aos conquistadores alguma segurança. Serviam também como entrepostos comerciais.

A GRANDE VITÓRIA DOS PELES-VERMELHAS

Entre 1865 e 1876, ocorreram batalhas entre o Exército estadunidense e os Sioux, Arapahos e Cheyennes. Os conflitos aconteceram próximo ao rio Powder e à cadeia de montanhas Black Hills, considerada área sagrada e morada dos deuses pelos indígenas da Planície Central, e onde as tribos haviam se refugiado do avanço dos homens brancos. Próximo ao coração do território indígena, o Exército havia erguido os fortes Reno, Phil Kearny e Smith.

Liderados por Nuvem Vermelha, Faca Embotada e Touro Sentado, os guerreiros promoveram um cerco ao Forte Reno, impedindo que os soldados pudessem sair e que alimentos, reforços e munições pudessem entrar. Mais da metade de seus ocupantes morreram no inverno. De frio, de fome e de doenças.

Fonte: Elaborado com base em CHALIAND; RAGEAU. *Atlas Estrategico y Geopolitico*. Paris: Complexe, 1994; FOLHA DE S.PAULO. *Atlas Geográfico Mundial*. São Paulo, 1994.

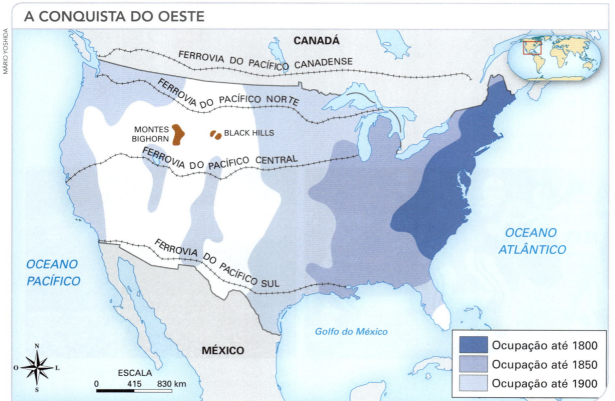

A CONQUISTA DO OESTE

CANADÁ

FERROVIA DO PACÍFICO CANADENSE

FERROVIA DO PACÍFICO NORTE

MONTES BIGHORN — BLACK HILLS

FERROVIA DO PACÍFICO CENTRAL

OCEANO ATLÂNTICO

FERROVIA DO PACÍFICO SUL

OCEANO PACÍFICO

Golfo do México

MÉXICO

ESCALA
0   415   830 km

Ocupação até 1800
Ocupação até 1850
Ocupação até 1900

Os fortes eram apenas bases militares para a construção da estrada de ferro Union Pacific cortando o território indígena. E os indígenas não gostavam dos "cavalos de ferro" que apitavam, soltavam fumaça e afugentavam a caça. Por isso, logo começaram a descarrilar os comboios e a atacar os viajantes.

Os conflitos acabaram por levar o governo dos EUA a retirar suas tropas da região, em 1868, e a desocupar os fortes, que foram queimados festivamente pelos indígenas. Firmou-se um novo Tratado de Paz que garantia a área para os nativos.

Em 1874, atraídos por notícias de que havia ouro na região, milhares de aventureiros começaram a invadir as terras indígenas. E uma companhia de soldados, liderados pelo general George Custer, deslocou-se para a região, desrespeitando o Tratado de Paz. Os brancos tentaram comprar a região das Black Hills por 6 milhões de dólares. Uma pechincha, pois, apenas uma mina das Black Hills chegou a render 500 milhões de dólares aos aventureiros brancos. Os indígenas não aceitaram.

Líder Sioux Touro Sentado, anônimo. Forte Yates, Dakota do Norte, c. 1885.

Índios hostis

As autoridades passaram a considerá-los "índios hostis" e enviaram tropas para a região a fim de sujeitá-los. Foram criadas reservas indígenas, áreas delimitadas pelo governo para as populações nativas que perdiam ou cediam suas terras aos brancos por meio de acordos de paz. Com a notícia do deslocamento de soldados para os campos de caça Sioux, diversos caçadores de outras comunidades também se dirigiram para o Norte. Os "peles-vermelhas" estavam ansiosos para combater os "casacos azuis".

Em junho de 1876, Touro Sentado liderou a vitória sobre os cerca de 300 soldados comandados pelo general Custer. Nenhum sobreviveu. Nem o general.

A reação do governo foi feroz. Mais tropas foram deslocadas para a região. Aldeias foram destruídas. Os indígenas das reservas passaram a ser tratados como prisioneiros de guerra. Nuvem Vermelha e outros chefes foram obrigados a ceder as Black Hills. Em poucos meses, os principais líderes indígenas foram mortos ou conduzidos, desarmados, a reservas indígenas. Novos fortes militares foram erguidos na região.

O artista representou na cena o sofrimento dos indígenas obrigados a sair de suas terras.

Trilha de lágrimas, Robert Lindneux. Óleo sobre tela, 1942.

Metralhadora *Gatling*, Richard Gatling. Metal e madeira, 1862.

A metralhadora *Gatling*, por seu poder de fogo e rapidez de disparos, é considerada uma das armas mais famosas do Ocidente.

GUERRA E TECNOLOGIA

A vitória dos homens brancos sobre os indígenas não foi resultado da pontaria, valentia e fibra de seus mocinhos e soldados. Não foram utilizados apenas revólveres e rifles. Uma brutal e covarde desigualdade de equipamentos permitiu o massacre e a rendição das diversas comunidades indígenas. O Exército estadunidense utilizou-se de canhões, morteiros, bananas de dinamite e metralhadoras como a *Gatling*, capaz de realizar 350 disparos por minuto. Não era necessário ter mira. Só era preciso ter munição.

Depois de vencidos, a maioria dos indígenas foi levada para pequenas reservas, distantes das poucas manadas de búfalos que ainda restavam na América. Muitas crianças, retiradas de suas comunidades, receberam nomes ocidentais e passaram a frequentar as escolas de brancos. Ao se transformarem em Estados da Federação, alguns poucos territórios do Meio-Oeste mantiveram seus nomes indígenas: **Dakota**, **Iowa**, **Kansas** e **Arkansas**. Uma lembrança dos tempos em que os orgulhosos "peles-vermelhas" dominavam a planície Central.

Inclusive, os nomes dos times de futebol americano não deixam dúvidas sobre o significado da conquista do Oeste: *Indianapolis Colts, Buffalo Bills, New England Patriots, Tennesse Titans, Pittsburgh Steelers, Dallas Cowboys, New York Giants, Minnesota Vikings, San Francisco 49'ers.*

Alunos da escola para nativos Carlisle. Pensilvânia (EUA), c. 1900.

A GUERRA DE SECESSÃO

Até 1776, os domínios ingleses na América não constituíam uma unidade. Não havia uma colônia inglesa, mas trezes áreas autônomas que decidiram unir forças contra a Inglaterra. Após o fim da Guerra de Independência, em 1776, colocava-se o problema de como organizar o funcionamento dessas treze ex-colônias.

De 1787 a 1790, discutiram-se os termos da união dessas regiões. Definiu-se que cada território passaria a ser designado por estado de uma Federação. Ou seja, por vontade própria, cada estado decidia fazer parte do que passou a ser chamado **Estados Unidos da América**.

Cada estado poderia enviar representantes (deputados e senadores) que comporiam o Congresso Nacional, fiscalizador do poder central, comandado pelo presidente da República, responsável pela defesa do país e pelas relações internacionais. Os estadunidenses adotaram os **princípios federalistas**. Cada estado definiria as leis que valeriam para seus respectivos territórios e teria plena autonomia para sua administração. Assim, cada unidade da Federação decidiria como se realizariam as eleições e o processo de escolha de seus representantes; decidiria se a escravização seria legal ou não, e se haveria a pena de morte.

Cada estado, por vontade própria, também poderia, quando desejasse, deixar de fazer parte dessa Federação. Porém, não foi exatamente o que ocorreu.

Os Estados Unidos viviam uma contradição entre o Norte livre e o Sul escravista: ambas eram sociedades muito diferentes.

O INÍCIO DA GUERRA

A economia do Norte estava baseada em núcleos de pequenos agricultores, na pesca e na construção de barcos a velas. As jazidas de minério de ferro permitiram a criação de fundições. Produtos como carne-seca, provisões para barcos e farinha de trigo eram exportados para as ilhas do Caribe. A falta de mão de obra favoreceu o investimento em máquinas e o surgimento de pequenas fábricas de tecidos de algodão, sapatos e oficinas que produziam ferramentas e armas. No fim do século XVIII e no começo do XIX, a maior parte dos estados do Norte havia abolido a escravidão.

A economia do Sul estava baseada na grande lavoura para exportação (fumo, anil e arroz). O desenvolvimento do setor de tecidos na Europa valorizou o algodão e levou à substituição das grandes lavouras pelas de algodão. A mão de obra escravizada garantia uma enorme margem de lucros.

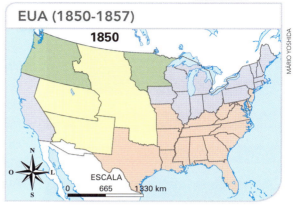

EUA (1850-1857)

1850

ESCALA
0   665   1330 km

1854

ESCALA
0   665   1330 km

1857

ESCALA
0   665   1330 km

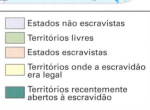

Estados não escravistas

Territórios livres

Estados escravistas

Territórios onde a escravidão era legal

Territórios recentemente abertos à escravidão

Fonte: Elaborado com base em *World History Atlas*. Londres: DK Book, 2008. p. 130.

Bandeira do 84º Regimento da Infantaria afro-americana. Século XIX.

Nas listras vermelhas da bandeira foram inscritos os nomes de batalhas nas quais combateu o 84º Regimento de soldados negros durante a Guerra de Secessão.

As diferenças entre Norte e Sul se agravaram com as discussões sobre a escravidão. Em 1860, o nortista **Abraham Lincoln** foi eleito presidente, e sua principal promessa era acabar com o trabalho escravo. Com a eleição, os estados do Sul resolveram romper com o governo federal.

A Carolina do Sul foi o primeiro estado a se desligar da União, em dezembro de 1860. Pouco depois, outros estados seguiram o exemplo. No Congresso que realizaram no estado do Alabama, em fevereiro de 1861, esses estados resolveram formar uma nova União: os **Estados Confederados da América**. A Confederação passou a ser constituída pelos estados da Virgínia, Carolina do Norte, Carolina do Sul, Geórgia, Flórida, Alabama, Mississípi, Tennessee, Arkansas, Louisiana e Texas. A nova nação mantinha a escravidão.

Na recém-formada Confederação, esperava-se que os estados do Norte aceitassem a separação, porém, estavam também dispostos a fazer a guerra para defender seus interesses.

Abolicionista, o presidente Lincoln, com o apoio dos estados do Norte, não aceitou a separação. Tinha início a **Guerra de Secessão** (separação), que, de **1861** a **1865**, opôs os estados do Norte aos estados do Sul.

OS NEGROS E A GUERRA

Em 1863, entrou em vigor a Proclamação da Emancipação, lei elaborada por Abraham Lincoln. Por meio dessa lei eram declarados livres os negros escravizados que viviam nos estados rebelados. Além disso, todos os libertos eram autorizados a participar de tropas militares da União, em luta contra os confederados.

Aproximadamente 186 mil deles lutaram, e a grande maioria era de escravizados do Sul que haviam fugido para o Norte. Porém, os negros lutavam em unidades separadas. Cerca de 170 regimentos foram compostos exclusivamente de negros, sob o comando de oficiais brancos. Também recebiam metade do salário de um soldado branco e a taxa de mortalidade era quatro vezes maior.

Os soldados negros eram enviados à guerra sem preparo, com os piores equipamentos. Se feridos em combate, eram atendidos em último lugar. Quando capturados pelas tropas confederadas, eram mortos sem piedade.

Em 12 de abril de 1864, o general do Exército confederado, Nathan Bedford Forrest, foi o líder de um massacre que ficou conhecido como **Batalha do Forte Pillow**. O general conduziu suas tropas no ataque e captura do Forte Pillow, no Tennessee, ocupado pelas forças da União. Quando o forte se rendeu, Forrest ordenou o massacre dos soldados negros, incluindo mulheres e crianças.

Em abril de 1865, representantes do Sul entregaram sua rendição. No mesmo dia, o presidente Lincoln assinou um decreto abolindo a escravidão em todo o país. Cinco dias depois, foi assassinado por um sulista em Washington.

No centro da bandeira consta a inscrição: TROPAS NEGRAS.

Bandeira do 36º Regimento de Infantaria afro-americana, c. 1864.

A KU KLUX KLAN

A guerra deixara um saldo de mais de 600 mil mortos, o Sul estava arrasado, a economia, desorganizada, e milhões de negros libertos estavam marginalizados. Era necessário um período de **reconstrução** e desenvolvimento industrial para reparar as ruínas causadas pela guerra. Os sulistas brancos, inconformados com a derrota e com medo das reivindicações da comunidade negra sobre seus direitos, passaram a se organizar.

O general sulista Nathan Bedford Forrest, juntamente com outros veteranos do Exército confederado, participou da fundação da **Ku Klux Klan**, em 1867, organização secreta contrária à integração dos negros na sociedade estadunidense. Cobertos por lençóis e capuzes brancos, seus membros cavalgavam à noite, incendiavam casas, perseguiam, surravam e até linchavam os negros e seus defensores.

A Ku Klux Klan foi proibida oficialmente em 1877. Reorganizada em 1922, contava com mais de um milhão de integrantes e elegeu deputados e senadores. Entrou em declínio em 1928, para ressurgir novamente na década de 1960, em oposição à política de integração racial.

A política de segregação racial

O racismo e a segregação sempre tiveram forte acolhida nos estados sulistas do Alabama, Geórgia, Mississípi, Virgínia, Tennessee e Louisiana. Algumas leis desses estados estabeleciam bebedouros e banheiros públicos diferentes para negros e brancos. Havia assentos reservados aos negros nos cinemas. Negros e brancos não poderiam dividir a mesma mesa em uma lanchonete. Um branco jamais serviria um negro. Os negros deveriam sentar-se na parte de trás dos ônibus públicos. As crianças negras eram proibidas de frequentar a mesma escola que as crianças brancas. Os negros também eram impedidos de votar. Não tinham seus direitos civis e políticos respeitados.

A luta dos negros estadunidenses pela dignidade não se encerrava com a abolição. Havia muito ainda pelo que lutar.

TÁ LIGADO?

4. Explique a autonomia dos estados na federação estadunidense.

5. Identifique as diferenças econômicas e sociais dos estados da federação à época do início da Guerra de Secessão.

6. Explique o que foi a Proclamação da Emancipação.

7. Explique o que é a Ku Klux Klan.

8. Defina, com suas palavras, a política de segregação racial dos estados do Sul.

Desfile da Ku Klux Klan. Nova Jersey (EUA), 1924.

Black music: *work songs*, *spirituals* e *blues*

As danças e festas dos escravizados foram duramente reprimidas na América Inglesa. Sem o som dos tambores, sem o balanço das danças, restou aos negros escravizados o recurso à sua voz como expressão musical.

Nos campos de cultivo ou nas cidades, os negros desenvolveram um sistema de comunicação baseado em gritos. Com esses gritos expressavam e aliviavam suas tristezas e saudades. Tais gritos melódicos foram denominados "gritos do campo" (*field hollers*) no ambiente rural e "gritos de rua" (*street cries*) no meio urbano. Essa expressão vocal acompanhava os trabalhos de limpeza da terra, do plantio ou da colheita.

Com o passar do tempo, o grito solitário se transformou em coro. Eram as chamadas canções de trabalho (*work songs*) e serviam para ritmar as diversas tarefas obrigatórias. Nessas canções, um líder fazia o chamado e o restante respondia sob a forma de refrão. Improvisações, frases curtas e repetições de temas eram as marcas das canções que começavam a ser elaboradas.

Os senhores brancos incentivavam esses cantos, pois eram de grande utilidade para o aumento da produção. Em geral, o melhor cantor era escolhido pelo senhor como líder das turmas de trabalhadores. O ritmo das canções ajudava na organização do trabalho e na cooperação entre os negros escravizados. Com a música, os escravizados podiam fazer juntos, ao mesmo tempo, um único movimento, transformando-o em uma espécie de dança coletiva.

A Igreja Protestante Batista era a mais aceita entre os negros estadunidenses que ouviam os sermões e trechos do Evangelho com forte apelo emocional. Uma das passagens bíblicas mais difundidas referia-se à louvação a Deus através de salmos, hinos e cantos (Efésios, 5, 19).

Convertidos, os escravizados evitavam danças e bailes. Mas, nos cultos religiosos nos templos, reaparecia o balanço dos corpos dos coros e da plateia, como forma de exaltar a Deus. Histórias bíblicas e religiosas serviam de temas e inspiração para músicas de culto denominadas cantos espirituais (*spirituals*).

As humilhações, violências e condições miseráveis a que estavam submetidos os negros, mesmo após a abolição da escravidão nos Estados Unidos, também foram temas de canções que recuperavam características das *work songs*. Os lamentos e desabafos da população negra foram cantados no *blues*, canções tristes nas quais a voz era acompanhada por violão e gaita de boca.

Esse ritmo musical, originalmente desenvolvido pela cultura negra, influenciou o surgimento de diversos outros, como *jazz*, *country*, *rhythm and blues* e *rock and roll*.

Coro feminino em igreja batista. Dumfries, Virgínia (EUA), 2010.

ROB MCILVAINE/FMWRC PUBLIC AFFAIRS

O DESENVOLVIMENTO ECONÔMICO

Com o fim da guerra, enquanto o Sul estava arruinado e vivia uma lenta recuperação, o Norte e o Oeste avançavam rapidamente. A industrialização do Norte e a colonização do Oeste estavam baseadas na mão de obra barata dos imigrantes europeus. As terras conquistadas no Oeste haviam sido rapidamente povoadas, principalmente depois da descoberta de ouro na Califórnia, em 1848.

A ligação entre o oceano Atlântico e o Pacífico foi feita por meio da expansão das redes ferroviárias, que asseguravam o escoamento da produção interna. Os antigos pioneiros passaram do cultivo de subsistência para o cultivo de produtos que atendessem às necessidades das áreas mais industrializadas, no Leste. A produtividade foi assegurada pela ==mecanização== agrícola.

Fortalecidos economicamente, ao final do século XIX, os Estados Unidos passaram a ter outras pretensões. Já não bastavam o avanço para o Oeste e a pacificação do Sul revoltoso. A partir daí, o restante da América seria o limite.

TÁ LIGADO?

9. Aponte os significados do *slogan* "América para os americanos", lançado em 1823.

Mecanização
Ato de mecanizar, introdução de maquinários para substituir o trabalho humano.

EXPANSÃO TERRITORIAL

América para os americanos. O *slogan* lançado em 1823 por James Monroe, presidente dos Estados Unidos, era aparentemente uma defesa da liberdade. Tratava-se do direito dos povos americanos desligarem-se de suas metrópoles e formarem seus países independentes. No entanto, a declaração anunciava os interesses estadunidenses em dominar os Estados surgidos no período entre 1804 e 1825, a partir da independência da América espanhola.

A ameaça estadunidense se tornou clara para o México, que perdeu a metade de seu território com a anexação do Texas, em 1845, e com a guerra entre os dois países, que acabou levando à incorporação da Califórnia e do Novo México, em 1848.

No mesmo ano, a descoberta de ouro na Califórnia faria milhares de aventureiros cruzarem as terras indígenas em busca de fortuna. Mas um caminho mais rápido era realizado pelo Caribe e América Central. Viajantes iam de navio até a Nicarágua e o Panamá. Cruzavam o território e chegavam à costa do Pacífico, de onde se encaminhavam para a Califórnia.

Com um grande porrete, semelhante a um taco de beisebol, os Estados Unidos passaram a golpear as resistências à sua dominação. Seu Exército rebateu as forças militares espanholas em 1898, o que permitiu a independência de Porto Rico e Cuba. Porto Rico acabou anexado aos EUA. Cuba aprovou, em sua Constituição, o direito de intervenção na sua política interna.

A República Dominicana foi ocupada militarmente entre 1916 e 1922. Em 1914 foi inaugurado o canal do Panamá, que liga o Atlântico ao Pacífico, sob controle dos Estados Unidos até 1999. Governos que contrariavam os interesses estadunidenses eram depostos. Forças militares dos Estados Unidos fixaram-se em diversas partes da região. América para os americanos...

Todos esses países viraram "quintais" da Casa Branca, sede do governo estadunidense, mercados que produziam gêneros tropicais e compravam os produtos estadunidenses. *Bananas Republics.*

Doutrina Monroe, Louis Dalrymore. Ilustração, 1905.

"Fale macio e use um porrete", dizia o presidente Theodore Roosevelt (1901-1909), para justificar a política externa dos EUA. Política conhecida como **Big Stick**, que significa "grande porrete". Era, no fundo, uma continuação da Marcha para o Oeste. Uma outra face do expansionismo baseado no chamado Destino Manifesto.

CUBA

Por meio da **Emenda Platt**, de 1901, os governantes de Cuba aprovaram uma Emenda Constitucional que concedia o direito de intervenção dos EUA caso seus interesses estivessem em risco.

O jogo de beisebol

Outro jogo muito apreciado pelos estadunidenses é o **beisebol**. Cada equipe conta com nove jogadores titulares. O lançador de um time arremessa uma pequena bola em direção ao rebatedor do adversário que, com um taco de madeira, deve conseguir rebatê-la o mais longe possível. Enquanto a bola rebatida não é recuperada pela equipe que a lançou, o rebatedor passa pelas bases (placas marcadas no chão) ganhando pontos e dominando áreas.

O beisebol foi criado no início do século XIX. No mesmo período, os EUA começaram a controlar e a dominar a América Central e o Caribe, onde estabeleceriam suas bases econômicas e militares.

Partida de beisebol. Michigan (EUA), 1913.

PRESENÇA ESTADUNIDENSE NA AMÉRICA CENTRAL E NO CARIBE (SÉCULOS XIX-XX)

Áreas anexadas pelos Estados Unidos
Protetorado
Países ocupados pelos Estados Unidos
Bases navais estadunidenses
Canais planejados pelos Estados Unidos

Fonte: Elaborado com base em BRIGNOLI, Hector Pérez. *América Central:* da colônia à crise atual. São Paulo: Brasiliense, 1983.

A mesma emenda permitia o estabelecimento de uma base militar estadunidense em Cuba, na Baía de Guantánamo. Apesar de independente, na prática, Cuba tornava-se, praticamente, um **protetorado** dos Estados Unidos, ou seja, um país sujeito à interferência e praticamente ocupado politicamente por outro.

TÁ LIGADO ?

10. Explique o que foi o *Big Stick*.

11. Defina protetorado.

A LIBÉRIA: OS NEGROS PARA A ÁFRICA

Entre 1821 e 1822, durante o governo de James Monroe, uma organização estadunidense comprou uma área na costa Ocidental da África. Acreditando que os negros recém-libertados da escravidão não teriam condições de se integrar à nação, alguns estadunidenses passaram a transferir negros para essa região. Escravizados libertados de navios negreiros também foram transferidos para a **Libéria**, como a colônia passou a ser conhecida a partir de 1824.

Em 1847 foi instaurada uma república, cujo governo foi inspirado no regime dos Estados Unidos. Sua capital foi denominada Monróvia, em homenagem a James Monroe. A Libéria tornou-se um Estado livre em um continente prestes a ser dividido pelas potências europeias.

QUEBRA-CABEÇA

1. Leia o quadro complementar "Povos da Planície" (p. 193) e depois faça o que se pede.
   a) Aponte quatro características dos povos indígenas da América do Norte.
   b) Identifique a importância da caça aos búfalos para os povos indígenas.

2. Organize com suas palavras as representações sobre os "peles-vermelhas" dos filmes de caubói estadunidenses.

3. Aponte a relação entre a chamada Conquista do Oeste e a ideia do Destino Manifesto.

4. Defina cada um dos conceitos abaixo e organize um pequeno dicionário conceitual em seu caderno:
   - Destino Manifesto
   - pioneiros
   - *Homestead Act*
   - Proclamação de Emancipação
   - Ku Klux Klan
   - segregação racial
   - *Big Stick*
   - Emenda Platt
   - protetorado

5. Com o fim da guerra e abolida a escravidão, qual era a situação dos negros no Sul dos Estados Unidos?

6. A participação de negros na Guerra de Secessão foi tratada à página 202. Observe as bandeiras dos regimentos negros com atenção. Em seu caderno, elabore um desenho representando esses regimentos em ação.

7. Estabeleça a relação entre a política "América para os americanos" do governo de James Monroe (1817-1825) com a política do *Big Stick* do governo de Theodore Roosevelt (1901-1909).

8. Nos Estados Unidos, a pena de morte é uma lei executada em apenas alguns estados. Explique o princípio político que permite essa situação.

9. Vamos construir nossos *tags*. Siga as instruções do *Pesquisando na internet* na seção **Passo a passo** (p. 7) utilizando as palavras-chave abaixo:
   spirituals
   work songs
   blues
   gospel

O texto a seguir é uma carta escrita, em 1854, pelo cacique Seattle ao presidente dos Estados Unidos, Franklin Pierce, quando este propôs comprar grande parte das terras de sua tribo, oferecendo, em contrapartida, a concessão de uma outra "reserva". Este documento – um dos mais belos e profundos pronunciamentos já feitos a respeito da defesa do ambiente e de amor à natureza – vem sendo intensamente divulgado pela ONU (Organização das Nações Unidas).

Leia o texto com atenção e depois faça as atividades propostas.

CARTA DO CHEFE SEATTLE AO PRESIDENTE DOS EUA

Como é que se pode comprar ou vender o céu, o calor da terra? Essa ideia nos parece estranha. Se não possuímos o frescor do ar e o brilho da água, como é possível comprá-los?

Cada pedaço desta terra é sagrado para o meu povo. Cada ramo brilhante de um pinheiro, cada punhado de areia das praias, a penumbra na floresta densa, cada clareira e inseto a zumbir são sagrados na memória e experiência de meu povo. A seiva que percorre o corpo das árvores carrega consigo as lembranças do homem vermelho.

Os mortos do homem branco esquecem sua terra de origem quando vão caminhar entre as estrelas. Nossos mortos jamais esquecem esta bela terra, pois ela é a mãe do homem vermelho. Somos parte da terra e ela faz parte de nós. As flores perfumadas são nossas irmãs; o cervo, o cavalo, a grande águia são nossos irmãos. Os picos rochosos, os sulcos úmidos nas campinas, o calor do corpo do potro, e o homem – todos pertencem à mesma família.

Portanto, quando o Grande Chefe em Washington manda dizer que deseja comprar a nossa terra, pede muito de nós. O Grande Chefe diz que nos reservará um lugar onde possamos viver satisfeitos. Ele será nosso pai e nós seremos seus filhos. Portanto, nós vamos considerar sua oferta de comprar nossa terra. Mas isso não será fácil. Esta terra é sagrada para nós.

Essa água brilhante que escorre nos riachos e rios não é apenas água, mas o sangue de nossos antepassados. Se lhes vendermos a terra, vocês devem lembrar-se de que ela é sagrada, e devem ensinar às suas crianças que ela é sagrada e cada reflexo nas águas límpidas dos lagos fala de acontecimentos e lembranças da vida do meu povo. O murmúrio das águas é a voz de meus ancestrais.

Os rios são nossos irmãos, saciam nossa sede. Os rios carregam nossas canoas e alimentam nossas crianças. Se lhes vendermos nossa terra, vocês devem lembrar e ensinar a seus filhos que os rios são nossos irmãos, e seus também. E, portanto, vocês devem dar aos rios a bondade que dedicariam a qualquer irmão.

Sabemos que o homem branco não compreende nossos costumes. Uma porção da terra, para ele, tem o mesmo significado que qualquer outra, pois é um forasteiro que vem, à noite, e extrai da terra aquilo de que necessita. A terra não é sua irmã, mas sua inimiga, e quando ele a conquista, prossegue seu caminho. Deixa para trás os túmulos de seus antepassados e não se incomoda. Rapta da terra aquilo que seria de seus filhos e não se importa. A sepultura de seu pai e os direitos de seus filhos são esquecidos. Trata sua mãe, a terra, e seu irmão, o céu, como coisas que possam ser compradas, saqueadas, vendidas como carneiros ou enfeites coloridos. Seu apetite devorará a terra, deixando somente um deserto.

Eu não sei, nossos costumes são diferentes dos seus. A visão de suas cidades fere os olhos do homem vermelho. Talvez seja porque o homem vermelho é um selvagem e não compreenda.

Não há um lugar quieto nas cidades do homem branco. Nenhum lugar onde se possa ouvir o desabrochar de folhas na primavera ou o bater das asas de um inseto. Mas, talvez, seja porque eu sou um selvagem e não compreendo. O ruído parece somente insultar os ouvidos. E o que resta da vida se um homem não pode ouvir o choro solitário de uma ave ou o debate dos sapos ao redor de uma lagoa à noite? Eu sou um homem vermelho e não compreendo. O índio prefere o suave murmúrio do vento encrespando a face do lago, e o próprio vento, limpo por uma chuva diurna ou perfumado pelos pinheiros.

O ar é preciso para o homem vermelho, pois todas as coisas compartilham o mesmo sopro – o animal, a árvore, o homem, todos compartilham o mesmo sopro. Parece que o homem branco não sente o ar que respira. Como um homem agonizante há vários dias, é insensível ao mau cheiro. Mas se vendermos nossa terra ao homem branco, ele deve lembrar que o ar é precioso para nós, que o ar compartilha seu espírito com toda a vida que mantém. O vento que deu a nosso avô seu primeiro inspirar também recebe seu último suspiro. Se lhe vendermos nossa terra, vocês devem mantê-la intacta e sagrada, como um lugar onde até mesmo o homem branco possa ir saborear o vento açucarado pelas flores dos prados.

Portanto, vamos meditar sobre sua oferta de comprar nossa terra. Se decidirmos aceitar, imporei uma condição: o homem branco deverá tratar os animais desta terra como seus irmãos.

Sou um selvagem e não compreendo qualquer outra forma de agir. Vi um milhar de búfalos apodrecendo na planície, abandonados pelo homem branco, que os alvejou de um trem, ao passar. Eu sou um selvagem e não compreendo como é que o fumegante cavalo de ferro pode ser mais importante que o búfalo, que sacrificamos somente para permanecermos vivos.

O que é o homem sem os animais? Se todos os animais se fossem, o homem morreria de uma grande solidão de espírito. Pois o que ocorre com os animais, breve acontecerá com o homem. Há uma ligação em tudo.

Vocês devem ensinar às suas crianças que o solo a seus pés é a cinza de nossos avós. Para que respeitem a terra, digam a seus filhos que ela foi enriquecida com as vidas de nosso povo. Ensinem às suas crianças o que ensinamos às nossas, que a terra é nossa mãe. Tudo o que acontecer à terra, acontecerá aos filhos da terra. Se os homens cospem no solo, estão cuspindo em si mesmos.

Isto sabemos: a terra não pertence ao homem; o homem pertence à terra. Isto sabemos: todas as coisas estão ligadas como o sangue que une uma família. Há uma ligação em tudo.

O que ocorrer com a terra recairá sobre os filhos da terra. O homem não tramou o tecido da vida; ele é simplesmente um de seus fios. Tudo o que fizer ao tecido, fará a si mesmo.

Mesmo o homem branco, cujo Deus caminha e fala com ele de amigo para amigo, não pode estar isento do destino comum. É possível que sejamos irmãos, apesar de tudo. Veremos. De uma coisa estamos certos – e o homem branco poderá vir a descobrir um dia: nosso Deus é o mesmo Deus. Vocês podem pensar que O possuem, como desejam possuir nossa terra; mas não é possível. Ele é o Deus do homem, e Sua compaixão é igual para o homem vermelho e para o homem branco. A terra lhe é preciosa, e feri-la é desprezar seu criador. Os brancos também passarão; talvez mais cedo que todas as outras tribos. Contaminem suas camas, e uma noite serão sufocados pelos próprios dejetos.

Mas quando de sua desaparição, vocês brilharão intensamente, iluminados pela força do Deus que os trouxe a esta terra e que, por alguma razão especial, lhes deu domínio sobre a terra e sobre o homem vermelho. Esse destino é um mistério para nós, pois não compreendemos que todos os búfalos sejam exterminados, os cavalos bravios sejam todos domados, os recantos secretos da floresta densa impregnados do cheiro de muitos homens, e a visão dos morros obstruída por fios que falam. Onde está o arvoredo? Desapareceu. Onde está a águia? Desapareceu. É o final da vida e o início da sobrevivência.

Extraído de: <https://bit.ly/2qihlYs>. Acesso em: 25 ago. 2018.

1. Esclareça a mensagem do cacique Seattle com suas palavras.

2. Registre no seu caderno a passagem do texto que você considera mais interessante.

3. Identifique a mensagem contida na passagem que você escolheu.

4. Escreva uma carta para o cacique Seattle tentando explicar o ponto de vista do governo dos Estados Unidos no período.

Pais fundadores

OBSERVE AS IMAGENS

WALLPAPERHD

Monte Rushmore.
Dakota do Sul, 2008.

DAVID C. BEHRENS STUDIO, CAROLINA DO NORTE, EUA

Pais fundadores, David C.
Behrens. Aguada a óleo
sobre gesso misturado com
mármore em pó, 2008.

1. A obra de Behrens foi inspirada no Monte Rushmore. Faça uma pesquisa sobre o lugar e quem são os homens representados na escultura.

2. No seu caderno, esclareça a mensagem de Behrens ao recriar essa escultura tão importante na cultura estadunidense. Utilize as informações de sua pesquisa e os conhecimentos adquiridos neste capítulo.

PERMANÊNCIAS E RUPTURAS

Logo após Barack Obama ser eleito presidente dos Estados Unidos, em 2008, o diretor nacional da Ku Klux Klan, Thomas Robb, fez a seguinte declaração divulgada pela mídia.

Leia abaixo o trecho de uma notícia que abordou o assunto e faça as atividades propostas.

[Um presidente negro no país da Ku Klux Klan]

O pastor protestante e diretor da Ku Klux Klan, Thomas Robb, declarou após a vitória democrata na corrida à Casa Branca que o presidente eleito dos EUA é "só metade negro". A KKK é a associação racista mais famosa do planeta, identificada historicamente por seus capuzes brancos, cruzes incandescentes e crimes raciais.

Em um texto publicado no *site* do grupo supremacista branco, Robb afirma que "Barack Obama se tornou o primeiro presidente mulato dos Estados Unidos", e não negro, já que "ele não foi criado em um ambiente negro". "'Ele foi criado por sua mãe [branca]", argumenta, na nota intitulada "América, nossa nação está sob julgamento de Deus!".

Robb interpreta que, com a eleição de Obama, o "povo branco" dos EUA vai perceber que é hora de se unir contra aqueles que odeiam seu modo de vida – estrangeiros e negros, de acordo com a KKK. "Essa eleição de Obama nos chocou? Nem um pouco! Nós vínhamos avisando ao nosso povo que, a menos que os brancos se juntassem, seria exatamente isso que aconteceria", incitou.

Extraído de: <http://goo.gl/hUuexw>.
Acesso em: 28 set. 2018.

Barack Obama e sua família na comemoração pela vitória na eleição presidencial. Chicago (EUA), 2008.

1. Identifique nas falas de Thomas Robb os princípios da Ku Klux Klan apresentados no texto do capítulo "A Ku Klux Klan" (p. 203).

2. Esclareça a razão da vitória de Obama para Thomas Robb.

3. Faça um texto, no seu caderno, esclarecendo para Thomas Robb como a Ku Klux Klan é contrária aos princípios da Declaração de Independência dos Estados Unidos da América de 1776 (*Leitura complementar*, p. 51, capítulo 3).

TRÉPLICA

 Filmes

Dança com lobos
EUA, 1990. Direção de Kevin Costner.

Na época da Guerra Civil americana, um tenente viaja para território dos índios Sioux e entra em contato com a cultura indígena. O filme foi um dos primeiros a fazer sucesso questionando o genocídio indígena ocorrido durante a expansão estadunidense no século XIX.

Pequeno grande homem
EUA, 1970. Direção de Arthur Penn.

Trata das relações entre as nações indígenas norte-americanas e os colonizadores brancos. A história é contada do ponto de vista de um homem branco criado por indígenas que vira o guia do General Custer, famoso por sua violência contra os nativos.

 Livros

Índios da planície
MACDONALD, F. São Paulo: Moderna, 1996.

A Guerra de Secessão dos Estados Unidos
CLARK, P. São Paulo: Ática, 1998.

 Site

(Acesso em: 24 out. 2018)
<https://goo.gl/C1eVtK>
História do *jazz* com fotos e vídeos.

A Segunda Revolução Industrial e o imperialismo

PORTAS ABERTAS

OBSERVE AS IMAGENS

1. No seu caderno, identifique: a data, o suporte, o lugar e o tema de cada uma delas.

2. Procure estabelecer a relação entre as três imagens e o processo de industrialização do século XIX.

3. Essas imagens podem ser consideradas documentos históricos? Justifique sua resposta.

6º Regimento da Guarda Nacional dos EUA lutando contra grevistas e a população nas ruas de Baltimore, Maryland. Gravura de capa extraída da *Harper's Weekly, Journal of Civilization*, v. XL, n. 1076, Nova York, sábado, 11 ago. 1877.

O ônibus de Bayswater, George William Joy. Óleo sobre tela, c. 1895.

Forças militares britânicas e guerreiros Xhosa aguardando resolução de disputa de terras, anônimo. Aquarela, 1846.

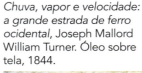
A VELOCIDADE DA REVOLUÇÃO

A Revolução Industrial transformou a paisagem, os corações e as mentes, o cotidiano, a maneira de pensar o mundo, o tempo e o espaço. Em uma velocidade impressionante.

A Primeira Revolução Industrial foi marcada pela máquina a vapor que provocou uma reviravolta no setor produtivo e de transportes. As ferramentas foram substituídas pelas máquinas, a energia humana pela força motriz e o modo de produção doméstico pelo sistema fabril.

A chamada Segunda Revolução Industrial é às vezes considerada apenas uma segunda fase da Primeira. Entretanto, a velocidade, a escala e o impacto das transformações ocorridas em fins do século XIX sobre a estrutura da sociedade permitem que a identifiquemos como uma revolução.

Além das inovações tecnológicas, a Segunda Revolução Industrial foi marcada pelo processo de industrialização em escala mundial. A industrialização difundiu-se da Inglaterra para a Europa, alcançando os Estados Unidos e o Japão.

O desenvolvimento efetivo da atividade industrial em diversas partes do mundo estimulava os donos do capital a direcionar recursos para financiar pesquisas para o desenvolvimento de novas tecnologias, com intuito de aumentar a produtividade e os lucros. Foi o período em que o saber científico passou a estar a serviço da industrialização.

AS MARAVILHAS TECNOLÓGICAS

A eletricidade já era conhecida desde o início do século XIX. Mas a invenção da lâmpada incandescente por Thomas Edison, em 1879, promoveu uma profunda transformação no sistema de iluminação. Os habitantes dos centros urbanos mudavam, lentamente, sua relação com a noite. Podia-se andar pelas ruas iluminadas, frequentar teatros e bares.

Com a invenção do motor a combustão, em 1883, o petróleo passou a ser explorado como combustível para movimentação de motores. Novos métodos para obtenção de aço aumentaram e baratearam a produção, disseminando seu uso em navios, pontes, construções e equipamentos. O barateamento do ferro reduziu os custos do transporte. O investimento em ferrovias facilitou e acelerou o deslocamento de pessoas, matérias-primas e mercadorias. Os barcos a vapor, por sua vez, cruzavam rios e oceanos com maior rapidez.

Chuva, vapor e velocidade: a grande estrada de ferro ocidental, Joseph Mallord William Turner. Óleo sobre tela, 1844.

NATIONAL GALLERY, LONDRES, INGLATERRA

A indústria química desenvolveu corantes sintéticos que tiveram grande impacto na produção têxtil. Isso também afetou a paleta de tintas dos artistas, que passaram a dispor de uma maior variedade de cores. A preparação das cores transferia-se dos artistas para comerciantes profissionais. A partir de então, máquinas moíam os pigmentos que eram misturados a óleo de papoula e vendidos em potes. Com isso, era inventado o tubo de tinta que tornou portátil o ateliê do artista.

Thomas Edison, o gênio da lâmpada

O professor não gostava dele. "O garoto é confuso da cabeça, não consegue aprender", queixava-se o reverendo Engle. O menino de oito anos, agitado e perguntador, que se recusava a decorar as lições, encerrou ali sua carreira escolar. O estadunidense **Thomas Alva Edison** (1847-1931) nunca mais voltaria a frequentar uma escola. A mãe, ex-professora, passou a educá-lo em casa, cercando-o de livros de história, ciências e obras de Shakespeare. Leitor dedicado, apreciava especialmente escritos científicos. Sentia necessidade de repetir as experiências mostradas nos livros de química, acabando por montar em casa um pequeno laboratório.

Anos depois, quando perguntaram a Edison qual o segredo de seu talento, ele respondeu: "Genialidade é trabalho duro, persistência, bom senso". Edison se tornaria o recordista no registro de patentes nos Estados Unidos: 1 093. Ele criou coisas que transformaram o mundo – entre elas o fonógrafo e a lâmpada incandescente. E fez contribuições a várias tecnologias, incluindo a telegrafia e a telefonia.

Em sua época, as casas eram iluminadas pela chama das velas. Nas maiores ci-

Thomas Edison em seu laboratório em Nova Jersey segurando um de seus protótipos de lâmpada. c. 1910.

dades os lampiões de gás já eram amplamente usados nas ruas, teatros e grandes escritórios. Mas eram caros, cheiravam mal e não havia um sistema geral de distribuição. Edison pretendia obter luz suave como a do gás, sem suas desvantagens. Durante mais de um ano, ele e seus assistentes fizeram testes com filamentos de todos os materiais disponíveis. Por fim, chegaram ao fio de algodão carbonizado. Acesa a 21 de outubro de 1879, a lâmpada brilhou por 45 horas seguidas. Edison morreu em 1931, aos 84 anos. No dia de seu enterro, as luzes dos Estados Unidos foram apagadas durante um minuto em sua homenagem.

A INVENÇÃO DA FOTOGRAFIA E DO CINEMA

As descobertas científicas na área da óptica e química contribuíram para a produção de uma nova forma de arte: a fotografia. Em 1826, foi registrada a primeira imagem fotográfica. Para obtê-la foram necessárias oito horas.

Outro francês, **Louis Daguerre** (1789-1851), inventou, em 1837, um processo mais veloz. Sua primeira fotografia foi obtida após quinze minutos. Após uma década, a fotografia instantânea substituía o **daguerreótipo** e, cerca de vinte anos depois, surgiam as câmeras portáteis e o filme de rolo. O olho da objetiva passou a ocupar um espaço que anteriormente era ocupado pela pintura. Liberada da pretensão de reproduzir a realidade, a pintura tomava outro rumo, captando, a partir de então, o que este novo mundo apresenta de subjetivo.

Em 1895, na França, os irmãos **Louis** (1864-1948) e **Auguste Lumière** (1862-1954) registraram oficialmente a patente da invenção do cinematógrafo, que haviam desenvolvido no ano anterior. Eles produziram um aparelho capaz de filmar e, em seguida, projetar imagens em movimento numa tela. Com isso, permitiram que o espetáculo fosse assistido simultaneamente por muitas pessoas.

Cinematógrafo. 1895.

Jabez Hogg fotografando W. S. Johnston no estúdio de Richard Beard, autor desconhecido. Daguerreótipo, 1843.

Boulevard des Capucines

Material: Óleo sobre tela

Dimensão: 80,3 cm × 60,3 cm

Datação: 1873-74

Autor: Claude Monet

Durante o período final de 1873, Claude Monet e outros artistas, como Pierre-Auguste Renoir, Camille Pissarro e Alfred Sisley, organizaram a Sociedade Anônima dos artistas, pintores, escultores e gravadores para exibirem as suas obras de forma independente. Na sua primeira exposição, em abril de 1874, Monet exibiu o trabalho que iria dar o nome ao grupo e movimento, *Impressão, nascer do Sol*. Também nesta exibição estava a obra *Boulevard des Capucines*. O Boulevard foi pintado, por Monet, no estúdio de fotografia de seu amigo Nadar e revela a típica cena urbana do final do século XI em Paris. Monet pintou esta cena por duas vezes, e desconhece-se qual das duas pinturas – a que se encontra no Museu Pushkin, em Moscou, ou a do Museu de Arte Nelson-Atkins, na cidade de Kansas (EUA) – foi a que apareceu na exibição de 1874.

1 Primeiro olhar:

Reduzidos a massas de cor, os elementos perdem definição. É o efeito geral do conjunto que se impõe. A desvalorização das linhas atenuam os contornos. As pessoas, os veículos, os edifícios, as árvores, tudo parece evaporar na névoa.

A disposição diagonal das árvores conduz a visão até o fundo da paisagem onde se insinua a linha do horizonte.

No pé das árvores a fileira de carros estacionados contrasta com o movimento das pessoas e das carruagens.

No canto mediano direito, a presença ou o vestígio de um homem de cartola que parece observar a paisagem da sacada (como fazia o pintor).

As margens livres sugerem que o conteúdo da pintura se expande para fora das suas bordas.

Bonecas. Porcelana, couro, madeira e tecido, século XIX.

Soldadinhos de chumbo, cavalos de madeira, bolas de borracha, bonecas de porcelana. A partir do século XIX abriu-se uma nova página na história dos brinquedos. Surgiram fábricas especializadas na produção de objetos direcionados especificamente para as crianças.

Até então, os brinquedos eram feitos em oficinas que produziam móveis, ferramentas e outros objetos para a sociedade em geral. Assim, animais, bonecos e casinhas de madeira eram fabricados em oficinas de carpintaria, ao lado de móveis, janelas e portas. Soldadinhos, cavalinhos e presépios eram confeccionados por ferreiros. Bolinhas de gude, bonecas de porcelana e pingentes eram produzidos por vidreiros.

O desenvolvimento industrial permitiu o aparecimento de fábricas dedicadas à produção específica de brinquedos. Bonecas de borracha com vestidos de pano, olhos de vidro e cabelos sintéticos requeriam a concentração de muitas técnicas artesanais em um mesmo espaço. Com isso, aumentava-se a produtividade, diminuía-se o custo e ampliava-se o seu mercado consumidor. As crianças começavam a ser alvo da produção capitalista.

A importância dos brinquedos e dos jogos para a educação passou a ser ainda mais destacada ao longo do século XIX. As brincadeiras e os novos bens de consumo passavam a ser considerados úteis à formação moral e ao desenvolvimento intelectual das crianças. Eram tidos como instrumentos para a construção da personalidade e para o papel de futuros adultos. Os brinquedos eram também destacados pela sua dimensão econômica, devido ao número de operários empregados e aos valores movimentados no mundo dos negócios.

Segunda Revolução Industrial
Vídeo

A CIDADE INDUSTRIAL

A indústria tornou-se uma alternativa de trabalho para milhares de pessoas que deixavam o campo. O processo de constituição do proletariado, ou seja, aqueles que só possuíam a sua prole, iniciado ao final da Idade Média, tinha agora, como resultado, a constituição de um **exército industrial de reserva**, como foi definido por Karl Marx em sua análise sobre o capitalismo. Ou seja, havia um número maior de trabalhadores disponíveis para um número menor de vagas nas indústrias. Situação essa propícia ao pagamento de baixos salários aos proletários.

Ao mesmo tempo, o deslocamento acelerado da população rural provocou um crescimento descontrolado dos centros urbanos, modificando expressivamente a paisagem das cidades.

A Inglaterra tornara-se, desde 1851, a primeira nação do mundo a ter a maioria de sua população morando nas cidades. O surgimento de complexos industriais como fundições, siderúrgicas, refinarias de petróleo e indústrias químicas promoveu a concentração de operários. A cidade avançava em todas as direções, graças a um sistema de transportes que rasgava os velhos bairros e favorecia o nascimento dos grandes subúrbios-dormitórios. Assim, as cidades cresciam sem que houvesse planejamento.

Para a burguesia e a velha aristocracia, a cidade era símbolo de prosperidade. Mas para os trabalhadores, que enfrentavam extensas jornadas de trabalho (até 15 horas diárias), viviam em moradias superlotadas e recebiam baixos salários, a vida nas cidades era extremamente opressiva.

O IMPERIALISMO

Para as novas potências era necessário reinvestir os lucros, obter fontes de petróleo, carvão, ferro, cobre, para alimentar suas indústrias crescentes e encontrar mercados consumidores para seus produtos.

A saída era controlar novos territórios capazes de atender a essas necessidades e garantir os lucros dos investidores. As potências industrializadas iniciaram, então, um novo movimento de expansão para fora de seus domínios.

Os europeus consideravam-se portadores de uma sociedade superior, de uma "civilização" em estágio avançado. Ao se dirigirem para a América, África e Ásia sustentavam serem encarregados de uma missão: acelerar o progresso dessas regiões, consideradas atrasadas e selvagens. Justificava-se, assim, uma política expansionista que ficou conhecida como **imperialismo**, uma política de dominação territorial, econômica e cultural de alguns Estados sobre outros.

O processo de ocupação e dominação de territórios na África e na Ásia ficou conhecido como **novo colonialismo** ou **neocolonialismo**, em oposição à colonização feita a partir do século XVI, também pelos europeus.

O IMPERIALISMO NA ÁSIA: ÍNDIA E CHINA

A presença britânica na Índia remonta ao século XVII, com o estabelecimento de postos comerciais e feitorias na região. Após alguns primeiros acordos mercantis, os ingleses obtiveram de Portugal a localidade de Bombaim.

A partir de então os negócios ingleses ampliaram-se com a tomada de territórios e a cunhagem de moedas na Índia Britânica, que englobava Índia, Paquistão, Bangladesh, Mianmar, Bengala e Birmânia.

Após expulsar seus rivais europeus ao longo do século XVIII, o poderio britânico consolidou-se simultaneamente ao desenvolvimento de sua indústria. A região fornecia matérias-primas e adquiria produtos industriais ingleses. O principal produto indiano era o algodão, levado para a Inglaterra em grandes quantidades. Em contrapartida, tecidos industrializados ingleses eram vendidos na Índia, o que provocaria a ruína da produção artesanal local.

Entre 1857 e 1858, ocorreu uma revolta contra a exploração inglesa. A **Revolta dos Cipaios** (nome dado ao soldado mercenário), unindo hindus e muçulmanos, foi sufocada pelas tropas britânicas. Após a vitória militar, a Inglaterra assumiu o controle direto da Índia. A rainha Vitória recebeu o título de imperatriz da Índia em 1877, que só se tornaria independente em 1947.

> ## TÁ LIGADO
>
> **4.** Defina imperialismo.
>
> **5.** Defina neocolonialismo.
>
> **6.** Explique como os novos territórios atendiam aos interesses econômicos imperialistas.

Negócios da China

Deficitário
Cujo saldo é negativo.

Alucinógena
Que causa alucinações.

O comércio inglês com a China era deficitário até o início do século XIX. Os chineses vendiam sedas, porcelanas e chá, mas os produtos ingleses não despertavam grande interesse no mercado local. Diante disso, comerciantes britânicos intensificaram a produção de ópio, uma substância alucinógena, obtida da papoula, planta cultivada na Índia, e passaram a vendê-la aos chineses.

Medidas contra a entrada do produto foram adotadas pelo governo chinês, o que provocou as chamadas **Guerras do Ópio** (1839-1842; 1856-1858). Vitoriosos, os ingleses ocuparam várias cidades no litoral da China e anexaram a ilha de Hong Kong. Uma nova derrota chinesa, desta vez contra o Japão (1894-1895), enfraqueceu o império que se viu fatiado por ingleses, franceses, russos e alemães.

Entre 1899 e 1901, ocorreu uma rebelião organizada pela sociedade secreta Sociedade dos Punhos Justos e Harmoniosos, que praticava o *Suai Jiao*, conhecido como boxe chinês. Por essa razão, a revolta ficou conhecida como **Guerra dos *Boxers***.

Os *boxers* promoveram atentados e ataques a estrangeiros e a símbolos do imperialismo europeu, como trens e telégrafos. Foram definitivamente derrotados em 1901.

Franceses na Indochina

De maneira mais significativa, os franceses passaram a se estabelecer no Sudoeste asiático apenas no século XIX. O controle sobre o Vietnã, Camboja e Laos levou à formação da Indochina Francesa. A independência dessas regiões só ocorreu após a Segunda Guerra Mundial.

Fonte: Elaborado com base em BLACK, Jeremy (Org.). *World History Atlas*, Londres: DK, 1999; KINDER, H.; HILGEMANN, W. *Atlas Histórico Mundial*. Madrid: Akal, 2006. v. II.

POTÊNCIAS INDUSTRIALIZADAS NA ÁSIA E OCEANIA (SÉCULO XIX)

Possessões inglesas
Possessões francesas
Possessões holandesas
Possessões portuguesas
Possessões alemãs
Possessões japonesas
Possessões estadunidenses

ESCALA
0   1120   2240 km

NO CORAÇÃO DA ÁFRICA

Em todas as partes do mundo encontravam-se ingleses. Eram mercadores, empresários, militares, professores, geógrafos, engenheiros etc. Muitos funcionários da Coroa britânica eram, também, agentes secretos disfarçados, que tinham como missão investigar as regiões de interesse da Inglaterra. Esses agentes elaboravam mapas, faziam relatórios, informando sobre rivalidades entre povos ou sobre fontes de riqueza.

Um dos mais ativos agentes secretos ingleses foi **Richard Francis Burton** (1821-1891). Escritor, poeta e diplomata, viajou pela Europa, esteve na Índia e na Península Arábica. Aprendeu 29 línguas, tomou conhecimento de diversas religiões e explorou várias regiões.

A busca da nascente do Rio Nilo

A principal aventura de Richard Burton foi percorrer o interior da África. Seu plano seria penetrar no coração da África e procurar desvendar a localização da nascente do Nilo. Em 1854, Burton pediu apoio à Real Sociedade Geográfica para realizar seu projeto. No entanto, a diretoria preferiu que ele fizesse uma expedição à região da Somália, para um levantamento dos portos costeiros. Burton aceitou o pedido, pois essa viagem significava o primeiro passo para a execução de seu verdadeiro plano.

Durante essa viagem, conheceu o inglês **John Hanning Speke** (1827--1864), que seria seu companheiro de aventuras. De volta a Londres, em 1856, apresentou seu projeto à Sociedade Geográfica para a exploração das regiões dos lagos da África Central. Burton pesquisou relatos e mapas antigos sobre o Rio Nilo e investigou as lendas das fabulosas "Montanhas da Lua" ou "Montanhas Lunáticas", como diziam os árabes, que enlouqueciam as pessoas ao procurá-las.

TÁ NA REDE!

EXPLORADORES EM SALA DE AULA

Digite o endereço abaixo na barra do navegador de internet: *<https://bit.ly/2zDArOB>*. Você pode também tirar uma foto com um aplicativo de *QrCode* para saber mais sobre o assunto. Acesso em: 28 set. 2018. Em português.

 Conecta salas de aula ao redor do mundo com os exploradores da National Geographic.

As sociedades geográficas

As atividades das sociedades geográficas foram importantes para a exploração do continente africano.

Sua função principal era orientar as expedições que abririam as portas da África. A articulação entre cientistas e exploradores formava a espinha dorsal dos trabalhos. Os exploradores levantavam informações e esboçavam seu mapeamento e os cientistas se incumbiam de sistematizar: catalogar, produzindo material de apoio para as futuras viagens.

A geografia tornou-se, assim, um saber de grande prestígio junto aos governos, uma vez que seu conhecimento favorecia a expansão territorial. E a riqueza crescente da Europa permitia financiar mais e mais expedições científicas.

Sala de mapas da Real Sociedade Geográfica. Londres, 1912.

Em suas pesquisas, ele chegou à informação da existência de um vasto mar no interior da África Central, que seria a fonte do Nilo.

Acompanhado por John Speke, partiu da cidade de Zanzibar, na Tanzânia, em 1857, e chegou à aldeia de Ujiji em 1858. Muito doente, Burton não pôde dar continuidade à sua busca, que foi realizada por seu companheiro de viagem. Ao voltar da margem sudoeste do lago (que batizou de Vitória, em homenagem à rainha da Inglaterra), Speke afirmava ter encontrado a lendária fonte do Nilo.

Speke retornou a Londres, onde se tornou uma celebridade e foi tratado como um herói da monarquia. Burton, que chegara muito perto de desvendar o mistério de tantos séculos, recebeu do governo britânico a missão de se estabelecer no Brasil, como agente secreto, com o cargo de cônsul.

Depois do sucesso alcançado em Londres, Speke conseguiu apoio para uma segunda expedição, em 1862 chegou até as Cataratas do Ripon, onde o Nilo se separa do Lago Vitória.

O trabalho dos exploradores confirmava a existência no continente africano de grandes oportunidades econômicas no aproveitamento de seus recursos naturais e de suas áreas agrícolas.

STANLEY E OS INTERESSES DA BÉLGICA

Fonte: Elaborado com base em SMITH, Stephen. *Atlas de l'Afrique. Un continente jeune, révolté, marginalize.* Paris: Editions Autrement, 2005.

Outro explorador, o jornalista **Henry Morton Stanley** (1841-1904), realizou entre 1874 e 1877 uma importante viagem. Partindo de Zanzibar, chegou ao Rio Congo e navegou até o Atlântico. Os relatos da exploração estimularam o rei da Bélgica Leopoldo II a organizar um congresso com os presidentes das sociedades geográficas europeias em 1876, em Bruxelas.

A partir do congresso, formou-se a **Associação Internacional Africana**, destinada a prosseguir com as explorações científicas na África e difundir a "civilização" ocidental. Na verdade, seus interesses eram principalmente econômicos. Foi formado também o **Grupo de Estudos do Alto Congo**, com o objetivo de iniciar a exploração e a conquista da região do Congo. Essas entidades eram financiadas por particulares e pelo próprio Leopoldo II.

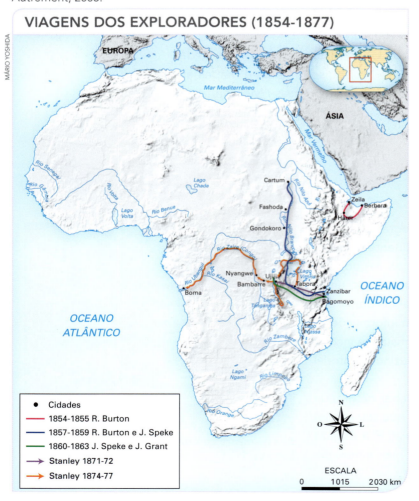

VIAGENS DOS EXPLORADORES (1854-1877)

Cidades
1854-1855 R. Burton
1857-1859 R. Burton e J. Speke
1860-1863 J. Speke e J. Grant
Stanley 1871-72
Stanley 1874-77

ESCALA
0   1015   2030 km

A CONFERÊNCIA DE BERLIM

Antes da Bélgica, a França já havia anexado a Argélia, em 1830, e continuava a estender seus domínios. Seguindo os passos de França e Bélgica, a Inglaterra estabeleceu seu domínio sobre o Egito, em 1882. Posteriormente, o descobrimento de diamantes, ouro, cobre e outros minérios, no continente africano, aguçou ainda mais a cobiça e a rivalidade dos governos. Os europeus entraram em uma disputa feroz.

Dessas rivalidades, surgiu a proposta de uma conferência internacional que pudesse resolver os conflitos causados pelas atividades dos países europeus no continente africano.

Entre novembro de 1884 e novembro de 1885, transcorreu a Conferência Internacional de Berlim. Presidida pelo chanceler alemão Otto von Bismarck e pelo ministro francês Jules Ferry, a Conferência reuniu representantes de Inglaterra, Alemanha, França, Bélgica, Estados Unidos, Holanda e Itália.

Nela, foram assinados acordos de distribuição de territórios e estabelecidas as regras de ocupação. Cada país europeu tinha de ocupar de fato um território para reivindicá-lo como seu e avisar aos outros interessados. Ocupar de fato significava povoamento permanente, exploração, dominação dos povos subjugados e administração dos territórios.

Leopoldo II foi declarado governante pessoal do Estado Livre do Congo. A Bacia do Congo foi transformada em zona de livre comércio para todos os países. E ocorreu uma corrida frenética para todos os cantos do continente, onde a ocupação ignorava fronteiras, tanto naturais quanto culturais.

Tragédias africanas

Hoje em dia a África é marcada pela miséria, por guerras e epidemias. Com raras exceções, a situação do continente africano é trágica. Prolongadas guerras civis devastaram países como Angola e Moçambique. Conflitos entre Libéria, Guiné e Serra Leoa pelo controle de diamantes dizimaram milhares de pessoas. A fome fez milhões de mortos.

No passado, a África foi explorada, recortada, colonizada. Hoje é lembrada nos noticiários por suas tristezas. O coração das riquezas dos europeus no século XIX transformou-se no coração da miséria dos dias de hoje. O espetáculo de horrores, que começou a ser encenado a partir do século XV, teve seu apogeu no século XIX. E deixou sua herança.

COLAGEM DE NOTÍCIAS

A PARTILHA DA ÁFRICA

TÁ LIGADO ?

9. Explique o que foi a partilha da África.

10. Explique por que muitas das fronteiras entre países africanos são demarcadas por linhas retas.

11. Aponte as consequências da partilha da África para os povos africanos.

Após a Conferência de Berlim, o governo francês conquistou a Tunísia, parte da África ocidental, a costa da Somália e a Ilha de Madagascar. A Inglaterra ocupou o Egito, parte do Sudão, o sul do continente, Nigéria, Costa do Ouro e Serra Leoa.

A Alemanha chegou atrasada à corrida, mas ficou com Camarões, o sudoeste africano e parte da África oriental. A Itália, também tardiamente, ocupou a Líbia, Eritreia e parte da Somália. À Bélgica coube o Congo. À Espanha, parte do Marrocos, Rio do Ouro e parte da Guiné.

Entre 1880 e 1914, as potências europeias dividiram a África entre si, com exceção da Libéria (como vimos no capítulo 10) e da Etiópia, que eram países independentes.

O mapa da África mostra, ainda hoje, muitas linhas de limites retas, traçadas com régua, sinal de como foi realizada a partilha de seu território pelas potências europeias.

A África inteira foi dividida em colônias de diferentes dimensões que podiam abrigar diversos povos. O resultado foi que populações aparentadas e antes unidas acabaram por vezes separadas pelas fronteiras estabelecidas pelos brancos. Ou então, com as novas fronteiras, povos historicamente rivais foram obrigados a conviver sob um mesmo território.

CABO DE GUERRA

Com a divisão estabelecida pela Conferência de Berlim, o reino português obteve pequenas extensões do território africano.

O governo português reivindicava uma faixa de terra de oeste a leste, ligando Angola a Moçambique, que lhe pertenceria por direito de descoberta, desde o século XV, à época das Grandes Navegações.

Esse projeto ficou conhecido como **"mapa cor-de-rosa"** por causa da cor aplicada no mapa que registrava as pretensões lusitanas.

A Inglaterra tinha intenção de cortar o continente de sul a norte, por meio de uma linha férrea da Cidade do Cabo ao Cairo, ambas sob o domínio inglês.

Os ingleses obtiveram o controle sobre a Rodésia e a União Sul-Africana, territórios situados entre Angola e Moçambique, impedindo a realização do projeto português.

Fonte: Elaborado com base em AJAYI, J. F. A. de; CROWDER, Michel. *Historical Atlas of África*. Essex: Longman Group, 1985.

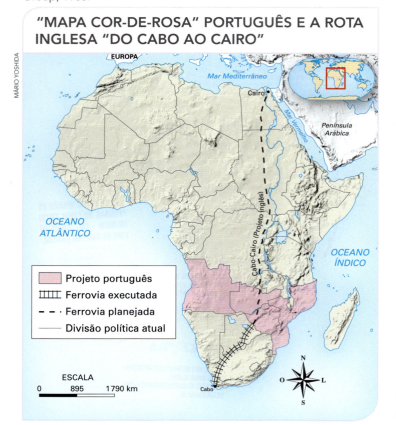

"MAPA COR-DE-ROSA" PORTUGUÊS E A ROTA INGLESA "DO CABO AO CAIRO"

- Projeto português
- Ferrovia executada
- Ferrovia planejada
- Divisão política atual

ÁFRICA (SÉCULO XV)

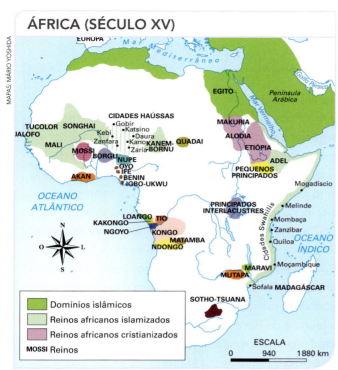

Legenda:
- Domínios islâmicos
- Reinos africanos islamizados
- Reinos africanos cristianizados
- MOSSI Reinos

ESCALA
0 — 940 — 1880 km

Fonte: Elaborado com base em AJAYI, J. F. A. de; CROWDER, Michel. *Historical Atlas of Africa*. Essex: Longman Group, 1985; SMITH, Stephen. *Atlas de l'Afrique. Un continente jeune, révolté, marginalize*. Paris: Editions Autrement, 2005.

ÁFRICA (1860)

Legenda:
- Possessões francesas
- Possessões inglesas
- Possessões portuguesas
- Império Otomano
- Reinos sob domínio Otomano
- Reinos africanos sob teocracia islâmica
- Reinos e Estados africanos
- Estado Livre da Libéria

ESCALA
0 — 940 — 1880 km

Fonte: Elaborado com base em SMITH, Stephen. *Atlas de l'Afrique. Un continente jeune, révolté, marginalize*. Paris: Editions Autrement, 2005.

ÁFRICA (1914)

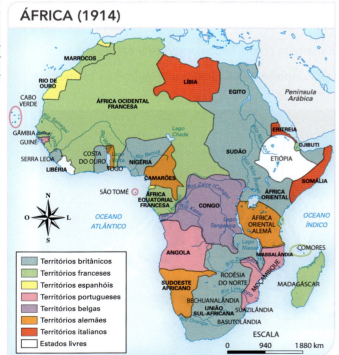

Legenda:
- Territórios britânicos
- Territórios franceses
- Territórios espanhóis
- Territórios portugueses
- Territórios belgas
- Territórios alemães
- Territórios italianos
- Estados livres

ESCALA
0 — 940 — 1880 km

Fonte: Elaborado com base em AJAYI, J. F. Ade; CROWDER, Michel. *Historical Atlas of Africa*. Essex: Longman Group, 1985.

ÁFRICA (2015)

ESCALA
0 — 940 — 1880 km

Fonte: Elaborado com base em <http://goo.gl/A33SGA>. Acesso em: 1º nov. 2018.

Lendas do mundo moderno: o darwinismo social

No ano de 1832, **Charles Darwin** (1809-1882), naturalista inglês, embarcou para uma viagem exploratória ao redor do mundo. Estudando sobre a fauna e a flora, principalmente nas ilhas Galápagos (no oceano Pacífico), Darwin observou que somente os organismos mais fortes conseguiam permanecer vivos. Constatou que a própria natureza se encarregava de selecionar as espécies com mais chance de sobreviver. Por exemplo, uma girafa que nascesse com um pescoço ligeiramente mais comprido que uma outra teria uma vantagem que lhe seria favorável na luta por alimentos ou defesa. E essa vantagem poderia ser transmitida a seus filhotes. Com o passar do tempo, as espécies mais favorecidas substituiriam as menos favorecidas e produziriam novas e "melhores" espécies. Segundo Darwin, as várias espécies, inclusive a humana, evoluíram gradativamente por milhões de anos e continuariam a evoluir.

Esses estudos foram publicados em 1859 sob o título de *A origem das espécies por meio da seleção natural*, ou a *conservação das raças favorecidas na luta pela vida*. A **teoria da evolução** das espécies por meio da seleção natural formulada por Darwin revolucionou a ciência.

Mas a explicação do cientista para as mudanças da fauna e da flora ao longo do tempo serviriam para justificar a opressão do que os ocidentais chamavam de "raças não evoluídas" pelos da "raça evoluída". Por meio dessa crença, que foi chamada de **darwinismo social**, os brancos elaboraram várias justificativas sobre sua "superioridade" e sobre o direito que tinham em dominar, explorar, retaliar outros povos que tivessem uma cor ou um modo de vida diferentes dos seus.

Há muitas histórias de heróis brancos que viveram nas selvas. A mais conhecida, talvez, seja a história de Tarzan. Procure informações sobre esse herói lendo livros, histórias em quadrinhos ou assistindo aos filmes que contam suas aventuras. Em seguida, faça as atividades sugeridas.

1. Registre as diferenças entre as narrativas quanto à história de como o bebê foi parar na selva.
2. Identifique as diferenças entre as narrativas quanto à maneira como Tarzan aprende a escrever e ler.
3. Relacione a história de Tarzan com as ideias de superioridade racial. Justifique utilizando elementos organizados com base em sua pesquisa.

Cena da animação *Tarzan*, direção de Chris Buck e Kevin Lima, EUA/França, 1999.

WALT DISNEY PICTURES

O IMPACTO DA DOMINAÇÃO

O colonialismo europeu representou a **perda de independência** dos africanos. Representou a perda do direito de dirigirem seu próprio destino, de planejarem seu desenvolvimento, de administrarem sua economia, de determinarem suas prioridades. O colonialismo tirou dos africanos um dos direitos mais fundamentais dos povos e nações: o **direito à liberdade**.

Entre tantas violências, o trabalho forçado foi o abuso mais frequente. Os colonos brancos precisavam de mão de obra barata para viabilizar seus projetos de riqueza. Os franceses, por exemplo, exigiam que todas as pessoas trabalhassem gratuitamente doze dias por ano. Os belgas exigiam quarenta horas por mês de trabalho gratuito. Os ingleses, cinco meses ao ano.

Trabalhos forçados. Dar es Salaam, Tanganica, c. 1927.

E. M. SANTOS/BIBLIOTECA DO CONGRESSO, WASHINGTON, EUA

A foto feita na cidade de Dar es Salaam (Tanganica, atual Tanzânia) destaca um grupo de meninas acorrentadas pelo pescoço e forçadas a trabalhar na construção de estradas pelo governo britânico.

Além disso, os europeus cobravam impostos das populações nativas, provocando reações e revoltas. Como a ordem e o controle deveriam ser mantidos a qualquer custo, a violência da polícia, da Justiça e do Exército foram as características da dominação.

O poder dos reis e chefes de comunidades foi substituído pelo poder do administrador colonial e pela força militar. A adaptação ao modo de vida europeu modificou muitos dos costumes tradicionais da África, principalmente nos centros urbanos, onde a presença do colonizador era mais forte.

Também com a justificativa da superioridade racial e cultural, as potências europeias adotaram políticas de **segregação**. Os africanos eram excluídos de participar como cidadãos da vida colonial. Enquanto os europeus moravam em bairros bem estruturados com hospitais, escolas, clubes e todas as facilidades da vida moderna, aos africanos eram reservadas a servidão, a miséria e a humilhação, em áreas especiais.

A dominação cultural

Os africanos também foram submetidos a uma violenta dominação cultural, sendo obrigados a utilizar vestimentas europeias, a cultuar a religião cristã e a se expressarem nos idiomas dos conquistadores.

De maneira geral, o colonialismo impôs um ritmo acelerado à urbanização. As populações das cidades já existentes e as das novas cidades tiveram um aumento significativo durante o período colonial, estabelecendo um abismo entre os centros urbanos e as zonas rurais. As cidades que se transformaram em capitais, centros administrativos ou centros de mineração e comércio dos regimes coloniais sofreram um aumento de população ainda mais acelerado.

TÁ LIGADO ?

12. Explique como os países europeus utilizaram o trabalho forçado dos povos africanos.

Garotas com trajes ocidentais. África do Sul, c. 1920.

No entanto, em nenhuma cidade os africanos eram considerados como iguais, fato que impossibilitava sua integração. Para a maioria, era impossível encontrar emprego ou moradias decentes. Acabavam se amontoando em bairros periféricos, onde o desemprego, as más condições de higiene, os roubos, a prostituição e a violência eram regras. O colonialismo empobreceu a vida rural e corrompeu a vida urbana.

A língua das potências coloniais tornou-se a língua oficial nos negócios, e principal meio de comunicação entre os diferentes grupos que formavam a população urbana de cada colônia. As línguas europeias ensinadas nas escolas tiveram como consequência impedir a transformação de algumas línguas africanas em línguas nacionais.

O haússa, por exemplo, falado na Nigéria, no Chade e no Níger, poderia ter se tornado a língua nacional. No entanto, a língua oficial da Nigéria é o inglês; no Chade, as línguas oficiais são o francês e o árabe e no Níger, o francês. Em Angola, a língua oficial é o português, mas as línguas mais faladas pela maioria da população são o quimbundo e o umbundo.

Modernidades europeias

A exploração do continente africano envolvia o desenvolvimento de novos meios de transporte, a introdução de novas formas de agricultura, a exploração de minérios, a instalação de indústrias e tecnologias, a expansão da economia de mercado e a propagação do cristianismo. Envolvia, também, a implementação de um sistema formal de escolaridade para as populações, mesmo que seu objetivo fosse apenas o de transformá-las em instrumentos mais eficientes para a exploração das riquezas.

De fato, ao longo do tempo, os europeus levaram para a África sua modernidade tecnológica. Armas de fogo, calçados, máquinas, navios, eletricidade, refrigerantes, gomas de mascar, automóveis e eletrodomésticos.

Propaganda anunciando a chegada de abastecimento de gás nas colônias francesas da África. Extraída da revista semanal L'Illustration, n. 4603, Paris, 23 maio 1931.

RESISTÊNCIAS AFRICANAS

Os povos africanos resistiram, fazendo guerra ao colonizador europeu durante todo o período colonial.

A força militar e a violência dos dominadores, muitas vezes, não foram suficientes para submeter os povos africanos.

Os Zulu, que ocupavam as terras mais férteis no sul da África, enfrentaram, em uma batalha memorável, as tropas britânicas, em 1879. Os Herero, do sudoeste africano, lutaram contra os alemães, mataram colonos, destruíram fazendas e confiscaram o gado. Os reinos de Bunyoro e Buganda, na atual Uganda, recorreram à guerrilha contra os ingleses, entre 1891 e 1899.

Os Humbe, Bié e Cumato, na atual Angola, combateram e repeliram as tropas portuguesas, em 1904. Os Yaka do Congo central lutaram contra portugueses e belgas durante mais de dez anos. Os Baulé da Costa do Marfim se lançaram sobre as tropas francesas em 1898.

Os conflitos militares entre os Ashanti da Costa do Ouro contra os ingleses ocorriam desde 1760. Mas, entre 1869 e 1872, os Ashanti fizeram um ataque triplo e ocuparam todos os estados do litoral da Costa do Marfim.

Guerreiros masai. Quênia, c. 1890.

Gerreiros etíopes, Adwa (Etiópia). Início do século XX.

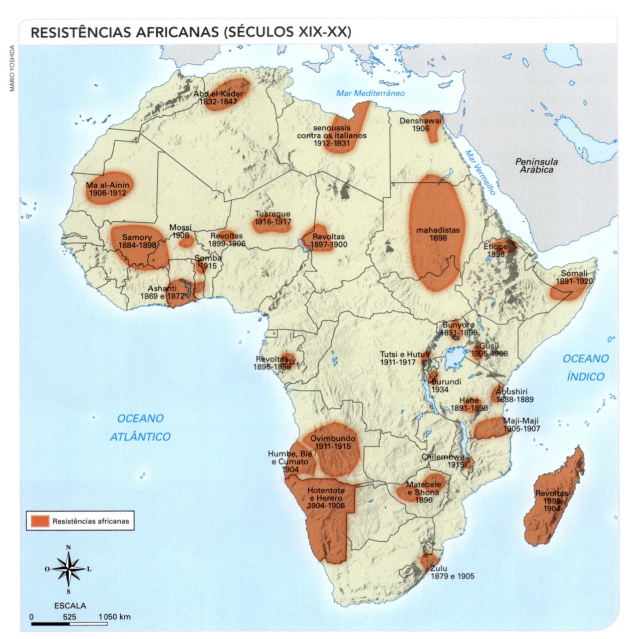

Fonte: Elaborado com base em KLEIN, J-F.; SINGARAVÉLOU, P.; SUREMAIN, M-A. *Atlas des empires coloniaux*. Paris: Éditons Autrement, 2012; SMITH, S. *Atlas de l'Afrique*. Paris: Editions Autrement, 2005.

A Etiópia independente

Se no século XIII o reino cristão etíope estivera cercado por domínios muçulmanos, no século XIX o reino etíope estava rodeado de colônias europeias.

O governo italiano, que já havia estabelecido uma colônia na Eritreia, tinha pretensões de ampliar suas conquistas na África. Entre 1895 e 1896, tropas italianas invadiram a Etiópia. No entanto, foram derrotadas pelas forças etíopes sob a liderança do Ras (rei) Menelik II.

Uma nova ofensiva ocorreria em 1935, quando o ditador Benito Mussolini ordenou o deslocamento de tropas italianas para a Etiópia. Desta feita, com sucesso. Em 1936, o reino das lendárias origens bíblicas, cujos reis seriam descendentes do rei Salomão, perderia temporariamente a sua independência.

Moeda etíope (frente Menelik II, verso Leão de Judá). 1895.

Fonte: Elaborado com base em SMITH, Stephen. *Atlas de l'Afrique. Un continente jeune, révolté, marginalize.* Paris: Editions Autrement, 2005.

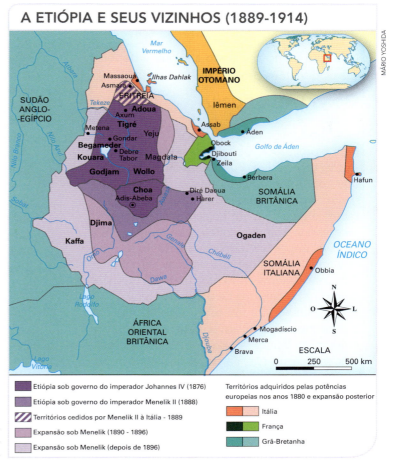

A ETIÓPIA E SEUS VIZINHOS (1889-1914)

MÁRIO YOSHIDA

Etiópia sob governo do imperador Johannes IV (1876)
Etiópia sob governo do imperador Menelik II (1888)
Territórios cedidos por Menelik II à Itália - 1889
Expansão sob Menelik (1890 - 1896)
Expansão sob Menelik (depois de 1896)

Territórios adquiridos pelas potências europeias nos anos 1880 e expansão posterior
Itália
França
Grã-Bretanha

QUEBRA-CABEÇA

1. Leia o quadro complementar "Brinquedos industriais" (p. 218). Agora atenda ao que é solicitado:
   a) Aponte como eram produzidos os brinquedos até o século XIX.
   b) Aponte as mudanças nessa produção a partir da Revolução Industrial.

2. Quais eram os objetivos das sociedades geográficas fundadas no século XIX?

3. Defina cada um dos conceitos abaixo e organize um pequeno dicionário conceitual em seu caderno:
   • Segunda Revolução Industrial
   • proletariado
   • Exército industrial de reserva
   • imperialismo
   • neocolonialismo
   • Sociedade dos Punhos Justos e Harmoniosos
   • Conferência de Berlim
   • Partilha da África
   • teoria da evolução
   • darwinismo social

4. Elabore uma cobertura jornalística crítica sobre a Conferência de Berlim. Para isso:
   a) Releia o texto sobre a Partilha da África (página 224).
   b) Analise os mapas das páginas 224 e 225.
   c) Escreva uma matéria sobre a partilha e os interesses envolvidos.
   d) Escreva uma matéria sobre o impacto da partilha para os povos africanos.
   e) Produza charges sobre a Conferência de Berlim.
   f) Elabore uma manchete para a matéria.

5. Vamos construir nossos *tags*. Siga as instruções do *Pesquisando na internet* na seção **Passo a passo** (p. 7) utilizando as palavras-chave abaixo:
   Zulu
   Ashanti
   Bakongo
   Masai
   Herero
   Soninquê
   Ovimbundo

Leia com atenção o texto a seguir e depois responda às questões propostas.

MONTANHA-RUSSA

[...] o rápido processo de industrialização gerou processos de crescimento e concentração urbana [...]. Formaram-se assim grandes contingentes com alguns recursos para gastar e algum tempo livre. Como a ópera, o teatro e os salões de belas-artes eram luxos reservados aos abastados, alguns empresários vislumbraram a oportunidade de investir nas duas formas baratas de lazer possibilitadas pelo desenvolvimento da eletricidade: o cinema e os parques de diversões.

O resultado foi um espantoso sucesso. A montanha-russa foi inventada em 1884, e o cinema, dez anos depois, em 1894. Em ambos se fica na fila, se paga, se senta e, por um período de tempo determinado, se é exposto a emoções mirabolantes. [...] O impacto [...] da experiência é, no entanto, de tal forma gratificante, que ninguém resiste a voltar muitas e muitas vezes, fazendo desses atos um ritual obrigatório de todo fim de semana. Eles, literalmente, viciam.

[...] Era o nascimento de um dos empreendimentos mais prósperos do século XX: a indústria do entretenimento. Em 1897 foi inaugurado em Coney Island, conexa à cidade de Nova York, o Steeplechase Park, [...] consolidando a ideia genial de associar num mesmo ambiente todo um lote de diversões elétricas, vários cinemas e uma enorme montanha-russa. O afluxo de público foi tão grande, os lucros tão estratosféricos, que o empreendimento não parou mais de crescer. Em dez anos, o parque de diversões se estendia por uma área de quase um quilômetro quadrado, tornando Coney Island o maior centro de entretenimento do mundo. Era o precursor das Disneylândias [...].

SEVCENKO, Nicolau. *A corrida para o século XXI – No* loop *da montanha-russa.* São Paulo: Cia. das Letras, 2001. p. 73 e 74.

1. Originalmente, a que público se dirigia a indústria do entretenimento? Justifique.

2. Com base nos dados deste capítulo e do texto acima, como você explicaria o sucesso da montanha-russa?

3. Descreva outros passatempos de nossa civilização que sejam marcados pelo fascínio da velocidade.

PONTO DE VISTA

OBSERVE A IMAGEM

Imperialismo britânico

1. Siga as instruções da *Análise de documentos visuais* na seção **Passo a passo** (p. 6) para analisar a charge ao lado.

2. Identifique cada uma das regiões representadas na charge.

3. Explique qual é a mensagem central da charge.

The devilfish in Egyptian waters (O polvo em águas egípcias), anônimo. Charge. 1882.

PERMANÊNCIAS E RUPTURAS

Tragédias e conflitos africanos

Leia com atenção o trecho de uma entrevista do historiador africano Joseph Ki-Zerbo (1922-2006) a respeito da situação da África contemporânea.

Atualmente, penso que não é possível acabar com os conflitos africanos. Hoje, quando há uma pequena guerra, é legítimo que se tente pôr termo a ela. Mas, muitas vezes, aqueles que o fazem são os mesmos que vendem armas secretamente, ou então, que defendem os seus interesses petrolíferos às custas de guerras civis entre africanos. Os países industrializados consagram pelo menos um terço das suas despesas à pesquisa armamentista. Que eu saiba, excetuando a África do Sul, o Egito e Marrocos, todos os países africanos abastecem-se de armas no exterior – na Europa, na Rússia e nos Estados Unidos. Por conseguinte, os países ricos têm uma parte importante nos conflitos africanos. Ao lado das vias normais de comércio das armas, há vias de tráfico subterrâneas, que enchem a África de armas leves. A África está cheia de armas leves. Os bens mais preciosos da África, como o diamante, o ouro e o urânio, servem para introduzir na África muitas armas que são utilizadas pelos senhores da guerra.

KI-ZERBO, Joseph. *Para quando a África? Entrevista com René Holenstein*. Rio de Janeiro: Pallas, 2006. p. 56-57.

Na página 223 foram apontados alguns dos inúmeros conflitos e tragédias existentes no continente africano. Escolha dois desses assuntos para pesquisar. Em grupos, levante informações sobre a temática escolhida. Se utilizar a internet, siga as instruções do **Passo a passo** (p. 7). Registre os dados no seu caderno e, em seguida, elabore um texto que relacione essa situação ao passado colonial do continente.

TRÉPLICA

Filmes

O homem que queria ser rei
EUA, 1975. Direção de John Huston.

Filme baseado na história de Rudyard Kipling (1865-1936), escritor britânico, nascido na Índia.

Dois amigos viajam para um país distante, Kafiristan, e ajudam os líderes locais a vencerem seus inimigos. Depois disso, eles derrubam esses líderes e se tornam os reis da região.

Montanhas da Lua
EUA, 1990. Direção de Bob Rafelson.

Narra a procura pelas nascentes do Rio Nilo, na África, no final do século XIX. O filme permite observar o imaginário em torno das missões de exploração europeias e o espaço da África na era dos impérios.

Livros

O imperialismo
BRUIT, H. H. São Paulo: Atual, 1996.

O coração das trevas
CONRAD, J. Porto Alegre: L&PM Pocket, 1998.

Sites

(Acessos em: 28 set. 2018)

<http://goo.gl/PCy6Vd>

Apresentação da escritora nigeriana Chimamanda Ngozi Adichie. O *site* também traz *links* para sua palestra sobre preconceito: "O perigo da história única".

<http://goo.gl/mXJ52b>

O *site* faz uma análise dos materiais publicados no auge do imperialismo europeu do século XIX.

<http://goo.gl/NzimLm>
Expedição do Museu Americano ao Congo (1909-1915) – American Museum of Natural History (AMNH).

Coleção de fotografias e mapas da expedição ao Congo Belga (1909-1915) organizada por Herbert Lang e James Chapin. Considerada uma das coleções mais completas do mundo. Lang tirou cerca de 10 mil fotografias durante sua estada no Congo entre 1909 e 1915. Os mapas da galeria refletem o desenvolvimento do conhecimento da geografia europeia sobre a África de 1562 a 1940. Versão em inglês.

O Segundo Reinado e a proclamação da República

PORTAS ABERTAS

👁 OBSERVE AS IMAGENS

1. No seu caderno, identifique: o suporte, a data, o lugar e o tipo de trabalhador apresentados em cada uma das imagens.

2. Esclareça a convivência desses diferentes tipos de trabalhadores na produção agrícola do século XIX.

3. Todas essas imagens podem ser consideradas documentos históricos? Justifique sua resposta.

CENTRO DE MEMÓRIA UNICAMP, SÃO PAULO, BRASIL

Imigrantes europeus em colheita de café. Araraquara, c. 1900.

BIBLIOTECA NACIONAL, RIO DE JANEIRO (RJ), BRASIL

Caravana de comércio, Johann Moritz Rugendas. Litografia colorida, c. 1835.

Plantação chinesa de chá no Jardim Botânico do Rio de Janeiro, Johann Moritz Rugendas. Litografia colorida, c. 1835.

Partida para a colheita do café, Marc Ferrez. 1885.

Machado de Assis (1839-1908), poeta, romancista, cronista, dramaturgo, jornalista, e crítico literário, foi um dos maiores escritores brasileiros, autor de dezenas de livros considerados clássicos de nossa literatura. Foi o primeiro presidente da Academia Brasileira de Letras, eleito em 1897.

A ESTABILIDADE POLÍTICA

O Segundo Reinado (1840-1889) foi marcado por uma relativa estabilidade política. As reformas conservadoras aprovadas a partir de então conferiram maior poder ao governo central sediado no Rio de Janeiro. A última grande revolta provincial aconteceu em Pernambuco, em 1848, a chamada **Revolução Praieira**. A elite tinha controle sobre o jogo político e os dois partidos, **Liberal** e **Conservador**, revezavam-se no poder.

Durante o Segundo Reinado aconteceu a mais importante de todas as transformações sociais: **o fim da escravidão**. Além disso, a economia se modernizava com a construção de ferrovias, a mecanização da produção e o desenvolvimento das primeiras fábricas.

As regras de funcionamento do regime de governo estavam claramente definidas no Segundo Reinado. O imperador nomeava o ministério, com integrantes de um determinado partido. Quando o ministério não obtinha apoio da maioria da Câmara dos Deputados para aprovar projetos que considerava essenciais, o imperador podia intervir dissolvendo a Câmara e convocando novas eleições ou demitir o ministério, nomeando outro em seu lugar.

VIOLÊNCIAS E FRAUDES

O uso da violência e da fraude garantia a eleição de uma Câmara dominada pelo partido que estava no ministério. Os poderosos fazendeiros vigiavam os votantes para ter certeza de que votariam nos seus candidatos (o voto não era secreto), seus capangas roubavam urnas e as substituíam por outras cheias de cédulas para o candidato apoiado por um determinado fazendeiro.

Os proprietários rurais dispunham de verdadeiros exércitos de agregados que mobilizavam para votar em seus candidatos. Os trabalhadores livres pobres, sem opções de sobrevivência em uma sociedade na qual todo o trabalho era realizado por escravizados, dependiam do favor desses grandes proprietários. Em troca de um pedaço de terra, ofereciam seus serviços, fosse para matar um inimigo do fazendeiro, fosse para votar em quem eles determinassem.

Debret apresenta aqui um imponente funcionário passeando com sua família no Rio de Janeiro.

Um funcionário a passeio com sua família, Jean-Baptiste Debret. Litografia aquarelada, c. 1839 (detalhe).

O Partido Conservador e o Liberal não possuíam divergências políticas significativas. Disputavam o poder e lutavam para controlar o ministério, mas não defendiam programas políticos substancialmente diferentes um do outro.

Embora os dois partidos estivessem organizados no país todo, em cada província adquiriam colorações próprias. A disputa pelo poder gerava uma infinidade de pequenos partidos (==facções== do Liberal e do Conservador), que tinham existência apenas provincial.

EMPREGOS E CLIENTELISMO

Na negociação eleitoral, os empregos públicos eram uma importante moeda. A corrupção corria solta e ==impregnava== todo o sistema político. A mudança de um ministério para outro era acompanhada das **derrubadas**, ou seja, da demissão de grande parte dos funcionários públicos para a nomeação, em seu lugar, de gente da confiança dos novos ministros.

Defendia-se explicitamente a tese de que o funcionário deveria ser escolhido, não segundo sua competência, mas, sim, de acordo com sua filiação partidária. Considerava-se que essa era a única forma de garantir a lealdade do servidor.

Em uma sociedade escravista, na qual as pessoas livres tinham pouquíssimas opções de emprego, o funcionalismo público tornou-se uma das poucas alternativas para aqueles que não eram proprietários. Por isso, as derrubadas tinham um efeito devastador. Ser demitido era sinônimo de perder a única fonte digna de sobrevivência.

O FIM DO TRABALHO ESCRAVO NO BRASIL

A escravidão dos negros não foi alterada pela independência do Brasil, mas alguns integrantes da elite começaram a questioná-la.

Em 1823, José Bonifácio de Andrada e Silva apresentou um projeto à Assembleia Constituinte para o fim imediato do tráfico negreiro e a emancipação gradual dos escravizados.

As razões principais apresentadas por José Bonifácio não tinham caráter humanitário. Ele não queria o fim da escravidão porque se compadecia da sorte dos negros mantidos em cativeiro. Sua preocupação era com a própria elite branca, da qual fazia parte.

Para ele, a escravidão era um mal porque representava uma ameaça para a manutenção da ordem, já que os escravizados estavam sempre prontos a se rebelar contra seus senhores. Além disso, a escravidão impediria o desenvolvimento econômico porque os trabalhadores assalariados seriam mais produtivos e alimentariam o mercado interno (o consumo). Por fim, a escravidão tornava impossível a implementação de uma civilização no Brasil nos moldes europeus.

Carolina Maria de Jesus. São Paulo, 1960.

ULTIMA HORA/FOLHAPRESS

Carolina Maria de Jesus (1914-1977), escritora. Moradora da favela do Canindé, zona norte de São Paulo, ela trabalhava como catadora e registrava o cotidiano da comunidade em cadernos que encontrava no lixo. Seus registros deram origem ao livro *Quarto de despejo: diário de uma favelada*, publicado em 1960. Após o lançamento, seguiram-se três edições, com um total de 100 mil exemplares vendidos, tradução para 13 idiomas e vendas em mais de 40 países.

Facção
Grupo ou subgrupo de um determinado partido.

Impregnar
Influenciar, penetrar.

TÁ LIGADO ?

1. Explique o que eram as derrubadas.

2. Explique a posição de José Bonifácio diante da escravidão no Brasil.

Uma venda de escravizados no Rio de Janeiro, François-Auguste Biard. Xilogravura extraída de *Le tour du Monde*, Paris, 1861.

Observe com atenção a maneira como o autor da imagem construiu uma representação de um leilão de escravizados: um comprador, bem-vestido, examina os dentes da escrava que pretende comprar. Enquanto isso, o vendedor segura um martelo, como se realizasse uma venda em leilão. O restante dos negros aguarda sua vez de ser examinado e vendido.

Em relação a este último ponto, Bonifácio desenvolveu um argumento que seria repetido por aqueles que exigiam a abolição: o trabalho escravo barbarizava não apenas o negro, mas também o branco.

No entanto, a maior parte da elite dirigente brasileira não estava disposta a abrir mão do trabalho escravo. Mesmo assim, ao longo do século XIX, outros integrantes da elite passaram a defender o fim da escravidão e o processo de branqueamento do Brasil estimulando a imigração europeia.

A INGLATERRA CONTRA O TRÁFICO NEGREIRO

Desde o início do século XIX, a Inglaterra, principal potência da época, pressionava para que o tráfico de africanos fosse proibido em todo o mundo. O governo inglês exigia o fim do tráfico negreiro utilizando argumentos de direito internacional. Na América, escravizavam-se povos de outros países. Havia, contudo, outro forte motivo que moveu os ingleses na luta contra o tráfico.

No início do século XIX a Inglaterra já tinha interesses econômicos nas matérias-primas do continente africano. Para isso, precisava controlar os chefes africanos e acabar com o tráfico que despovoava essas regiões.

Os traficantes escravistas forneciam aos chefes africanos armas e apoio em troca de escravizados. Para vencê-los, o governo inglês precisava eliminar os traficantes.

Como condição para reconhecer a independência brasileira, os ingleses exigiram que o novo governo acabasse com o tráfico de escravizados. O governo brasileiro aceitou assinar um tratado, em 1826, que previa o fim do tráfico negreiro para 1830.

No entanto, a economia brasileira estava inteiramente baseada na exploração da mão de obra do escravizado africano. Fazendeiros, comerciantes e políticos diziam que o fim do tráfico causaria a ruína do país.

A força política e militar da Inglaterra dava sinais de que iria se impor. Para preservar a soberania nacional, diante da aparente inevitabilidade do fim do tráfico, o parlamento brasileiro aprovou uma lei em 1831 que proibia o tráfico na costa brasileira. Nos primeiros anos de vigência do tratado e da nova lei houve grande queda no número de africanos trazidos como escravos para o Brasil. No entanto, os traficantes conseguiram driblar a repressão inglesa. A forte demanda por escravizados, principalmente na cafeicultura, deu fôlego aos traficantes para manter o tráfico ilegal. Assim, em meados da década de 1830 o volume de escravizados trazidos da África voltou a crescer, com apoio do governo brasileiro.

TÁ LIGADO

3. Explique quais eram os interesses britânicos para o fim do tráfico de escravizados no Brasil.

4. Aponte o que determinava a lei *Bill Aberdeen*.

Em 1844, expirou o prazo do tratado assinado em 1826 e o governo brasileiro recusou-se a renová-lo. Em reação, o Parlamento Britânico aprovou, em 1845, a lei conhecida como **Bill Aberdeen**, que autorizava os navios ingleses a capturarem embarcações brasileiras que transportassem escravizados, mesmo em águas territoriais do Brasil. O desrespeito à soberania nacional gerou intensa reação no Parlamento brasileiro e nos jornais. Contudo, tratava-se de uma briga desigual contra a mais importante potência mundial daquele momento.

O FIM DO TRÁFICO

À medida que se intensificava a pressão britânica, crescia no interior da elite o número daqueles que defendiam o fim do tráfico. Aterrorizados com as dificuldades em manter a ordem interna, políticos, jornalistas e intelectuais acreditavam que era preciso estancar a entrada de africanos no país. Temiam uma guerra racial no Brasil. Esse temor se intensificou depois da Revolta dos Malês, em Salvador, em 1835.

Tanto a pressão inglesa quanto o receio que a elite branca tinha de revoltas escravas acabaram por resultar na promulgação da **Lei Eusébio de Queiroz**, em 1850, que proibia o tráfico negreiro. Desta vez, a lei foi cumprida.

A LEI DO VENTRE LIVRE

Depois do impacto do fim do tráfico em 1850, o problema da escravidão foi temporariamente silenciado, para voltar com toda força no final da década de 1860. A extinção do tráfico significava o fim da escravidão em médio prazo. O fim da entrada de escravizados vindos da África eliminava a reposição da mão de obra cativa.

Diante desse quadro, o governo brasileiro optou por assumir a iniciativa de conduzir o processo de abolição da escravidão, já que ela parecia inevitável. Tomou o cuidado de optar por um caminho que fosse menos agressivo para os grandes proprietários, em especial para os cafeicultores.

Apesar da resistência dos fazendeiros, o governo iniciou a **emancipação gradual** dos escravizados com a promulgação em 1871 da **Lei do Ventre Livre**. Todos os filhos de escravas nascidos a partir daquela data seriam livres. O governo, desse modo, colocava em marcha a abolição do trabalho escravo.

Tratava-se de uma abolição gradual porque para a escravidão acabar de vez era preciso que morresse o último escravizado nascido antes da promulgação da lei. Os cálculos feitos na época indicavam que isso aconteceria provavelmente na década de 1920. Além disso, para ferir o menos possível os interesses dos fazendeiros, a lei previa o pagamento de uma indenização a eles.

Lélia Gonzalez. Rio de Janeiro (Brasil), 1985.

Lélia Gonzalez (1935-1994), antropóloga e professora. Filha de um ferroviário negro e de uma empregada doméstica indígena, graduou-se em História e Filosofia. Dedicou-se a pesquisas sobre relações de gênero e etnia. Ajudou a fundar o Movimento Negro Unificado (MNU), o Instituto de Pesquisas das Culturas Negras (IPCN), o Coletivo de Mulheres Negras N'Zinga e o Olodum.

Crítica à Lei do Ventre Livre. Charge extraída da Revista *O Diabo a Quatro*, Recife, 1878.

TÁ LIGADO

5. Aponte o que determinava a Lei Eusébio de Queiroz de 1850.

6. Explique o projeto de abolição gradual implementado pelo governo brasileiro.

Retrato de André Pinto Rebouças, Rodolfo Bernardelli. Óleo sobre tela, s/d. (detalhe).

André Rebouças (1838-1898), filho de um político e uma negra livre. Formado em Engenharia na Escola Militar do Rio de Janeiro, lutou como voluntário na Guerra do Paraguai. A partir da década de 1870, dedicou-se ao jornalismo, utilizando seus artigos como poderosos instrumentos na luta pela abolição.

O proprietário de escravizados tinha a opção de entregar ao governo as crianças nascidas a partir de então e receber em troca o pagamento de certa quantia, ou manter os libertos trabalhando na fazenda sem remuneração até completar 21 anos. A grande maioria dos proprietários escolheu esta última alternativa. O lucro obtido com o trabalho dos libertos era muito superior à indenização que o governo oferecia.

OS MOVIMENTOS ABOLICIONISTAS

A partir da década de 1870, o abolicionismo começou a se organizar de maneira mais intensa. Vários fatores contribuíram para isso. Em primeiro lugar, a Guerra do Paraguai alimentara críticas à escravidão entre os militares, que haviam lutado pela pátria ao lado de ex-escravos.

Além disso, nos Estados Unidos, terminava em 1865 a sangrenta guerra civil entre os estados do Norte e os do Sul, cuja principal razão foi justamente a escravidão. Com a vitória do Norte, o sistema escravista foi abolido nos Estados Unidos. Em todo o mundo ocidental crescia o sentimento contra a escravidão.

No Brasil, jornalistas, advogados, estudantes, trabalhadores e comerciantes organizaram-se em sociedades secretas e clubes abolicionistas. As mudanças na vida social e econômica e o sentimento de atraso em relação à Europa, agravado pelo fato de Brasil e Cuba serem os únicos países que ainda mantinham a escravidão, foram responsáveis pela conversão desses setores ao abolicionismo.

Ao final do século XIX, o crescimento desordenado das cidades criara tensões e conflitos, canalizados para o movimento abolicionista. A insatisfação da população livre pobre incendiava as ruas e dava ao movimento um caráter popular.

A emancipação gradual da escravidão foi duramente combatida pelos abolicionistas, uma vez que não resolvia o problema central: transformar os escravizados em cidadãos e integrá-los à nação. Para os abolicionistas, a liberdade deveria vir acompanhada de medidas que dotassem o ex-escravo de condições para exercer plenamente sua cidadania. Era preciso, por meio de reformas profundas, extirpar as influências nocivas da escravidão.

O ABOLICIONISMO POPULAR

Além de parte da elite, outros setores também se mobilizaram em torno da defesa imediata da abolição. Um líder importante dos setores abolicionistas urbanos foi o advogado negro **Luís Gama**. Sua mãe, Luísa Mahin, ex--escrava que tomou parte na Revolta dos Malês (1835), já havia sido libertada quando do nascimento de Gama. Isso o tornava um homem livre. Mas em uma sociedade em que a cor identificava os escravizados, os homens negros, mesmo livres perante a lei, corriam sempre o risco de ser escravizados.

Foi o que aconteceu com Luís Gama. Quando tinha dez anos, foi vendido como escravizado e enviado para São Paulo. Só conseguiu reconquistar a liberdade oito anos depois. Formou-se em direito e dedicou-se a promover processos legais para libertar escravizados utilizando as brechas da lei.

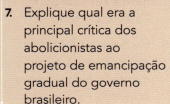

TÁ LIGADO

7. Explique qual era a principal crítica dos abolicionistas ao projeto de emancipação gradual do governo brasileiro.

Outro importante líder abolicionista foi **José do Patrocínio**. Homem pobre, filho de uma quitandeira e um padre, tornou-se jornalista. Nas páginas do jornal *Gazeta da Tarde*, no Rio de Janeiro, ele e um grupo de colaboradores escreviam artigos em defesa da abolição. Na década de 1880 era sem dúvida um dos homens de maior notoriedade e popularidade na Corte.

O baiano **André Rebouças**, filho de um político e uma negra livre, também teve papel destacado no movimento abolicionista. Formado em engenharia na Escola Militar do Rio de Janeiro, lutou como voluntário na Guerra do Paraguai. A partir da década de 1870 dedicou-se ao jornalismo, fazendo de seus artigos um poderoso instrumento na luta pela abolição. Tornou-se tesoureiro da Confederação Abolicionista.

COMETAS E CAIFAZES

Havia também abolicionistas que não se contentavam só com artigos e discursos. Preferiam agir. Em 1881, em Fortaleza, jangadeiros se mobilizaram contra a escravidão. Recusaram-se a embarcar escravizados que haviam sido vendidos para as fazendas de café de São Paulo. Como resultado de seu movimento, o governo do Ceará decretou, em 1884, o fim da escravidão na província.

Muitos abolicionistas uniram-se em uma verdadeira rede de solidariedade para promover a libertação dos escravizados. Os mais radicais organizavam a fuga de escravizados das fazendas. Caixeiros-viajantes (pequenos comerciantes que vendiam seus produtos viajando por fazendas e vilas) estabeleciam os primeiros contatos com os escravizados, oferecendo-lhes apoio para se rebelarem. Chamados de **cometas**, eram um importante elo entre os abolicionistas das cidades e os escravizados das fazendas.

Um dos grupos mais famosos de abolicionistas que promoviam fugas de escravizados foi o dos **caifazes**, liderado por **Antonio Bento** em São Paulo. Entravam nas fazendas, ajudavam os escravizados a fugir e os levavam para quilombos previamente organizados para abrigá-los, como o famoso quilombo Jabaquara, fundado em 1882, nos arredores de Santos.

A atuação desses militantes mais radicais contribuiu para criar um clima favorável à abolição. A intensificação das fugas e a impressão de desordem social aumentavam o temor de revoltas e a opinião entre proprietários de que era melhor abrir mão dos escravizados.

A força do movimento abolicionista, conjugada à resistência escrava, pressionou o governo de tal forma que, em 1885, era promulgada uma nova lei, conhecida como **Lei dos Sexagenários**. Ela prescrevia a libertação de todos os escravizados que atingissem 60 anos. Não seria mais necessário esperar que o último escravizado morresse, mas que ele completasse 60 anos. Essa solução não satisfez o movimento abolicionista, que continuou exigindo a abolição imediata.

Ruth de Souza. Rio de Janeiro (Brasil), s.d.

Ruth de Souza (1921-) atriz. Fundadora, juntamente com Abdias do Nascimento, do Teatro Experimental do Negro, na década de 1940. Considerada uma das grandes damas da dramaturgia brasileira.

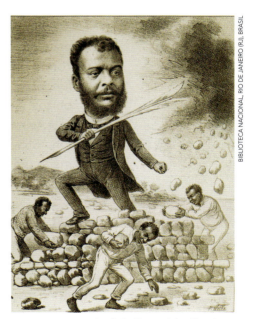

José do Patrocínio, Pereira Neto. Ilustração, século XIX.

Francisco Nascimento, Angelo Agostini. Gravura, 1884.

Nesta pintura, publicada em 1884 na *Revista Illustrada*, Angelo Agostini homenageia os jangadeiros do Ceará e seu líder Francisco Nascimento, conhecido como o "Dragão do Mar".

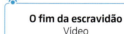

O fim da escravidão
Vídeo

Reprodução proibida. Art. 184 do Código Penal e Lei 9.610 de 19 de fevereiro de 1998

A ABOLIÇÃO DA ESCRAVIDÃO

Finalmente, em 13 de maio de 1888, a princesa Isabel assinava a lei que abolia a escravidão, a **Lei Áurea**. Esse decreto não significou, contudo, a vitória do movimento abolicionista, pois deixava de atender a um ponto essencial: nenhuma medida foi adotada para integrar os negros à sociedade como cidadãos plenos.

Pressionado pela intensa campanha abolicionista e já tendo no imigrante italiano um substituto satisfatório para o escravizado nas fazendas de café, o governo brasileiro decretou o fim da escravidão sem promover nenhuma das reformas defendidas pelos líderes abolicionistas. Os escravizados foram libertados, mas não receberam nenhum auxílio para garantir sua sobrevivência como homens livres. Foram simplesmente abandonados à sua própria sorte.

O CORPO E A ALMA DO BRASIL

No século XVII, o padre Antônio Vieira formulou uma bela expressão a respeito das características da sociedade colonial: "O Brasil tem o corpo na América e a alma na África".

A história dessa vinculação tem origem no século XVI. Ligação cultural, social, econômica e populacional, marcada pela exploração brutal de seres humanos através do tráfico negreiro e da escravidão. Marcada por resistências sociais, por movimentos políticos e por combinações culturais.

Tal ligação sofreu uma ruptura em 1850 quando o angolano-brasileiro Eusébio de Queiroz, ministro da Justiça, obteve a aprovação da lei que proibia o tráfico negreiro. A partir de então, iniciou-se um gradativo afastamento com o continente africano, apesar da manutenção de relações mercantis, da fundação de cidades africanas por afro-brasileiros e da volta de africanos libertos. A elite brasileira tinha seus olhos voltados para a Europa.

As relações com a África durante o Império foram meramente formais. Em 1855, com autorização da Coroa portuguesa, o governo brasileiro nomeou um agente diplomático em Angola. Apenas em 1892 foi criado o vice--consulado brasileiro de Moçambique, quando as esferas de influência sobre a África já estavam estabelecidas.

Em contrapartida, o Brasil estreitava relações diplomáticas com países europeus e com os Estados Unidos. Mas se o governo havia voltado as costas para a África, o mesmo não aconteceu com sua população. A cultura africana continuaria a existir e a ecoar na capoeira; na música, na alimentação, nos lindos penteados, na língua. Ou seja, produzindo uma cultura popular que, apesar das tentativas de branqueamento, é verdadeiramente mestiça.

TÁ LIGADO

8. Identifique as vertentes do movimento abolicionista.

9. Aponte o que determinava a Lei dos Sexagenários.

OS CORPOS E A DANÇA

Desde o século XIX, o lundu e o maxixe divertiam as camadas populares e tinham influência dos cantos e danças de origem africana. O lundu era um ritmo tocado e dançado pelos negros brasileiros, no qual está presente a "umbigada", dança ritual das regiões da Guiné e do Congo. Na "umbigada" o dançarino, depois de executar seus passos, aproxima-se de outro que está na roda, tocando com sua barriga a barriga do outro, como sinal de que aquele foi o escolhido para ocupar o centro da roda. O atabaque era o instrumento privilegiado, e o ritmo, marcado com os pés e as mãos.

O maxixe

O maxixe era uma dança que misturava o lundu com outras danças europeias, como a polca. No maxixe, os pares se enlaçavam pelas pernas e braços, apoiavam-se na testa e, assim unidos, davam três passos para frente e três passos para trás. Era um escândalo para a moral da época.

Nos ricos salões das elites, dançava-se a valsa, a polca e cantavam-se operetas de origem europeia, cujo instrumento privilegiado era o piano.

Música de salão

O interesse dos músicos eruditos, no século XIX, pelas músicas populares trouxe para os grandes salões outros cantos e danças que reuniam letras escritas por grandes poetas com melodias negro-mestiças.

No caso do lundu, foram retirados os atabaques e incluídos as violas e posteriormente o piano. Eliminou-se a marcação dos pés e das mãos. A música ganhou letra, que era composta por pessoas eruditas, tocada e cantada por brancos. Passou a frequentar os grandes salões.

O maxixe perdeu o nome africano e com o nome de polca-tango ou tango brasileiro passou a ser acompanhado pela flauta, cavaquinho e violão, tocados por conjuntos chamados de chorões, nos teatros e salões.

No entanto, aquela música tocada e dançada nos salões, por brancos, tinha vindo dos terreiros. Tinha como seus antepassados os tambores e atabaques que temperavam e aceleravam o seu ritmo.

A luta pela abolição da escravidão desenvolveu-se de diversas maneiras. Havia grupos com ações na tribuna parlamentar, nos jornais e nas conferências. Havia também grupos que defendiam uma ação direta, incentivando as fugas dos cativos ou arrecadando dinheiro para alforrias. Mas de maneira geral o processo de abolição foi marcado pela moderação.

Na verdade, o ritmo dos berimbaus estava acelerado. E acelerava o movimento dos corpos negros, que se envolviam em insurreições, organizavam quilombos e praticavam diversos tipos de resistência. O movimento dos brancos era marcado pela cadência das valsas, mais lento e mais cuidadoso. Como um bailado em um rico salão. No entanto, o toque dos berimbaus e o rufar dos tambores eram ouvidos nesses salões. E estimulavam a aceleração dessas valsas.

Conceição Evaristo, Ocupação Itaú Cultural, São Paulo (Brasil), 2 maio 2017.

Conceição Evaristo, mineira e ativista do movimento negro, é escritora, poetisa, romancista, mestra em Literatura Brasileira, doutora em Literatura Comparada. Foi a vencedora do Prêmio Jabuti de Literatura 2015.

ZANONE FRAISSAT/FOLHAPRESS

Dança lundu, Johann Moritz Rugendas. Litografia, c. 1839.

BIBLIOTECA NACIONAL, RIO DE JANEIRO (RJ), BRASIL.

Chiquinha Gonzaga

Francisca Edwiges Neves Gonzaga, conhecida como Chiquinha Gonzaga (1847-1935) foi a primeira pianista de choro, gênero de música popular instrumental que surgiu no Rio de Janeiro em meados do século XIX. Foi autora da primeira marcha carnavalesca com letra ("Ó Abre Alas", 1899) e também a primeira mulher a reger uma orquestra no Brasil. Filha de militar e uma negra liberta, sabia ler e escrever e fazer cálculos. Estudou regência e iniciou a carreira em 1858 como compositora de polcas, muito apreciadas na época. Seguindo a vontade de seu pai, casou-se em 1863, com apenas 16 anos. O casamento não deu certo. A partir daí Chiquinha resolveu dedicar-se à vida artística, compondo partituras para peças teatrais e operetas com relativo sucesso.

Participou ativamente da campanha abolicionista, que a tornou alvo de preconceitos na época. Sua obra inclui maxixes, modinhas e o nascente samba urbano. Essa compositora também teve o mérito de aproximar a música erudita da popular e foi uma das primeiras a introduzir o violão nos salões cariocas. Ao todo, compôs músicas para 77 peças teatrais, tendo sido autora de cerca de duas mil composições em gêneros variados.

Chiquinha Gonzaga. Rio de Janeiro, c. 1877.

Artes, letras e saberes negros

Carlos Gomes (1836-1896), Gonçalves Dias (1823-1864), Cruz e Souza (1861-1898), Machado de Assis (1839-1908), Dom Silvério Gomes Pimenta (1840-1920), Manuel Raimundo Querino (1851-1923), Antonio Rafael Pinto Bandeira (1863-1896), Antonio Firmino Monteiro (1855--1888), Teodoro Sampaio (1855-1937), Juliano Moreira (1873-1932), Francisco de Paula Brito (1809-1861), Emmanuel Zamor (1840-1917).

Músicos, compositores, poetas, jornalistas, romancistas, livreiros, arquitetos, médicos, advogados, engenheiros, pintores, teólogos, estadistas. Com educação formal e requintada ou tendo adquirido instrução por meio do autodidatismo. Com trajetórias de vida por vezes violentas, ou não. Vindos de diferentes regiões do território: Bahia, Rio de Janeiro, Minas Gerais, São Paulo, Pernambuco, Maranhão.

Todos esses intelectuais do seculo XIX têm em comum a ascendência africana. Filhos, netos e bisnetos de escravizados, todos contribuíram para renovar a representação convencional construída do negro, ao longo dos séculos, quase sempre carregada de preconceitos. São exemplos de contribuição do negro para a produção do conhecimento, bem como vozes precursoras e de reconstrução de uma imagem positiva do negro e da negritude.

Cabeça de homem, Antonio Rafael Pinto Bandeira. Óleo sobre tela, 1891.

Antonio Rafael Pinto Bandeira (1863-1896) ingressou na Academia Imperial de Belas Artes aos 16 anos. Em 1887, mudou-se para Salvador onde trabalhou como professor no Liceu de Artes e Ofícios. Apesar de considerado um dos grandes nomes da pintura brasileira do século XIX, é pouco conhecido em nosso país.

Emblema Logotipo Poético (1, 2 e 3), Rubem Valentim. Acrílica sobre tela, 1974.

Rubem Valentim (1922-1991) é considerado um dos grandes pintores construtivistas brasileiros.

A EXPANSÃO CAFEEIRA E A MODERNIZAÇÃO

Trabalhadores em armazéns de café, anônimo. São Paulo, início do século XX.

A produção de café continuou a ser a principal atividade econômica brasileira na segunda metade do século XIX. A maior parte dessa produção estava concentrada no Rio de Janeiro e em São Paulo, em duas regiões: Vale do Paraíba e Oeste paulista.

A expansão da cafeicultura para o Oeste da província de São Paulo acabou estimulando a construção de ferrovias. Com isso, tornava-se mais fácil o envio da produção do interior para o porto de Santos, de onde o café era embarcado para a Europa. Em 1867, era inaugurada a segunda estrada de ferro do país (a primeira fora construída no Rio de Janeiro, em 1854), a São Paulo Railway, construída por uma empresa inglesa. A ferrovia ligava a cidade de Jundiaí ao porto de Santos.

O café ficava em armazéns próximos às estações ferroviárias, pois era transportado de trem até o Porto de Santos.

REDE FERROVIÁRIA

Contudo, ainda era necessário estabelecer uma **rede ferroviária** que interligasse as diversas regiões do interior com a estação de Jundiaí. Os próprios cafeicultores se encarregaram dessa tarefa, associando-se em companhias responsáveis também pela administração das ferrovias. Assim nasceram a Companhia Paulista, a Mogiana e a Sorocabana, cada qual cobrindo uma área diferente.

As consequências da expansão ferroviária foram enormes. Além de baratear o transporte e torná-lo mais rápido, as ferrovias incentivaram o crescimento das cidades. A facilidade de viajar da cidade para a fazenda levou os cafeicultores a estabelecerem residência na capital da província de São Paulo, deixando suas propriedades nas mãos de administradores. O mesmo aconteceria em outras províncias.

Morando nas cidades, os grandes proprietários começaram a investir em **melhoramentos urbanos**, ao mesmo tempo que o capital inglês entrava no país oferecendo justamente esse tipo de serviço.

Como resultado, as cidades cresceram e modernizaram-se, não apenas em São Paulo, mas também em outras partes do Brasil. Novidades como iluminação a gás, linhas de bonde, esgotos passaram a fazer parte do cotidiano de muitos habitantes.

MALHA FERROVIÁRIA SÃO PAULO (SÉCULOS XIX-XX)

R.F.F.S.A Rede Ferroviária Federal S.A.
- E. F. Santos-Jundiaí (1868)
- E. F. Central do Brasil (1855)
- E. F. Noroeste do Brasil (1905)

FEPASA Ferrovia Paulista S.A.
- Antiga E. F. Sorocabana (1875)
- Antiga Cia. Paulista de Estr. de Ferro (1872)
- Antiga E. F. Araraquara (1901)
- Antiga E.F. São Paulo e Minas
- Antiga Cia. Mogiana de Estr. de Ferro (1875)

V.F.C.O. Viação Férrea do Centro-Oeste

Fonte: Elaborado com base em Fepasa.

Heitor dos Prazeres (1898-1966) foi pintor, músico e compositor brasileiro. Em parceria com Noel Rosa compôs uma das mais conhecidas marchas de carnaval do país: "Pierrô apaixonado". Em suas pinturas, representava cenas do cotidiano dos afrodescendentes brasileiros.

Djamila Ribeiro. Rio de Janeiro, RJ (Brasil), 2018.

WALTER CRAVEIRO

Djamila Ribeiro é escritora, filósofa, pesquisadora e mestra em Filosofia Política pela Universidade Federal de São Paulo. Ativista em defesa dos direitos das mulheres. Fotografada em 2018, durante sua participação na 16ª FLIP – Festa Literária Internacional de Paraty.

A MECANIZAÇÃO

A produção do Oeste paulista também se expandia no momento em que o tráfico de escravizados estava em vias de acabar, o que aconteceu em 1850. Os cafeicultores dessa região logo foram obrigados a buscar alternativas para encontrar substitutos para os escravizados.

Com isso, a produção cafeeira do Oeste paulista assumiu características bem diferentes de outras regiões brasileiras com produção agrário-exportadora. Uma das primeiras inovações foi a introdução de máquinas modernas.

Os cafeicultores investiram na mecanização da **fase de beneficiamento** do café, ou seja, a etapa em que, depois de colhido, antes de ser transportado para o porto de Santos, o café era transformado em grãos próprios para o consumo.

Do plantio à colheita tudo permanecia como antes, mas no preparo do produto e no seu ensacamento, os fazendeiros introduziram máquinas que tinham como vantagem a utilização de um menor número de trabalhadores.

Inicialmente, o maquinário era importado da Europa. Mas, em pouco tempo, também passaram a ser produzidas no Brasil máquinas adaptadas às características da produção nacional.

Apenas na produção do Oeste paulista foi implantada a mecanização. No momento em que ocorreu esse processo, a cafeicultura do Vale do Paraíba já estava estagnada, provocada principalmente pela falta de novas terras para sua expansão. Endividados, os fazendeiros do vale não tinham condições de investir na compra de máquinas.

As mudanças introduzidas na cafeicultura do Oeste paulista conferiam novas características a uma economia tipicamente escravista. Ferrovias, mecanização e urbanização passaram a integrar a paisagem paulista.

NOVOS NEGÓCIOS

Mudanças importantes também se processaram na vida financeira e econômica do país. O capital que deixou de ser empregado no tráfico negreiro foi direcionado para novos investimentos. Vivia-se uma verdadeira febre de negócios.

Nesse contexto sobressaiu-se o **barão de Mauá**, um ex-caixeiro que se tornou um grande banqueiro e empresário. **Irineu Evangelista de Souza**, seu nome de batismo, era funcionário de uma empresa britânica de exportação e importação quando tinha 15 anos, em 1828. Aos 28 anos já era um homem rico. Em 1850 comprou uma pequena fábrica em Niterói onde eram fabricadas máquinas para a agricultura.

Antecipando-se ao que os cafeicultores fariam vinte anos depois, Mauá investiu também em bancos, navios, ferrovias e iluminação a gás na década de 1850. No entanto, a conjuntura ainda não era favorável à ousadia de seus empreendimentos.

A elite política brasileira estava, no século XIX, praticamente comprometida com a agricultura de exportação, que garantia a rentabilidade desejada sem necessidade de altos e arriscados investimentos. A indústria passou a ser considerada uma alternativa apenas quando a cultura cafeeira entrou em crise. Mauá acabou falindo, em 1875. Mas no final do século XIX, as fábricas tornaram-se uma opção cada vez mais atraente para cafeicultores ansiosos por diversificar seus investimentos.

OS NOVOS TRABALHADORES

O fim do tráfico negreiro em 1850 punha em pauta um problema crucial: quem substituiria os escravizados? Encontrar uma solução tornou-se urgente para os cafeicultores do Rio de Janeiro e São Paulo. O mesmo não se podia dizer das outras regiões. Na pecuária e na agricultura de outros gêneros, foi possível resolver o problema com o trabalhador livre pobre.

No caso da produção açucareira de Pernambuco, por exemplo, a essa altura em decadência, os senhores de engenho não possuíam recursos para comprar escravizados em larga escala. Estavam até dispostos a vender os que já tinham para aumentar seus rendimentos. Foi o que fizeram a partir de 1850. Durante muitos anos, fazendeiros nordestinos venderam escravizados para os cafeicultores, criando o chamado **tráfico interprovincial**.

Quanto à cafeicultura, contudo, o problema era mais complexo. A rápida e constante expansão das fazendas de café exigia o fornecimento sistemático de novos trabalhadores. Por isso os fazendeiros paulistas se mobilizaram para encontrar um substituto para o escravizado. Havia duas possibilidades: aproveitar os trabalhadores livres pobres (incluindo os escravizados libertos) ou trazer mão de obra de outros países. Acabou prevalecendo a última alternativa.

TRABALHADORES BRASILEIROS

A utilização dos **ex-escravos** como trabalhadores assalariados não era fácil. Acostumados às relações escravistas, os fazendeiros tinham dificuldade em tratar os negros e mestiços de uma forma inteiramente diferente, reconhecendo-lhes o direito de receber salários por seu trabalho.

Os **trabalhadores livres** brasileiros, por sua vez, dificilmente se tornariam assalariados, porque tinham à sua disposição outros meios de sobrevivência. Podiam cultivar terras disponíveis ou se estabelecer nas grandes fazendas, sob a proteção do proprietário, prestando serviços de confiança em troca de um pedaço de terra onde plantavam o necessário para sua sobrevivência. Para os fazendeiros essa era a forma de contar com um contingente de capangas e com massa de manobra nas eleições.

A presença de escravizados deixava poucas alternativas de sobrevivência para os trabalhadores livres. Por isso, desde o período colonial, eles dependiam de um proprietário que lhes cedesse terras em troca de serviços. Assim, esses trabalhadores dispunham de um meio de sobrevivência mais atrativo que o trabalho assalariado.

Milton Santos. São Paulo, SP (Brasil), 2000.

Milton Santos (1926-2001) foi um dos maiores geógrafos brasileiros. Professor da Universidade de São Paulo, da Sorbonne (França), da Universidade de Toronto (Canadá) e da Universidade Federal do Rio de Janeiro. Exilado em 1966, durante a Ditadura Militar, recebeu diversos prêmios internacionais por suas pesquisas e livros.

Escravizados prontos para fazer a colheita de café. Quatorze anos depois da promulgação da Lei do Ventre Livre, não se percebiam alterações significativas na vida dos escravizados.

Partida para a colheita do café, Marc Ferrez. 1885.

Emanoel Araújo. São Paulo, SP (Brasil), 2004.

Emanoel Araújo (1942-), historiador, foi professor da Universidade de Brasília e editor. Autor de diversas obras, é atualmente o diretor do Museu Afro Brasil e uma das maiores expressões intelectuais afro-brasileiras da atualidade.

Além disso, na sociedade escravista, o trabalho manual era profundamente desprestigiado. Por ser realizado por escravizados, era considerado humilhante. Os homens livres que trabalhavam para outro homem sentiam-se degradados, porque se encontravam na mesma condição que um escravizado.

OS IMIGRANTES EUROPEUS

Na década de 1840, Nicolau Pereira de Campos Vergueiro, cafeicultor do Oeste paulista e senador do Império, deu início às primeiras experiências com a imigração europeia.

Nessa época, havia já um intenso fluxo emigratório na Europa. Devido às transformações industriais ocorridas no continente europeu, uma grande quantidade de pessoas deixava a terra natal em busca de novas oportunidades. A imensa maioria dirigia-se para os Estados Unidos. Para atraí-los, o Brasil teria de oferecer vantagens que os fizessem embarcar para um país do qual provavelmente nunca tinham ouvido falar.

Vergueiro criou um sistema com o objetivo de incentivar a vinda de europeus para o Brasil. Conhecido como **parceria**, o contrato previa que o fazendeiro adiantava para o imigrante o dinheiro necessário para a viagem. Além disso, ao invés de um salário, oferecia-lhe parte dos lucros obtidos com a venda do café.

As colônias de parceria foram estabelecidas, a partir de 1847, em duas fazendas de Vergueiro, mas logo outros fazendeiros aderiram à iniciativa. Para os imigrantes, a experiência foi frustrante. Eles acreditavam que poderiam acumular dinheiro para comprar terras e tornarem-se pequenos proprietários.

Mas a dívida decorrente dos gastos de viagem e da sua subsistência nos primeiros anos tornava isso impossível. Assim que recebiam sua parte pela venda do café, tinham de devolver o dinheiro ao fazendeiro para pagar a dívida, assumindo novas dívidas para sobreviver até receber o pagamento seguinte.

O peso da dívida gerou profundas resistências ao trabalho. Desiludidos quanto à possibilidade de enriquecer, os colonos preferiam dedicar mais tempo às pequenas hortas que cultivavam para seu próprio consumo do que ao trabalho nos cafezais.

A produtividade dos imigrantes tornou-se assim muito baixa e em algumas fazendas eclodiram revoltas de colonos que se sentiam enganados pelos fazendeiros. O fracasso da experiência repercutiu na Europa. Os governos europeus passaram a aconselhar seus cidadãos a não emigrarem para o Brasil.

Para os fazendeiros a frustração não era menor. Não possuíam meios para obrigar os imigrantes a trabalharem nos cafezais. Não podiam utilizar os mesmos mecanismos que aplicavam aos escravizados. Também não dispunham do tipo de coerção usualmente aplicada aos trabalhadores assalariados: a ameaça de demissão. Porque isso significaria a perda do dinheiro investido para trazê-los. Alguns anos depois as colônias de parceria foram abandonadas.

A fotografia captada na virada do século XIX para o XX mostra um navio de imigrantes chegando ao porto de Santos.

Chegada ao porto de Santos, Guilherme Gaensly (1843-1928). Início do século XX.

DUAS POLÍTICAS IMIGRATÓRIAS

Ao optarem pela imigração como solução para seus problemas de mão de obra, os cafeicultores entraram em choque com parte da elite imperial, que sonhava com a vinda de milhares de europeus brancos, mas não para trabalhar nas fazendas. Às voltas com o desafio de construir uma nação branca na América, políticos e intelectuais encaravam como principal obstáculo para isso a grande quantidade de negros e mestiços que compunham a população brasileira, considerados bárbaros, avessos à vida civilizada.

Inundar o país de brancos seria um meio de eliminar o sangue negro das veias nacionais. Essa perspectiva norteou as primeiras experiências com imigração, antes mesmo da independência. A primeira tentativa de trazer imigrantes europeus foi feita pelo governo de Dom João VI em 1818, com o estabelecimento de uma colônia de suíços nos arredores do Rio de Janeiro, chamada Nova Friburgo.

Mas para atrair imigrantes brancos europeus era preciso que a eles fossem oferecidas terras, para se tornarem proprietários. No entanto, para os fazendeiros qualquer imigrante era bem-vindo, desde que não tivesse acesso á terra. Negros, amarelos ou brancos serviriam para substituir os escravizados.

Alguns fazendeiros defenderam, por exemplo, a imigração chinesa, como solução para o fim da escravidão. Entre 1854 e 1856, cerca de 2 mil chineses desembarcaram no Rio de Janeiro trazidos por ex-traficantes de escravizados que, desde 1850, não podiam mais praticar o comércio negreiro.

Para a burocracia imperial e a intelectualidade, entretanto, apenas imigrantes brancos europeus eram aceitáveis, pois só com eles a proposta de embranquecer o país poderia se concretizar. Por isso, eram contrários à ideia de trazer chineses.

TÁ LIGADO?

10. Explique o que era o tráfico interprovincial.

11. Explique o sistema de parceria implementado por Vergueiro.

12. Explique por que o sistema de parceria não obteve sucesso.

A Hospedaria dos Imigrantes era o primeiro lugar para onde se dirigiam as famílias em busca de trabalho. Lá recebiam comida e abrigo, além de documentos para poder trabalhar.

Hospedaria dos Imigrantes, anônimo. Santos (Brasil), início do século XX.

Abdias do Nascimento (1914-2011) foi uma das maiores lideranças políticas afro-brasileiras. Exilado entre 1968 e 1978, durante a Ditadura Militar, foi deputado federal entre 1983 e 1987 e senador de 1997 e 1999. Foi um dos fundadores do Movimento Negro Unificado em 1978.

O branqueamento da nação

A defesa da imigração como forma de embranquecer a população brasileira tinha respaldo em doutrinas da época. A partir da década de 1870, correntes de pensamento europeias que enfatizavam o problema racial passaram a ter grande influência no Brasil. As noções de raça e natureza tornaram-se fundamentais tanto na literatura de ficção quanto para os intelectuais preocupados em compreender a sociedade brasileira.

Para pensadores brasileiros, como Sílvio Romero e Raimundo Nina Rodrigues, o fato de a maioria da população brasileira ser composta de mestiços era um problema à luz das teorias racistas europeias, para as quais mestiçagem significava necessariamente degeneração. Romero defendia o branqueamento da população brasileira.

Para ele, cabia ao governo estimular a imigração europeia para o Brasil de modo a garantir o predomínio dos brancos e o progressivo desaparecimento de negros e mestiços.

Essas teorias raciais predominaram até as primeiras décadas do século XX, quando foram questionadas por estudos que demonstravam sua total falta de fundamentação científica. A biologia contemporânea questiona, hoje, até mesmo o conceito de raça. Segundo muitos cientistas, não há diferenças biológicas entre os seres humanos que justifiquem sua divisão em raças.

A Lei de Terras de 1850

As duas visões de políticas imigratórias, dos cafeicultores e da elite política, exigiam decisões diversas pelo governo.

Para atender aos cafeicultores, além de trazer trabalhadores de qualquer origem estrangeira, o governo deveria criar medidas que os impedissem de se tornarem proprietários de terras. A imigração deveria obrigá-los a trabalhar nas fazendas de café.

Para intelectuais e integrantes da burocracia imperial, a imigração deveria embranquecer a população e trazer técnicas agrícolas mais avançadas. Para isso, o governo teria de demarcar as terras disponíveis e colocá-las à venda em consulados brasileiros localizados na Europa. Assim, apenas colonos brancos com recursos viriam ao Brasil para se tornarem pequenos proprietários.

Venceu a política dos cafeicultores. As necessidades da atividade mais rentável do país acabaram por se impor às propostas da elite imperial. A vitória dos fazendeiros se concretizou em 1850 com a aprovação da **Lei de Terras**.

Os mesmos legisladores que aprovaram o fim do tráfico negreiro elaboraram também a Lei de Terras, que só permitia o acesso à terra através de um ato de compra e venda. Até então, a terra pertencia a quem a ocupasse. A partir de 1850, os proprietários eram obrigados a demarcar sua propriedade e registrá-la em cartório. Toda terra não registrada passava a pertencer ao governo. Como os imigrantes trazidos ao Brasil eram pobres, em sua maioria, não teriam acesso à terra e teriam de trabalhar para os cafeicultores.

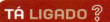

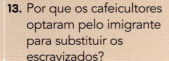

TÁ LIGADO?

13. Por que os cafeicultores optaram pelo imigrante para substituir os escravizados?

Imigrantes esquecidos

A vitória dos cafeicultores resultou no abandono pelo governo das tentativas de criar **colônias de imigrantes**. Aqueles que já haviam sido trazidos foram simplesmente abandonados. Foi o caso dos imigrantes alemães trazidos para o Rio Grande do Sul, onde as colônias montadas pelo governo não prosperaram. Distantes das cidades, os imigrantes tinham dificuldade de encontrar compradores para seus produtos.

Além disso, os imigrantes enfrentavam as diferenças de costumes. Alemães e suíços trazidos para as colônias do governo tinham dificuldade de se adaptar e não eram compreendidos pelos brasileiros.

Em 1872, um grupo de imigrantes alemães que vivia em São Leopoldo, no Rio Grande do Sul, fundou uma seita religiosa liderada por **Jacobina Mentz** e por seu marido **João Jorge Maurer**. O casal tornou-se líder de um culto religioso e passou a promover curas e fazer profecias.

Jacobina orientava seus seguidores a não comprar mercadorias produzidas pelos "impuros" e a não trabalhar para eles. Ela e seus seguidores atraíram a fúria dos proprietários, que perdiam trabalhadores e consumidores.

O governo do Rio Grande do Sul pediu a intervenção do Exército, e em 1874 tropas foram enviadas para combater os colonos alemães. Depois de meses de luta, eles foram derrotados pelas forças governamentais. Seus inimigos os chamavam de *muckers*, que em alemão antigo significa "vagabundos".

Imigração financiada

A partir da década de 1880, o governo da província de São Paulo assumiu o financiamento da imigração. Estabeleceu-se assim um fluxo intenso de trabalhadores italianos, saídos de seu país devido à profunda crise econômica que se abatia sobre a Itália naquele período. Eles constituíram a mão de obra das fazendas de café até a segunda década do século XX.

A imigração em massa de italianos foi suficiente para substituir os escravizados nos cafezais e criou ainda um excedente de trabalhadores, que acabaram se empregando nas indústrias, emergentes na mesma época.

Entre 1886 e 1934, aproximadamente dois milhões de imigrantes foram trazidos pelo governo de São Paulo para trabalhar nas fazendas. O financiamento do governo possibilitou manter estímulos para atrair imigrantes em grande quantidade, sem o peso da dívida inicial e, assim, garantir sua produtividade.

De outro lado, os fazendeiros passavam a ter um mecanismo de pressão sobre os imigrantes, a ameaça de demissão.

Sem temer a falta de trabalhadores e sem que os imigrantes tivessem dívidas pendentes, os proprietários poderiam demitir aqueles que não correspondessem às suas expectativas em termos de disciplina e produção.

TÁ LIGADO?

14. Relacione a criação da Lei de Terras em 1850 com a vitória do projeto dos cafeicultores para a imigração.

CMU, SÃO PAULO, BRASIL

Núcleos coloniais do estado de São Paulo, anônimo. Início do século XX (detalhes).

Ao longo do Império, prevaleceu no interior da elite a concepção de que a política adequada para a população indígena era sua **assimilação**. Catequese (conversão ao catolicismo) e civilização (adesão aos padrões europeus de modo de vida) eram os dois eixos da política oficial. A diversificada população indígena era classificada em dois grupos pela elite branca. Os indígenas assimilados eram chamados de **Tupi** e **Guarani**. Os povos que mantinham suas formas tradicionais de existência, considerados selvagens, eram chamados de **Botocudo** e **Tapuia**. A partir do Ato Adicional de 1834 (p. 148) a política de catequese e civilização passou à competência das assembleias provinciais e foi implementada de forma distinta em cada província, com o uso frequente de força militar e assimiliação forçada.

A primeira lei nacional que regulamentava a situação dos indígenas foi promulgada em 1845 e estava articulada ao interesse do governo em explorar a mão de obra indígena e de se apropriar das terras. A nova lei se enquadrava no contexto do fim do tráfico negreiro e da promulgação da Lei de Terras (1850). Ou seja, com o fim do abastecimento de africanos escravizados e exploração econômica do território nacional.

O regulamento determinava, primeiro, que as missões religiosas teriam papel de promover a catequese entre as populações indígenas. Segundo, a criação de uma estrutura militar encarregada de administrar os aldeamentos. Para cada província haveria um Diretor Geral e a cada aldeamento caberia um diretor e um tesoureiro, todos militares. Também neste ponto houve influência da experiência colonial, mais especificamente os diretórios indígenas criados pelo marquês de Pombal.

Com o passar dos anos, os próprios aldeamentos foram objeto de apropriação pelos governos. Com a população indígena que neles habitava já assimilada, alegava-se que neles não viviam mais indígenas, justificando assim que governo e particulares se apoderassem destas terras.

> **Assimilação**
> Processo pelo qual pessoas ou grupos adquirem características culturais de outros grupos sociais.

Reprodução proibida. Art. 184 do Código Penal e Lei 9.610 de 19 de fevereiro de 1998

A REGIÃO DO PRATA (SÉCULO XIX)

MÁRIO YOSHIDA

Fonte: Elaborado com base em LUCENA, Manuel. *Atlas Histórico de Latinoamerica*. Madrid: Sínteses, 2005.

TENSÕES NA REGIÃO DO PRATA

As rivalidades entre Brasil, Paraguai, Argentina e Uruguai remontam ao processo de independência das antigas colônias ibéricas. Em 1828, após um conflito armado entre Argentina e Brasil, surgia um novo país independente, o Uruguai.

Mas as disputas entre argentinos e brasileiros sobre o controle do Uruguai ainda se mantiveram por vários anos.

Cerca de 30% das terras uruguaias pertenciam a criadores de gado do Rio Grande do Sul, sendo utilizadas como pastagens de gado utilizado nas charqueadas rio-grandenses. Com a independência do Uruguai, os proprietários gaúchos tinham de pagar tributos para cruzar o gado na fronteira, o que encarecia o preço do charque. Além disso, o governo uruguaio decretara a extinção da escravidão no país em 1842. O Uruguai tornava-se um excelente abrigo para os escravizados fugidos do Rio Grande do Sul.

Com relativa frequência, tropas gaúchas invadiam o país vizinho para capturar escravizados fugidos, provocando conflitos com as autoridades locais.

No Uruguai, o governo era disputado por dois partidos: Blanco e Colorado. O primeiro tornou-se aliado do governo de Buenos Aires, e o segundo, do Brasil. A política interna uruguaia tornou-se palco do confronto entre brasileiros e argentinos, que interferiam nos assuntos internos do vizinho Uruguai a fim de garantir interesses próprios.

A GUERRA GRANDE DE 1839

As disputas entre blancos e colorados foram muitas vezes resolvidas pelas armas, como em 1839, durante a chamada **Guerra Grande**, quando os colorados, chefiados por Frutuoso Rivera, sitiados em Montevidéu, receberam apoio dos gaúchos. Naquela altura, os blancos, chefiados por Manuel Oribe, controlavam o resto do país e tinham o apoio das tropas de Buenos Aires, então governada por Juan Manuel de Rosas.

A guerra durou até 1851. Apesar da pressão dos gaúchos, o governo brasileiro relutava em entrar oficialmente no conflito. A monarquia brasileira era pressionada pela Inglaterra para acabar com o tráfico negreiro e, até 1848, enfrentara revoltas em diversas províncias. No Rio Grande do Sul, a Farroupilha se estendera até 1845.

Os gaúchos, por sua vez, negociavam com setores uruguaios a possibilidade de juntos criarem um novo país, que assim seria mais forte para se defender dos governos do Rio de Janeiro e de Buenos Aires.

A guerra tomou grandes proporções. Enquanto Juan Manuel de Rosas apoiava Oribe, chefe dos blancos, os colorados receberam o apoio dos adversários argentinos de Rosas, chefe do governo de Buenos Aires. O governo paraguaio também se posicionou a favor dos colorados.

Em 1851, a grande aliança em torno dos colorados saiu-se vitoriosa. Nesse mesmo ano, o governo brasileiro havia entrado oficialmente na guerra também ao lado dos colorados. A situação interna no Brasil havia se alterado. As diversas revoltas provinciais estavam encerradas. O fim do tráfico negreiro, estabelecido em 1850, selara a paz com o governo inglês. Com isso, o Brasil passou a interferir diretamente na região do Prata.

A entrada do Brasil na guerra provocou a destituição de Manuel de Rosas do governo de Buenos Aires e significou a conquista de uma posição privilegiada na região. Os colorados no governo do Uruguai deviam ao Brasil a derrota de seus inimigos e atenderam aos interesses gaúchos: livre trânsito de gado na fronteira e permissão para caçar escravizados foragidos em seu território.

Uma parada no campo, Johann Moritz Rugendas. Óleo sobre tela, 1846 (detalhe).

Rugendas, em sua viagem à América do Sul, registrou os costumes dos habitantes da região do Prata.

OS INTERESSES DO GOVERNO PARAGUAIO

Assim como o Uruguai, o Paraguai também servia como palco das rivalidades entre o Brasil e a Argentina. O Paraguai declarou sua independência em 1811 e passou a ser governado pelo caudilho José Gaspar Rodriguez Francia, que adotou uma política de isolamento para se proteger das pretensões expansionistas de Buenos Aires.

Em 1840, com a morte de Francia, subiu ao poder Carlos López, que governou até 1862. López procurou abrir o Paraguai para o mercado externo. O apoio concedido aos colorados no Uruguai visava à utilização do porto marítimo de Montevidéu para o comércio exterior. Como não possuía saída para o mar, o Paraguai dependia da navegação pelos rios da Bacia Platina.

TÁ LIGADO?

15. Explique a demora do Brasil para entrar oficialmente na Guerra Grande.

16. Aponte os interesses brasileiros atendidos pelos uruguaios devido à vitória dos colorados após o final dessa guerra em 1851.

Soldados de Rosas jogando cartas, Juan Camaña. Óleo sobre tela, 1852.

Na representação, o clima entre os soldados de Rosas é tenso, apesar da aparente calma e silêncio. Enquanto os soldados jogam, uma mulher olha atentamente para o espectador.

Inicialmente, os governos do Paraguai e do Brasil possuíam aliados em comum (os colorados uruguaios) e o mesmo adversário (o governo de Buenos Aires). Na década de 1850, entretanto, as pretensões brasileiras minaram essa aliança. O Brasil exigia a livre navegação pelo rio Paraguai para facilitar as comunicações entre o Rio de Janeiro e Mato Grosso. Além disso, havia disputas fronteiriças entre os dois países.

Por outro lado, o governo argentino pretendia incorporar o Paraguai à confederação que se formara em torno de Buenos Aires. Interesses argentinos e brasileiros colidiam com os interesses do governo paraguaio.

A partir de 1862 houve uma importante mudança na relação entre os países da região. Depois de uma guerra entre Buenos Aires, de um lado, e Entre Rios e Corrientes de outro, a Argentina foi unificada sob a presidência de Bartolomé Mitre. Com o objetivo de evitar novos conflitos internos, Mitre aproximou-se do Brasil e dos colorados no Uruguai. No Paraguai, em 1862, Solano López assumiu a presidência depois da morte de seu pai e antecessor, Carlos López. Por temer a aliança entre o Brasil e a Argentina, que considerava que poderia se voltar contra o Paraguai, Solano López aliou-se aos blancos no Uruguai. Governado por Atanásio Aguirre, do Partido Blanco, o Uruguai mais uma vez seria o fiel da balança do delicado equilíbrio platino. A aliança entre os dois pequenos países não interessava à Argentina e ao Brasil.

No Brasil, a elite gaúcha pressionava para que o governo apoiasse seu tradicional aliado, o Partido Colorado, que tentava recuperar o governo uruguaio por meio de uma revolta armada.

A GUERRA DO PARAGUAI

Ataque à Boquerón, visto de Potrero Piris, Cándido López. Óleo sobre tela, 1897. (detalhe)

Em 1864, tropas brasileiras e argentinas invadiram o Uruguai, depondo Aguirre e instalando o colorado Venâncio Flores em seu lugar. Como resposta, Solano López declarou guerra ao Brasil.

Os governos da Argentina, Uruguai e Brasil assinaram o **Tratado da Tríplice Aliança**, contra o Paraguai. Tinha início, em 1865, uma longa e cruenta guerra que durou até 1870, quando os paraguaios foram enfim derrotados.

As dificuldades encontradas pela Tríplice Aliança se explicam pelo fato de que apenas o Paraguai estava preparado militarmente para a guerra. Solano López investira na modernização e profissionalização do Exército paraguaio, enquanto seus inimigos lutavam com forças mal treinadas e, no início, em menor número.

O Exército brasileiro

Quando a guerra começou, o Paraguai contava com 80 mil homens armados e treinados, enquanto o Brasil tinha um Exército de apenas 18 mil soldados. Essa proporção foi se alterando no decorrer do conflito, à medida que o governo brasileiro passou a investir na ampliação do seu Exército. Ao final da guerra os aliados contavam com tropas bem mais numerosas que as paraguaias.

Porém, para formar um Exército capaz de vencer os paraguaios, o governo brasileiro teve de enfrentar uma questão crucial: como organizar forças militares numerosas em uma sociedade escravista? A maior parte da população era escrava ou, no caso dos trabalhadores livres pobres, vivia em condições miseráveis, dependendo do favor dos grandes proprietários.

O governo apelou para o recrutamento forçado dos homens livres pobres e libertou os **escravos da nação** (assim se chamavam os escravizados que pertenciam ao governo), transformando-os em soldados. Também passou a comprar escravizados de particulares para integrar as fileiras militares.

Ao final da guerra, a convivência com ex-escravos na frente de combate levaria os oficiais e soldados a engrossar o movimento abolicionista. Entre os militares começou a se desenvolver outra visão acerca dos escravizados: homens dispostos a morrer pelo Brasil.

A elite política estava consciente desse risco. Sabia que a utilização de ex-escravos na guerra poria em xeque a própria escravidão, mas diante da necessidade de enfrentar o inimigo externo acabou convocando-os.

A escravidão tornava-se um problema também porque a guerra mobilizara todo o contingente militar para lutar no *front*, o que deixava o país internamente desprotegido, no caso de eventuais rebeliões escravas. Assim, o confronto com o Paraguai tornava mais visível algumas das muitas contradições do sistema escravista.

O Brasil chegou ao fim da guerra vitorioso. Em janeiro de 1869 a capital paraguaia foi ocupada pelas tropas da Tríplice Aliança, obrigando Solano López a fugir para o interior do país. López conseguiu ainda reorganizar seu Exército e dar prosseguimento à guerra. Em pouco tempo, entretanto, os paraguaios foram definitivamente derrotados. Os últimos meses do confronto se resumiram à perseguição de López, que foi morto em combate no início de 1870. Acabava assim a Guerra do Paraguai. A vitória, contudo, não foi suficiente para impedir que a monarquia submergisse em uma grave e lenta crise.

Rei Obá II da África

Dom Obá II era neto do último soberano do Império africano de Oyo. Foi reverenciado como príncipe real por escravizados e tido como amigo e protegido de Dom Pedro II. A imagem representa Dom Obá II com trajes de oficial da Guerra do Paraguai.

Rei Dom Obá II da África, Lopes Cardoso. Bahia, 1878.

TÁ LIGADO?

17. Defina escravos da nação.

Com as independências da América do Sul no século XIX, as terras dos Guarani foram divididas entre dois territórios nacionais, o paraguaio e o brasileiro. Contudo, até a década de 1850, as terras dos Guarani eram pouco conhecidas pelos governos dos dois países.

A situação dos povos Guarani alterou-se na segunda metade do século XIX. Para integrar o Mato Grosso ao Rio de Janeiro, o governo brasileiro projetou a construção de uma estrada de ferro e passou a realizar várias expedições de reconhecimento na região.

Seguindo a política de aldeamento indígena, instaurada no Império a partir de 1845, determinou-se, em 1857, a criação de aldeias no Mato Grosso, submetendo os Guarani à política de assimilação do governo brasileiro. O primeiro aldeamento passou a funcionar em 1863 e estava associado à colônia militar de Dourados.

Durante a guerra, a invasão do Mato Grosso pelas tropas paraguaias resultou no desaparecimento da aldeia Guarani, cuja população deslocou-se para o interior da província.

Com o fim da guerra, em 1870, e a redefinição das fronteiras entre Brasil e Paraguai, os governos dos dois países passaram a adotar políticas de ocupação e exploração mercantil na região, com a concessão de terras a grandes companhias privadas, para promover a agricultura e produção de erva-mate.

A ocupação dessas terras foi acompanhada pelos esforços em utilizar os Guarani como mão de obra nas grandes plantações.

Assim, o aldeamento, a guerra e a exploração da erva-mate foram fundamentais para a expropriação das terras habitadas pelos Guarani.

A CRISE DO REGIME MONÁRQUICO

A crise da monarquia brasileira é decorrente de uma série de fatores registrados a partir de 1870. O Brasil passava por várias mudanças modernizadoras: construção de ferrovias, crescimento das cidades e transição do trabalho escravo para o trabalho assalariado, paralelamente à abolição gradual da escravidão. Além disso, São Paulo, graças ao café, tornou-se a província mais rica do país e exigia participação política equivalente.

Em decorrência da Guerra do Paraguai, os militares passaram a participar ativamente da vida política. Muitos abraçaram a causa abolicionista e a oficialidade passou a defender a participação do Exército no governo.

Apesar da vitória na guerra, a longa duração do conflito gerou profunda insatisfação popular. Os gastos militares cresceram assustadoramente e recaíam sobre a população sob a forma de impostos, provocando aumento do custo de vida.

Para piorar a situação, os aliados do Brasil enfrentavam dificuldades financeiras ainda mais graves e dependiam de empréstimos brasileiros para continuar na guerra. No orçamento de 1866/67 as despesas militares atingiram 58% do total, elevando-se a 60% em 1867/68. A saída encontrada pelo governo foi a emissão de moeda. Emitia-se dinheiro sem base para cobrir os gastos, e o resultado foi uma inflação sem precedentes na história do país.

TÁ LIGADO?

18. Relacione a Guerra do Paraguai com a crise da monarquia brasileira.

OS MILITARES E A CRISE

Os militares retornaram da Guerra do Paraguai dispostos a reivindicar uma posição política correspondente ao seu papel decisivo para a segurança do país. Em 1872, o tenente-coronel Floriano Peixoto, que se tornaria o segundo presidente da República, organizou o Instituto Militar, para defender os interesses políticos do Exército.

Pouco tempo depois o Instituto foi fechado, acusado pelo governo de estimular a indisciplina nos quartéis. Mas a insatisfação de boa parte dos oficiais, principalmente os de baixa patente, se intensificaria cada vez mais e sua atuação organizada acabou se tornando um importante fator na proclamação da República.

Havia duas razões principais para o descontentamento. Em primeiro lugar estava o fato de que, após a abdicação de Dom Pedro I, em 1831, o Exército havia sido relegado a um plano secundário.

Desde a criação da Guarda Nacional, também em 1831, o governo preferia recorrer a essa força em detrimento dos militares profissionais. Como consequência, destinava somas consideráveis à Guarda Nacional, enquanto o Exército tinha orçamento reduzido.

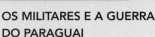

TÁ NA REDE!

OS MILITARES E A GUERRA DO PARAGUAI

Digite o endereço abaixo na barra do navegador de internet: <https://bit.ly/2y8rFWD>. Você pode também tirar uma foto com um aplicativo de *QrCode* para saber mais sobre o assunto. Acesso em: 2 out. 2018. Em português.

O *site* contém diversas gravuras sobre a atuação dos militares na Guerra do Paraguai, entre elas cenas de batalhas e imagens de soldados e generais brasileiros

O jogo da esgrima

Os primeiros manuais sobre esgrima foram elaborados nos séculos XIV e XV nas regiões da Alemanha e Itália. Nesses manuais eram apresentadas as técnicas do manuseio de adagas, espadas longas, lanças e de combates corpo a corpo.

Nos séculos seguintes, a esgrima passou a constituir-se em um dos ingredientes indispensáveis à formação cultural da aristocracia europeia.

No Brasil, as práticas de esgrima tornaram-se mais correntes a partir da chegada da família real portuguesa em 1808. Mas o grande estímulo à esgrima partiu de Dom Pedro II. Em 1858, foi inserida pelo Exército no programa de cursos de Infantaria e Cavalaria da Escola Militar de Realengo. No mesmo ano, foi fundada uma escola de esgrima no Batalhão de Caçadores de São Paulo.

Além das escolas militares, a esgrima era oferecida em cursos particulares para a elite civil e em associações como o Clube Ginástico Português, criado em 1868 no Rio de Janeiro.

De certo modo, a proliferação da prática da esgrima no Brasil ocorreu simultaneamente ao fortalecimento político do Exército. No final do século XIX, as escolas de esgrima espalharam-se pelas mais diversas cidades brasileiras.

Lição de esgrima, anônimo. Quartel da Luz, São Paulo, 1914.

TÁ LIGADO?

19. Aponte os motivos de descontentamento no Exército brasileiro.

20. Explique como o Exército possibilitava a ascensão social de setores pobres no Brasil do século XIX.

O segundo motivo de ressentimento para os oficiais do Exército tinha origem na sua subordinação ao governo. Os assuntos militares eram decididos em última instância pelo governo civil, acusado de corrupção e de favorecimento aos seus apadrinhados. Oficiais eram promovidos não por seu mérito mas por terem boas relações com o ministério.

A preferência pela Guarda Nacional e a subordinação aos civis resultaram em um Exército mal armado e mal treinado. Os oficiais atribuíam à monarquia a responsabilidade por soldos baixos, promoções injustas e falta de recursos. Só a República poderia mudar esse quadro.

O contingente militar era recrutado entre os trabalhadores mais pobres, que relutavam em abandonar suas atividades para se integrar ao Exército, que acabava recorrendo com frequência ao recrutamento forçado, permitido por lei naquela época.

Alguns oficiais também vinham das camadas mais pobres da população. A Escola Militar era uma opção eficiente para ascender socialmente. A carreira das armas constituía uma alternativa para os filhos de trabalhadores livres pobres em uma sociedade que oferecia pouquíssimas possibilidades de ascensão.

Para cursar as faculdades de Direito ou Medicina, o aluno tinha de pertencer a uma família de posses, que o sustentasse durante os estudos. Na Escola Militar, ao contrário, ele recebia um soldo suficiente para cobrir suas necessidades básicas. Na carreira militar o filho do trabalhador pobre podia conquistar uma posição que lhe garantisse reconhecimento social.

Muitos militares foram seduzidos pela propaganda republicana. Descontentes com o tratamento recebido pelo governo imperial, orgulhosos da vitória contra o Paraguai, acreditavam que a República era a solução para todos os males que afligiam o país.

A QUESTÃO MILITAR

A insatisfação dos militares acabou resultando em diversos atritos com o governo. Em 1884 foi declarada extinta a escravidão no Ceará, como resultado de um movimento em que jangadeiros de Fortaleza tiveram destacada participação. O tenente-coronel Sena Madureira convidou um desses jangadeiros para visitar a Escola de Tiro do Rio de Janeiro. Foi punido com sua transferência para o Rio Grande do Sul, onde publicou um polêmico artigo no jornal republicano *A Federação*. Como reação, o governo proibiu que militares discutissem política na imprensa.

Vários oficiais gaúchos protestaram contra essa proibição. O presidente da província e também militar, **Deodoro da**

Conde d'Eu, Marechal Deodoro da Fonseca e oficiais em exercícios militares na Praia Vermelha, Marc Ferrez. Rio de Janeiro (Brasil), c. 1885.

MUSEU IMPERIAL, RIO DE JANEIRO, BRASIL

Fonseca, recusou-se a punir os oficiais que insistiam em publicar artigos republicanos, sendo por isso chamado para o Rio de Janeiro. O caso foi encerrado de maneira conciliatória, mas as tensões entre militares e governo aprofundaram-se.

Em 1887 os oficiais organizaram o Clube Militar, para defender seus interesses. O primeiro presidente do Clube foi justamente Deodoro da Fonseca. Um dos seus atos inaugurais no cargo foi declarar a recusa dos militares a serem utilizados, como era comum até então, na captura de escravizados foragidos. Parecia cada vez mais impossível chegar a uma fórmula de coexistência pacífica entre Exército e Império.

Na década de 1870, portanto, o Exército entrou no cenário político. Mesmo nos momentos em que não exerceram o poder diretamente, os militares, desde então, sempre participaram das principais debates políticos nacionais com interesses e doutrina próprios.

Essa postura se configurou em uma visão particular da política brasileira: apenas o Exército, cujo patriotismo teria sido comprovado no campo de batalha, estava habilitado a conduzir a política tendo em vista tão somente o bem da pátria. Os políticos civis seriam irremediavelmente corruptos e ineptos. Com essa visão, os militares acreditavam que o Exército tinha direito de intervir diretamente na condução do país, sempre que os erros dos civis colocassem em risco a ordem pública.

TÁ LIGADO ?

21. Explique as justificativas militares para intervenções na política brasileira.

O REGIONALISMO PAULISTA

Outro elemento fundamental na crise da monarquia foi a crescente pressão da elite paulista por maior influência na condução política do país. Graças à expansão cafeeira, a região de São Paulo se tornara o principal polo econômico do Brasil. O café era o primeiro produto na pauta de exportações e gerava a maior parte dos rendimentos nacionais.

A realidade econômica, entretanto, não tinha contrapartida correspondente no jogo político. Ao final do século XIX, São Paulo, província mais rica do Império, não desfrutava no governo central de poder de decisão equivalente à sua riqueza. O caminho da construção do Estado fora baseado em negociações e arranjos que procuraram satisfazer os grupos regionais mais poderosos nas primeiras décadas do século XIX. Assim, Rio de Janeiro, Bahia, Pernambuco e Minas Gerais gozavam de maior influência política do que os paulistas.

Nos ministérios e no Parlamento, os representantes de São Paulo eram menos numerosos do que os de províncias sem o mesmo peso econômico. Em 1889, por exemplo, no Senado, apenas três senadores eram paulistas, em um total de 59. O número de senadores de São Paulo era igual ao do Pará, enquanto Bahia e Pernambuco tinham seis, Minas contava com dez e Rio de Janeiro, com cinco. Na Câmara, a bancada de São Paulo era composta de nove deputados, enquanto Ceará tinha oito, Pernambuco 13, Bahia 14, Rio de Janeiro 12 e Minas Gerais 20.

Também nos ministérios havia presença maior de políticos vindos de províncias como Bahia, Pernambuco, Rio de Janeiro e poucos de São Paulo.

As críticas a conservadores e liberais na condução da política brasileira aprofundaram-se na década de 1880. A imagem de incompetência e desgoverno era destacada por integrantes do Exército e por republicanos e estampada em charges cada vez mais irônicas a respeito da situação nacional.

Um dos maiores críticos do regime monárquico, o republicano Angelo Agostini satirizou diversas vezes os principais partidos políticos da época. Agostini retratava os partidos monárquicos como incompetentes. Com os conservadores o governo ia a passo de tartaruga. Com os liberais, desgovernava-se.

A grande degringolada, Angelo Agostini. Charge extraída da *Revista Illustrada*, ano 10, Rio de Janeiro, Brasil, 1885.

O carro do Estado conduzido pelos conservadores, Angelo Agostini. Charge extraída da *Revista Illustrada*, ano 10, Rio de Janeiro, Brasil, 1885 (detalhe).

O FEDERALISMO

A maioria dos cafeicultores passou a defender o estabelecimento de uma federação, o que significava completa autonomia administrativa, política e econômica para as províncias. Federalismo era sinônimo de liberdade para os produtores manterem relações diretas com o mercado externo, liberdade para gerir os negócios de sua província sem interferência do governo central.

Para conquistar o federalismo os cafeicultores tornaram-se defensores da República. O **Partido Republicano Paulista (PRP)** foi fundado em 1873 e, ao contrário dos núcleos criados nas demais províncias, não contava apenas ou principalmente com setores urbanos, mas congregava também numerosos proprietários de terras (cafeicultores) da região Oeste. Em 1889, foi um dos principais atores do movimento que resultou na Proclamação da República.

O MOVIMENTO REPUBLICANO

O Manifesto Republicano de 1870 vinculava a república ao federalismo: "O regime de federação, baseado na independência recíproca das províncias, elevando-as à categoria de Estados próprios unicamente ligados pelo vínculo da nacionalidade e da solidariedade dos grandes interesses de representação e defesa exterior, é aquele que adotamos".

O ideal republicano não era novo no Brasil. A bandeira republicana fora desfraldada na revolta de 1817 em Pernambuco e depois retomada em rebeliões contra o governo central, como a Farroupilha (1835-1845). Mas a partir da década de 1870 o movimento encontrou condições para propagar-se.

A ampliação das contradições do regime monárquico, a insatisfação dos setores urbanos, a adesão dos cafeicultores e dos militares favoreceram a criação de clubes e partidos republicanos por todo o país.

A maior parte dos partidos e clubes era formada por profissionais liberais e jornalistas, concentrava-se nas regiões Sul e Sudeste e estava circunscrita às cidades. As principais agremiações eram o Partido Republicano Paulista e o Partido Republicano Mineiro (PRM), ambos formados por grandes proprietários. Em 1884, o PRP conseguiu inclusive eleger dois deputados, Prudente de Morais e Campos Sales, que, posteriormente, seriam presidentes da República.

O movimento republicano e o movimento abolicionista surgiram quase ao mesmo tempo. Mas tratava-se de movimentos distintos. Alguns republicanos eram também abolicionistas, mas havia republicanos que não queriam o fim da escravidão e abolicionistas que se mantiveram como monarquistas. Muitos fazendeiros, na verdade, tornaram-se republicanos insatisfeitos com a abolição da escravidão feita pela monarquia.

Radicais e moderados

Os republicanos dividiam-se basicamente em dois grupos. Um deles, mais radical, liderado por Silva Jardim, defendia a tomada do poder através de uma revolução popular, enquanto o outro, sob a liderança de Quintino Bocaiuva, pregava a vitória eleitoral de uma maioria republicana para aprovar no Parlamento a adoção do novo regime.

Esta segunda perspectiva foi adotada pelo Partido Republicano em 1889, com a escolha de Quintino Bocaiuva para a sua presidência. Mas o movimento republicano acabaria sendo atropelado pelos militares que, em novembro daquele ano, dariam o golpe fatal na monarquia.

Liderados pelo marechal Deodoro da Fonseca, os militares marcaram para 20 de novembro de 1889 a ação que deveria instaurar o regime republicano. Entretanto, a 14 de novembro espalhou-se o boato de que Benjamin Constant e Deodoro seriam presos, precipitando os acontecimentos. Na manhã do dia 15, o marechal assumiu o comando das forças rebeldes e dirigiu-se à Praça da Aclamação (hoje Praça da República), no Rio de Janeiro, onde ocupou o edifício do quartel-general do Exército.

Instaurou-se então um governo provisório, chefiado por Deodoro. No mesmo dia foi promulgado decreto que adotava como forma de governo a república, denominada oficialmente Estados Unidos do Brasil, evidenciando a influência do modelo estadunidense sobre os novos detentores do poder.

A Proclamação da República foi, assim, resultado de um golpe militar, que contou com o apoio do movimento republicano e do Partido Republicano Paulista (PRP), representante dos cafeicultores. Os demais setores sociais ficaram à margem. Horas depois da proclamação, Aristide Lobo, uma das principais lideranças republicanas, ministro no governo instalado naquele dia, escreveu uma carta narrando os fatos que acabara de presenciar: "Por ora, a cor do governo é puramente militar e deverá ser assim. [...] O povo assistiu aquilo bestializado, atônito, surpreso, sem conhecer o que significava". Dessa forma o Exército assumia pela primeira vez a direção política do país.

Republicanos, Angelo Agostini. Charge extraída da *Revista Illustrada*, ano 13, n. 518, Rio de Janeiro, 1888.

FUNDAÇÃO CASA DE RUI BARBOSA, RIO DE JANEIRO, BRASIL

Nesta charge, Angelo Agostini apresenta um republicano empunhando a bandeira da federação.

TÁ LIGADO?

22. Aponte as causas da insatisfação da elite paulista com a monarquia.

23. Aponte as características e propostas do Partido Republicano Paulista (PRP).

24. Aponte as duas grandes divisões entre os republicanos.

Repúblicas: elites e movimentos populares

Desde o século XVII, surgiram regimes republicanos na Europa e na América. As imagens desta seção referem-se a movimentos sociais na França, Inglaterra e Brasil.

Observe as imagens e relacione as situações representadas.

A liberdade conduzindo o povo, Eugène Delacroix. Óleo sobre tela, 1830.

A execução do rei Carlos I da Inglaterra (1600-1649) retratada por uma testemunha ocular, John Weesop. Óleo sobre tela, 1649.

1. Siga as instruções da *Análise de documentos visuais* na seção **Passo a passo** (p. 6) para analisar as reproduções das pinturas *A liberdade conduzindo o povo*, *A execução do rei Carlos I da Inglaterra (1600-1649) retratada por uma testemunha ocular*, *Proclamação da República* e *Tomada da Bastilha*. Anote as observações no seu caderno.

2. As quatro pinturas representam movimentações republicanas na França, na Inglaterra e no Brasil. Utilizando os elementos dessas imagens, aponte as diferenças entre as visões sobre a formação de uma República em cada um deles.

3. Os movimentos republicanos na Inglaterra e na França podem ser consideradas revoluções? Justifique sua resposta.

4. A instauração da República no Brasil pode ser considerada uma revolução? Justifique sua resposta.

Proclamação da República, Benedito Calixto. Óleo sobre tela, 1893.

Tomada da Bastilha, Jean-Pierre Houël. Aquarela, 1789.

1. Releita o quadro complementar "O jogo da esgrima" (p. 257). Agora responda o que se pede.
   a) Identifique os espaços onde a esgrima era praticada no Brasil.
   b) Comente o fato de que a prática da esgrima se prolifera à medida que ocorre o fortalecimento do Exército brasileiro.

2. Faça uma exposição cultural com a produção de artistas, escritores e intelectuais negros brasileiros.
   a) Pesquise no capítulo nomes e informações sobre representantes da cultura negra.
   b) Organize uma lista com esses nomes e classifique-os por área de atuação.
   c) Pesquise suas biografias e selecione as suas principais obras.
   d) Elabore um texto de apresentação e pequenos textos para cada obra selecionada.
   e) Organize uma mesa de debates sobre a cultura negra e a cultura produzida por negros no Brasil.

3. Compare a Lei de Terras de 1850 ao *Homestead Act* implementado nos Estados Unidos em 1862. Para isso, retome os conteúdos do capítulo 10.

4. Elabore uma linha do tempo com os seguintes elementos: Guerra Grande; Abolição da escravidão; Guerra do Paraguai; Proclamação da República.

5. Defina cada um dos conceitos abaixo e organize um pequeno dicionário conceitual em seu caderno:
   - *Bill Aberdeen*
   - cometas
   - caifazes
   - tráfico interprovincial
   - Lei de Terras
   - imigração europeia
   - sistema de parceria
   - revolta dos *muckers*
   - escravos da nação

6. Pesquise as ações afirmativas implementadas nos últimos anos e elabore um texto crítico, relacionando-as com as estruturas sociais da atualidade e os legados da escravidão no Brasil

7. Vamos construir nossos *tags*. Siga as instruções do *Pesquisando na internet* na seção **Passo a passo** (p. 7) utilizando as palavras-chave abaixo:

   Machado de Assis
   Teodoro Sampaio
   Cruz e Souza
   Emmanuel Zamor
   Gonçalves Dias
   Carlos Gomes
   Francisco de Paula
   Antonio Firmino

LEITURA COMPLEMENTAR

Leia com atenção o texto a seguir e depois responda às questões propostas.

[ESCRAVIZADOS]

Sim! Milhões de homens livres, nascidos como feras ou como anjos, nas fúlgidas areias da África, roubados, escravizados, [açoitados], mutilados, arrastados neste país clássico da sagrada liberdade, assassinados impunemente, sem direitos, sem família, sem pátria, sem religião, vendidos como bestas, espoliados em seu trabalho, transformados em máquinas, condenados à luta de todas as horas e de todos os dias, de todos os momentos, em proveito de especuladores cínicos, de ladrões impúdicos, de salteadores sem nome; que tudo isso sofreram e sofrem, em face de uma sociedade opulenta, do mais sábio dos monarcas, à luz divina da santa religião católica, apostólica, romana, diante do mais generoso e mais interessado dos povos; que recebiam uma carabina envolvida em uma carta de alforria, com a obrigação de se fazerem matar à fome, à sede e à bala nos esteiros paraguaios e que nos leitos dos hospitais morriam, volvendo os olhos ao território brasileiro, os que, nos campos de batalha, caíam, saudando risonhos o glorioso pavilhão da terra de seus filhos; estas vítimas que, com seu sangue, com seu trabalho, com sua jactura, com sua própria miséria constituíram a grandeza desta nação, jamais encontraram quem, dirigindo um movimento espontâneo, desinteressado, supremo, lhes quebrasse os grilhões do cativeiro!...

GAMA, Luiz. *Primeiras trovas burlescas & escritos em prosa.* Fernando Góes (Org.). São Paulo: Cultura, 1944. p. 185-186.

1. De acordo com Luiz Gama, com qual finalidade eram utilizados no Brasil os africanos escravizados?

2. Contextualize e esclareça o trecho do texto: "que tudo isso sofreram e sofrem, em face de uma sociedade opulenta, do mais sábio dos monarcas".

3. Aponte nas ideias de Luiz Gama a situação dos escravizados no Brasil.

Alegoria da República

 OBSERVE AS IMAGENS

Deodoro entrega a bandeira da República à nação, anônimo. Óleo sobre tela, final do século XIX.

Simón Bolívar, libertador e pai da nação, Pedro José Figueiroa. Óleo sobre tela, 1819.

1. Siga as instruções da *Análise de documentos visuais* na seção **Passo a passo** (p. 6) para analisar as duas imagens. Anote suas observações no caderno.

2. Identifique no seu caderno as principais personagens de cada uma das imagens.

3. Faça uma comparação entre as cenas representadas nas duas imagens.

Missão no Haiti

A Minustah (sigla em francês para Missão das Nações Unidas para Estabilização do Haiti) foi criada em 30 de abril de 2004 por meio da resolução 1542 do Conselho de Segurança da ONU (Organização das Nações Unidas).

Liderada pelo Brasil desde o início, a missão militar tem por objetivo levar segurança ao país centro-americano mantendo a ordem e dando apoio aos funcionários da ONU na reconstrução das organizações do país.

O primeiro contingente de tropas brasileiras da missão de paz chegou ao Haiti no final de maio de 2004 [...].

Disponível em: <http://goo.gl/VLjkzT>.
Acesso em: 29 set. 2018.

Diplomacia da bola

A seleção deve ter pensado que os haitianos dão em árvores, como frutos. Ou que nascem em canteiros. Ou que eles normalmente dançam em cima dos capôs dos carros. Eles estavam em todo lugar: sobre muros, postes, caminhões, telhados. Versões haitianas das "gatas da laje" acenavam e prometiam um amor histérico aos jogadores do lado de caixas-d'água.

A região de Porto Príncipe tem dois milhões de habitantes. Boa parte deles estava pulando nos cinco quilômetros que a seleção percorreu do aeroporto ao estádio. Alguns encarnaram os maratonistas e corriam. Outros, mais espertos, escoltavam com motocas velhas a parada esportivo-militar.

Num *city tour* pela miséria do Haiti, os blindados Urutus levaram os astros mundiais [...]. Do comboio de sete veículos, o terceiro era o principal, com Ronaldo e Ronaldinho. As pessoas se jogavam, tentando subir.

A identificação é clara: cercados de frustração no país mais pobre das Américas, eles enxergam nos atletas negros do Brasil um exemplo de sucesso. Isso já se viu na pista do aeroporto. Invadida por mais de 500 pessoas, os locais aplaudiam a cada jogador negro ou mulato [...].

Disponível em: <http://goo.gl/78e1n2>.
Acesso em: 29 set. 2018.

Lula chama soldados brasileiros no Haiti de "craques"

"Os jogadores não são os únicos craques no Haiti. Vocês também estão fazendo um gol de placa", disse o presidente Lula nesta quarta-feira [18 de agosto de 2004] para as tropas brasileiras instaladas no Haiti.

O presidente usou o exemplo dos jogadores pentacampeões mundiais para estimular os 1 200 homens que já estão há dois meses do país caribenho, que é o mais pobre das Américas.

Disponível em: <http://goo.gl/0lLkLr>. Acesso em: 29 set. 2018. Reportagens de Rodrigo Bertolotto, Porto Príncipe (Haiti), UOL Notícias. 18 ago. 2004.

1. Releia o preâmbulo da Constituição brasileira, na seção Permanências e rupturas do capítulo 1, página 27. A Minustah respeita os ideais apresentados nesse preâmbulo? Explique.

2. Esclareça a intenção do então presidente Luiz Inácio Lula da Silva em fazer o amistoso de futebol entre a seleção do Brasil e do Haiti.

TRÉPLICA

 Filme

Cafundó
Brasil, 2005.
Direção de Clóvis Bueno e Paulo Betti.
Conta a história de um tropeiro, ex-escravo, deslumbrado com o mundo em transformação e desesperado para viver nele.

 Livro

A ordem é o progresso. O Brasil de 1870 a 1910
NEVES, Margarida de Souza. São Paulo: Atual, 2004.

 Site

(Acesso em: 25 ago. 2018)
<http://goo.gl/yRBryM>
Na seção de galerias digitais do *site* da Biblioteca Nacional há interessantes fontes visuais da Guerra do Paraguai.

Índice remissivo

Índice remissivo (cont.)

Referências bibliográficas

ALENCASTRO, L. F. de (Org.). *História da vida privada no Brasil Império: a corte e a modernidade nacional*. São Paulo: Cia. das Letras, 1997.

ALEXANDRE, V. *Origens do colonialismo português moderno*. Lisboa: Sá da Costa, 1979.

_____. *Os sentidos do Império, questão nacional e questão colonial na crise do Antigo Regime português*. Porto: Afrontamento, 1993.

_____. *Velho Brasil, novas Áfricas. Portugal e o Império (1808-1975)*. Porto: Afrontamento, 2000.

_____ (Coord.). *O império africano. Séculos XIX e XX*. Lisboa: Colibri, 2000.

ANDERSON, B. *Comunidades imaginadas. Reflexões sobre a origem e a expansão do nacionalismo*. Lisboa: Ed. 70, 2005.

AZEVEDO, C. M. M. *Abolicionismo. EUA e Brasil, uma história comparada (século XIX)*. São Paulo: Annablume, 2003.

_____. *Onda negra, medo branco: o negro no imaginário das elites século XIX*. São Paulo: Annablume, 2004.

BAILYN, B. *As origens ideológicas da revolução americana*. Bauru: Edusc, 2003.

BERNARDE, D. 1817 – Revoltas, Motins e Sedições. Homens livres pobres e libertos no Brasil. In: DANTAS, M. (Org.). *Revoltas, Motins, Revoluções: homens livres e libertos no Brasil do século XIX*. São Paulo: Alameda, 2011.

BETHELL, L. *América Latina colonial*. São Paulo: Edusp, 1997.

BICALHO, M. F. B.; FRAGOSO, J.; GOUVEA, M. F. (Org.). *O Antigo Regime nos Trópicos: A dinâmica imperial portuguesa (séculos XVI-XVIII)*. 2. ed. Rio de Janeiro: Civilização Brasileira, 2010.

BOXER, C. R. *Idade de ouro do Brasil. Dores e crescimento de uma sociedade colonial*. Rio de Janeiro: Nova Fronteira, 2001.

BRUNSCHWIG, H. *A partilha da África*. São Paulo: Perspectiva, 1993.

CAILLOIS, R. *Les jeux et les hommes. Le masque et le vertige*. Paris: Gallimard, 1958.

CÂMARA, N. *O advogado dos escravos: Luiz Gama*. São Paulo: Lettera.doc, 2010.

CARVALHO, J. M. *A construção da ordem. A elite política imperial brasileira*. Brasília: UnB, 1981.

_____. *A construção da ordem: o teatro de sombras*. Rio de Janeiro: Civilização Brasileira, 2003.

_____. *Noção e cidadania no Império: novos horizontes*. Rio de Janeiro: Civilização Brasileira, 2007.

_____. *Os bestializados*. São Paulo: Cia. das Letras, 1997.

_____. *Teatro de sombras: a política imperial*. São Paulo: Vértice, 1988.

_____; CAMPOS, A. P. (Org.). *Perspectivas da cidadania no Brasil Império*. 1. ed. Rio de Janeiro: Civilização Brasileira, 2011.

_____; NEVES, L. B. P. (Org.). *Dimensões e fronteiras do Estado brasileiro no Oitocentos*. 1. ed. Rio de Janeiro: Eduerj, 2014.

_____. *Repensando o Brasil do Oitocentos. Cidadania, política e liberdade*. 1. ed. Rio de Janeiro: Civilização Brasileira, 2009.

CASTRO, C. *Os militares e a República: um estudo sobre cultura e ação política*. Rio de Janeiro: Jorge Zahar, 1995.

CASTRO, J. B. D. *A milícia cidadã: a guarda nacional de 1831 a 1950*. São Paulo: Editora Nacional, 1979.

CHALHOUB, S. *Trabalho, lar e botequim: o cotidiano dos trabalhadores no Rio de Janeiro da Belle Époque*. São Paulo: UniCamp, 2001

CLARO, R. *Olhar a África: fontes visuais para sala de aula*. São Paulo: Hedra Educação, 2012.

COSTA, E. V. *Da senzala à colônia*. São Paulo: Difusão Europeia do Livro, 1966.

COSTA, W. P. *A espada de Dâmocles: o exército, a Guerra do Paraguai e a crise do Império*. São Paulo: Hucitec, 1996.

_____; SALLES, C. H. (Org.). *De um império a outro*. São Paulo: Hucitec, 2007.

COSTA E SILVA, A. *A enxada e a lança. A África antes dos portugueses*. Rio de Janeiro: Nova Fronteira, 2006.

CUNHA, M. C. *História dos índios no Brasil*. São Paulo: Cia. das Letras, 1992.

DAVIS, D. B. *O problema da escravidão na cultura ocidental*. Rio de Janeiro: Civilização Brasileira, 2001.

DEAN, W. *Rio Claro: um sistema brasileiro de grande lavoura (1820-1920)*. Rio de Janeiro: Paz e Terra, 1977.

DEL PRIORE, M.; VENÂNCIO, R. P. *Ancestrais. Uma introdução à História da África Atlântica*. Rio de Janeiro: Campus, 2004.

DIAS, M. O. S. A interiorização da metrópole. In: MOTA, C. G. (Org.). *1822 – dimensões*. São Paulo: Perspectiva, 1986.

DOLHNIKOFF, M. *O pacto colonial: origens do federalismo no Brasil*. São Paulo: Globo, 2005.

_____. *História do Brasil Império*. São Paulo: Contexto, 2017.

DONGHI, T. H. *História contemporânea da América Latina*. Madri/Buenos Aires: Alianza Editorial, 2006.

DORATIOTO, F. *A Guerra do Paraguai*. São Paulo: Brasiliense, 1991.

_____. *Maldita guerra*. São Paulo: Companhia da Letras, 2002.

EINSENBERG, P. *Guerra civil americana*. São Paulo: Brasiliense, 1982.

ELIAS, N. *O processo civilizador*. Rio de Janeiro: Zahar, 1994. 2 v.

_____; DUNNING, E. *A busca da excitação*. Lisboa: Difel, 1992.

FALCON, F. J. C. *A época pombalina: política econômica e monarquia ilustrada*. São Paulo: Ática, 1982.

FAUSTO, B. *História do Brasil*. São Paulo: Edusp, 1995.

_____. (Org.). *História geral da civilização brasileira (1889--1930)*. São Paulo: Difel, 1977.

FERRO, M. *História das colonizações: das conquistas às independências. Séculos XIII a XX*. São Paulo: Cia. das Letras, 2002.

FIGUEIREDO, L. R. A. *Rebeliões no Brasil Colônia*. 1. ed. Rio de Janeiro: Jorge Zahar, 2005.

FLORENTINO, M. (Org.). *Tráfico, cativeiro e liberdade*. Rio de Janeiro: Civilização Brasileira, 2005.

FLORES, M. *A Revolução Farroupilha*. Porto Alegre: Ed. da Universidade Federal do Rio Grande do Sul, 2004.

FRAGOSO, J.; GOUVEA, M. F. (Org.). *O Brasil Colonial*. 1. ed. Rio de Janeiro: Civilização Brasileira, 2014. 3 v.

FRANCO, M. S. C. *Homens livres na ordem escravocrata*. São Paulo: Unesp, 1997..

FRY, P. (Org.). *Moçambique. Ensaios*. Rio de Janeiro: UFRJ, 2001.

FURET, F. *Dicionário crítico da Revolução Francesa*. Rio de Janeiro: Nova Fronteira, 1989.

GARRATY, J. *The American Nation. A History of the United States to 1877*. Nova York: Harper & Row, 1975.

GELLNER, E. *Nações e nacionalismo*. Lisboa: Gradiva, 1993.

GOMES, F. S.; REIS, J. J. *Liberdade por um fio. História dos Quilombos no Brasil*. São Paulo: Cia. das Letras, 1996.

GOUVÊA, M. F. S. *O império das províncias*. Rio de Janeiro: Civilização Brasileira, 2008.

GRUZINSKI, S. *A colonização do imaginário: sociedades indígenas e ocidentalização no México espanhol (séculos XVI-XVIII)*. São Paulo: Cia. das Letras, 2003.

_____. *O pensamento mestiço*. São Paulo: Cia. das Letras, 2001.

HERNANDEZ, L. L. *A África na sala de aula. Visita à História Contemporânea*. São Paulo: Selo Negro, 2005.

HILL, C. *A Revolução Inglesa*. Lisboa: Presença, 1981.

_____. *O eleito de Deus*. São Paulo: Cia. das Letras, 1988.

_____. *Origens intelectuais da Revolução Inglesa*. São Paulo: Martins Fontes, 1992.

HOBSBAWM, E. J. *A era das revoluções*. Rio de Janeiro: Paz e Terra, 1977.

_____. *A era do capital*. Rio de Janeiro: Paz e Terra, 1979.

_____. *A era dos impérios*. Rio de Janeiro: Paz e Terra, 1988.

_____. *Da Revolução Industrial inglesa ao imperialismo*. Rio de Janeiro: Forense-Universitária, 1979.

_____. *Nações e nacionalismo*. Rio de Janeiro: Paz e Terra, 1990.

_____; RANGER, T. (Org.). *A invenção das tradições*. São Paulo: Paz e Terra, 1997.

HOCHSCHILD, A. *O fantasma do rei Leopoldo*. São Paulo: Cia. das Letras, 1999.

HOLANDA, S. B. de. *História geral da civilização brasileira*. Rio de Janeiro: Bertrand Brasil, 2004. t. 2, v. 3.

HUIZINGA, J. Homo ludens: *o jogo como elemento da cultura*. 4. ed. São Paulo: Perspectiva, 2000.

HUNT, L. *Política, cultura e classe na Revolução Francesa*. São Paulo: Cia. das Letras, 2007.

ILIFFE, J. *Os Africanos. História dum continente*. Lisboa: Terramar, 1995.

IZECKSOHN, V. A Guerra do Paraguai. In: SALLES, R.; GRINBERG, Keila. (Org.). *O Brasil Imperial*. 1. ed. Rio de Janeiro: Editora Civilização Brasileira, 2009, v. 2, p. 385-424.

JANCSÓ, I. *A construção dos estados nacionais na América Latina. Apontamentos para o estudo do império como projeto*. São Paulo: Hucitec/Edusp, 2002.

_____. (Org.). *Independência: história e historiografia*. São Paulo: Hucitec/Fapesp, 2005.

JANOTTI, M. L. M. *A balaiada*. São Paulo: Brasiliense, 1987.

KARASCH, M. C. *A vida dos escravos no Rio de Janeiro (1808--1850)*. São Paulo: Cia. das Letras, 2000.

KARNAL, L. et al. *História dos Estados Unidos: das origens ao século XXI*. São Paulo: Contexto, 2008.

KI-ZERBO, J. *História da África Negra*. Mira-Sintra: Europa-América, 1999. 2 v.

LEITE, G. L. *Pernambuco 1824: a Confederação do Equador*. Recife: Fundação Joaquim Nabuco/Massangana, 1989.

LOVEJOY, P. E. *A escravidão na África. Uma história de suas transformações*. Rio de Janeiro: Civilização Brasileira, 2002.

MACHADO, M. H. P. T. *O plano e o pânico*. Rio de Janeiro: Editora UFRJ, 1994.

MAMIGONIAN, B. *Africanos livres. A abolição do tráfico de escravos no Brasil*. São Paulo: Cia. das Letras, 2017.

MARQUESE, R. B. *Feitores do corpo, missionários da mente. Senhores, letrados e o controle dos escravos nas Américas*. São Paulo: Cia. das Letras, 2004.

MARSON, I. A. *Império do progresso: a Revolução Praieira*. São Paulo: Brasiliense, 1987.

MATTOS, I. R. *O tempo saquarema: a formação do estado imperial*. São Paulo: Hucitec, 2001.

MAXWELL, K. *Marquês de Pombal: paradoxo do Iluminismo*. Rio de Janeiro: Paz e Terra, 1996.

MELLO, E. C. *A outra independência: o federalismo pernambucano de 1817 a 1824*. São Paulo: Ed. 34, 2004.

MORIN, T. M. *Virtuosas e perigosas. As mulheres na Revolução Francesa*. São Paulo: Alameda, 2013.

MOTA, C. G. *Nordeste 1817: estruturas e argumentos*. São Paulo: Perspectiva, 1972.

NEVES, L. *Corcundas e constitucionais*. Rio de Janeiro: Revan, 2003.

OLIVEIRA, C. H. L. de. *Movimento de independência do Rio Grande do Norte*. São Paulo: Perspectiva, 2003.

_____; MATTOS, C. V. (Org.). *O brado do Ipiranga*. São Paulo: Edusp/Museu Paulista da Universidade de São Paulo, 1999.

REIS, J. J. *Rebelião escrava no Brasil: a história do levante dos malês em 1835*. São Paulo: Cia. das Letras, 2003.

_____; GOMES, F. S. (Org.). *Liberdade por um fio: história dos quilombos no Brasil*. São Paulo: Cia. das Letras, 1996.

REZENDE, A. P. *A Revolução Praieira*. São Paulo: Ática, 1995.

RIOS FILHO, A. M. *O Rio de Janeiro imperial*. Rio de Janeiro: TopBooks, 2000.

SAID, E. *Cultura e imperialismo*. São Paulo: Cia. das Letras, 1995.

SALLES, R.; GRINBERG, K. (Org.). *O Brasil Imperial*. 1. ed. Rio de Janeiro: Editora Civilização Brasileira, 2009. 3 v.

SCHAMA, S. *Cidadãos*. São Paulo: Cia. das Letras, 1989.

SCHWARCZ, L. M. *O espetáculo das raças: cientistas, instituições e questão racial no Brasil (1870-1930)*. São Paulo: Cia. das Letras, 1993.

_____. GOMES, F. dos S. (Org.) *Dicionário da Escravidão e Liberdade*. São Paulo: Cia. das Letras, 2018.

SERRÃO, J.; MARQUES, A. H. O. (Dir.). "Nova história da expansão portuguesa". In: ALEXANDRE, V.; DIAS, J. R. (Coord.). *O império africano (1825-1890)*. Lisboa: Estampa, 1998. v. X e XI.

SEVCENKO, N. *A corrida para o século XXI: no loop da montanha-russa*. São Paulo: Cia. das Letras, 2001.

SILVA, S. *A expansão cafeeira e as origens da indústria no Brasil*. São Paulo: Alfa-Ômega, 1986.

SOUZA, L. M. *Desclassificados do ouro: a pobreza mineira no século XVIII*. Rio de Janeiro: Graal, 1986.

SOUZA, P. C. *A Sabinada*. São Paulo: Cia. das Letras, 2009.

VAINFAS, R. (Org.). *Dicionário do Brasil Imperial (1822-1889)*. Rio de Janeiro: Objetiva, 2002.

VISCARDI, C. M. R. *O teatro das oligarquias: uma revisão da política do café com leite*. Belo Horizonte: Editora C/Arte, 2001.

VITORINO, A. J. R. *Escravidão e modernização no Brasil do século XIX*. São Paulo: Atual, 2000.

WESSELING, H. L. *Dividir para dominar: a partilha da África 1880-1914*. Rio de Janeiro: Revan, 1998.

XAVIER, G. *Coisa de pele: relações de gênero, literatura e mestiçagem feminina (Rio de Janeiro, 1880-1910)*. Dissertação de Mestrado em História. Niterói, UFF, Rio de Janeiro, 2005.

_____; FARIAS, J. B.; GOMES, F. (Org.). *Mulheres negras no Brasil escravista e do pós-emancipação*. São Paulo: Selo Negro, 2012.